Vittorio Messori Mensch geworden

Vittorio Messori

MENSCH GEWORDEN
Wer war Jesus?

Verlag Styria

Ins Deutsche übertragen von Helmut Machowetz
Der Titel der italienischen Originalausgabe lautet
IPOTESI SU GESÙ
und erschien 1976 bei © Società Editrice Internazionale, Torino

1978 Verlag Styria Graz Wien Köln
Alle Rechte der deutschen Ausgabe vorbehalten
Printed in Austria
Umschlaggestaltung: Christoph Albrecht
Gesamtherstellung: Druck- und Verlagshaus Styria, Graz
ISBN 3 222 11130 8

BLAISE PASCAL GEWIDMET

INHALT

1 Und wenn es wahr wäre? 9

2 Ein verborgener und unbequemer Gott 21
Überforderte Wissenschaft (22) — Die philosophischen »Gottesbeweise« (24) — Ein »verborgener« Gott (25) — Warum Gott sich verbirgt (28) — Ein Gott, dem man begegnen kann (30) — »Würdet ihr mich kennen, dann würdet ihr auch meinen Vater kennen« (31) — Auf den Spuren eines Menschen (33) — Der Vorwurf des »Fideismus« (35) — Geschichte oder Legende? (37) — Der Verzicht auf den historischen Jesus: eine reaktionäre Versuchung (40)

3 Jesus Christus und die prophetischen Weissagungen 43
Das Problem der »messianischen Weissagungen« (44) — Ein zweischneidiges Schwert (44) — Ein Punkt in der Geschichte (46) — Die Juden haben geglaubt (47) — Ein unverdächtiges Buch (51) — Geweissagt und angebetet (52) — Die vielen »Kinder Abrahams« (53) — Ein Auftrag für die Welt (55) — Das Rätsel Jahwe (58) — Ein »weltlicher« Glaube (61) — Geschichte als Fortschritt (62) — Ein unveränderlicher Gott (63) — Das wunderbare Überleben eines Volkes (64) — Jesus – der »Schlüssel« für die Gläubigen (66) — Der »Hirt« und seine »Herde« (67) — Ein neuer Bund (68) — Ein »versiegeltes« Buch? (69) — Ein König in Herrlichkeit und ein Mann voller Schmerzen (72) — Ein enttäuschender Messias (74) — Ein König für die »Augen des Herzens« (76) — Seine Worte sind nicht vergangen (78)

4 Als die Zeit erfüllt war 81
Eine gefährliche »Schatzsuche« (82) — Flavius Josephus und seine »zweideutige Weissagung« (83) — Als die Zeit erfüllt war (84) — »Wir haben keinen König außer dem Kaiser« (87) — Das Buch Daniel (88) — Ein kleiner Stein wird zu einem großen Berg (89) — Der Menschensohn (90) — Siebzig Wochen (91) — Qumram und die Essener (94) — Die Erwartung der Völker (96) — Der rätselhafte Stern von Betlehem (97) — »Die Stunde ist gekommen« (99) — Die zwei Perioden in der Geschichte Israels (101) — Die neuen jüdischen Propheten (103)

5 Drei Hypothesen 105
Drei mögliche Lösungen (106) — Die kritische Hypothese: Aus einem Menschen wird ein Gott (107) — Die mythische Hypothese: Aus einem Gott wird ein Mensch (108) — Die Brotvermehrung (109) — Gegen die »Leichtgläubigen« (101) — Ein Christus in verschiedenen Masken (112) — Historisch oder nicht? (114) — »Wunder« aller Art (117) — Die Hypothese des Glaubens: eine Geschichte in »Etappen« (120) — Geschuldete Dankbarkeit (125)

6 Das mehrfache »Kreuz« einer Kritik 127
Wieso macht nur er Karriere? (128) — Ein von Juden vergöttlichter Jude? (134) — Was man alles vergessen müßte... (136) — Wer ist eigentlich »bei Verstand«? (138) — Eine Brücke von Jesus zu Christus (140) — Auf der Suche nach Beweisen (141) — Das Zündholz und die Atombombe (144) — Mit Jahwe gleichgestellt (145) — Das Kerygma (147) — Der erste Korintherbrief (149) — Weitere Beweise (152) — Vom Mythos zur Kritik (155) — Widersprüche in den Evangelien (162) — Die »Vorfahren« des Messias (166) — Aus einer dekadenten Familie (168) — Ein »Zuviel« und ein »Zuwenig« in den Evangelien (169) — Ein mangelhaftes »Drehbuch« (176) — Ein unerklärliches Schweigen (179) — Der Glaube der Apostel (182) — Im Ton sachlich-kühler Berichterstatter (186)

7 Mythos und Geschichte 191
Ein echter Rahmen für ein falsches Bild? (192) — Die Frau des Statthalters von Judäa (196) — Eine ständige Herausforderung (199) — Das Ende der symbolischen Deutung (202) — Nazaret und Pilatus (204) — Wenn der Kritiker den Mythologen spielt (206) — Glaube und Archäologie (208) — Zweifel an der Existenz Jesu (209) — Das Kreuz – eine unerklärliche Erfindung (212)

8 Woher bist du? 217
Ein lichtes Geheimnis (218) — Die Kontinuität in der Zeit (219) — Die Kontinuität im Raum (220) — Ein raffinierter Betrug? (221) — Für die Praxis des Lebens (223) — Eine weltliche Ethik (223) — Die Botschaft der radikalen Liebe (225) — Vom Glauben an die Hölle (226) — Eine unbequeme Lehre (228) — Ein »krimineller« Christus (229) — Ein Messias, der ißt und trinkt (230) — »Wenn ihr fastet...« (232) — Der Tod und die Familie (234) — Die Frauen (236) — Die Kinder (242) — Jesus – ein »Essener«? (243) — Der »Marsmensch« Jesus (247) — Gegen jede Art von Faschismus (248) — Zur Verteidigung des Menschen (250) — Ein »biblischer Obskurantismus«? (252)

9 **Und wenn alles ein Mißverständnis ist?** 225

»Wenn Renan recht hat, ist Gott nicht« (256) — Ein gewöhnliches Mißverständnis? (257) — Jesus – eine Chance für Gott (258) — Der Skandal des Bösen (258) — Die Begegnung mit dem Heute (261) — An welchen Gott glauben wir? (262) — Der Tag der Bewährung (263) — Selbstkritik in Japan (263) — Der leere Himmel Chinas (264) — Die schwankende Pyramide in Indien (165) — Lehren der Resignation (266) — Der Vergleich mit Mohammed (267) — Der Koran und Luther (269) — Allah, der Unnahbare (270) —»Es ist den Menschen kein anderer Name gegeben« (271) — Ein Gott in der Entfremdung (273) —»Er wurde wie ein Sklave« (274)

1
Und wenn es wahr wäre?

Gott ist, oder er ist nicht. Auf welche dieser beiden Hypothesen wollen Sie setzen?
Auf keine von beiden. Richtig ist, überhaupt nicht auf eines zu setzen.
Sie sind im Irrtum. Man muß auf eines setzen, darin ist man nicht frei. Sie sind mit im Boot.

Blaise Pascal

Über Jesus spricht man nicht gerne unter Erwachsenen. Wie Sex, Geld und Tod gehört auch Jesus zu den Themen, die einen in peinliche Verlegenheit bringen, wenn sie im Gespräch einmal aufs Tapet gebracht werden. Kein Wunder allerdings bei der jahrhundertelangen übersteigerten und verkitschten Herz-Jesu-Frömmigkeit; den unzähligen sentimentalen Nazarener-Bildern mit blonden Haaren und blauen Augen; und den Erstkommunionfeiern nach dem Motto: »Der liebe Jesus kommt in dein Herzelein«. Nicht ganz zu Unrecht hat daher dieser Name in den Ohren von Menschen mit Geschmack einen penetrant süßlichen Klang. Er ist hoffnungslos tabu.
Heutzutage wird man zum Doktor der Geschichtswissenschaft promoviert, ohne das Problem der Existenz jenes obskuren jüdischen Zimmermanns jemals auch nur gestreift zu haben, der die gesamte Geschichte buchstäblich in zwei Teile gesprengt hat: in eine Zeit *vor* Christus und eine *nach* Christus. Altphilologen wissen zwar alles über die griechisch-römische Mythologie, haben sie vielleicht sogar anhand der Originaltexte studiert, sie haben sich jedoch niemals mit dem griechischen Urtext des Neuen Testamentes auseinandergesetzt. Es ist einzigartig: Die Weltgeschichte gelangt mit Jesus an ein Ende und beginnt mit ihm wieder von neuem. Er selbst jedoch scheint in Vergessenheit geraten zu sein. Entweder hält man ihn für so belanglos, oder man glaubt, er sei ja ohnehin zur Genüge bekannt.
Nicht einmal Bischöfe und Priester sprechen viel von ihm, obwohl sie seinen Namen Sonntag für Sonntag in Millionen von Predigten, Homilien und Ansprachen erwähnen. Aber nur zu oft hat es den Anschein, als sei der Glaube an ihn für sie überhaupt kein Problem, sondern einfach eine schlichte Tatsache. Sie errichten komplizierte Lehrgebäude über den Evangelien, aber nur wenige steigen gemeinsam mit ihren Zuhörern hinunter in den Keller, um nachzusehen, ob das ganze Gebäude überhaupt auf festen Fundamenten steht. Nur wenige versuchen zu überprüfen, ob jener Eckstein, auf den sie ihren Glauben und ihre Kirchen gründen, auch heute noch tragfähig ist. In der gesamten Menschheitsgeschichte ist Jesus der einzige Mensch, dem jemals unmittelbar der Name »Gott« zuerkannt worden ist. Aber an diesen unerhörten Skandal müssen sich viele inzwischen gewöhnt haben. Denn es ist ihnen zur Selbstverständlichkeit geworden, ihn so zu nennen. Es ist so, wie jemand einmal spitz bemerkt hat,

als ob sie sich eine Weihrauchvergiftung zugezogen hätten. Ein Wort, das von einem apokryphen Evangelium Jesus zugeschrieben wird, lautet: »Wer staunt, wird herrschen.« Viele scheinen jedoch die Gabe des Staunens verloren zu haben.
Und doch hat eine Meinungsumfrage im Frühjahr 1974 in Italien gezeigt, daß von 100 Befragten 64 Jesus für die »interessanteste Persönlichkeit der Geschichte« halten. Garibaldi und Martin Luther King folgen in dieser erstaunlichen Klassifikation mit großem Abstand an zweiter und dritter Stelle. Dann kommen noch Gandhi und schließlich Karl Marx. Die Befragten gaben dabei zu verstehen, daß sie eigentlich mehr und vor allem Zuverlässigeres über Jesus wissen möchten. Aber sie haben meist keine Ahnung, wo sie sich informieren könnten. Die Zeitungen, wie überhaupt das öffentliche Interesse, richten ihr Augenmerk hauptsächlich auf die Institutionen (den Vatikan, die Kirchen...), die sich auf den Glauben gründen, nicht aber auf den Glauben selbst. Das Interesse der Gläubigen andererseits scheint vor allem die verschiedenartigen asketischen Übungen und die Meditationen über Jesus zu bevorzugen; auf diese Weise kommt aber meist die gewaltige historische Problematik nicht in den Blick. »Ist nicht die Tatsache, daß Christus innerhalb wie außerhalb der Christenheit weitgehend ein Unbekannter geblieben ist, der Grund dafür, daß das Christentum selbst noch eine unbekannte Größe ist?« So fragt sich Hans Küng.
Es scheint so, als ob kaum jemand für die Frage nach Jesus Interesse hätte. Doch das stimmt nicht. Die Bibliographie über ihn ist vielmehr wie ein Ozean, der überdies ständig weiter anschwillt. Allein im vorigen Jahrhundert haben sich ungefähr 62.000 Bücher mit ihm befaßt. In der Stichwortekartei der Pariser Nationalbibliothek, die als ein Spiegel der westlichen Kultur angesehen werden kann, steht der Name *Jesus* zahlenmäßig an zweiter Stelle. Die erste Stelle nimmt bezeichnenderweise das Wort *Gott* ein.
In Wirklichkeit ist die Auseinandersetzung über Jesus seit vielen Jahrhunderten schon das eifersüchtig gehütete Jagdrevier von Priestern und gebildeten Laien. Sie sind die Spezialisten, die eine Unmenge von Büchern produziert haben und immer weiter produzieren, wobei sie sich oft gegenseitig in endlosem Gelehrtengezänk aufs heftigste bekämpfen. Dem Volk aber bietet man bloß fromme Andachtsbücher oder irgendwelche populären

Darstellungen, die nicht selten völlig entschärft sind oder propagandistischen Zwecken dienen. So wissen viele nicht, daß bezüglich der Person Jesu schon alle möglichen Hypothesen aufgestellt, alle möglichen Gegenargumente bereits widerlegt, von neuem bestätigt und noch einmal widerlegt worden sind usw. Jedes Wort des Neuen Testamentes ist tausendmal gesiebt worden; von allen Texten jeder Epoche und jeden Kulturkreises ist das Neue Testament weitaus am meisten und mit unglaublicher Ausdauer immer wieder untersucht worden.

Den Nicht-Fachmann erreicht höchstens noch ein schwaches Echo dieser Auseinandersetzung. Diese dauert nun schon zweitausend Jahre, aber in den letzten drei Jahrhunderten hat sich die Stoßrichtung geändert. Während bis zum 18. Jahrhundert die Debatte vor allem innerhalb des Christentums geführt wurde (die Frage nach der »Orthodoxie« bzw. der »Häresie«), entsteht seit dem 18. Jahrhundert die Kritik vor allem außerhalb des Christentums. Die Schriften, auf denen der Glaube gründet, werden in ihrer Geschichtlichkeit angezweifelt. Man attackiert das, was bisher als selbstverständlich galt, nun mit viel schärferer und manchmal blutiger Polemik: nämlich den Glauben an eine besondere Beziehung des Menschen Jesus zu Gott; den Glauben an ihn als den Christus, den Messias, die Hoffnung Israels.

Die Auseinandersetzung blieb jedoch immer auf einige wenige Gelehrte beschränkt. So schreibt Jean Guitton, der französische Wissenschaftler, dem ich für meine Arbeit so viel verdanke, in seinem bekannten Buch »Jesus«: »Die breite Öffentlichkeit gewann den Eindruck, daß dies eine Streitfrage von Gelehrten und Theologen sei, die über ihre Zuständigkeit hinausging. Die Schwierigkeit, sich selbst eine Meinung zu bilden, hat zur Folge, daß jeder vermeidet, darüber nachzudenken; der Ungläubige, um in seinem Zweifel an der geschichtlichen Wirklichkeit dieses Jesus der Evangelien zu verharren, der Gläubige, um weiterhin in seinem naiven Glauben leben zu können. Und das Schweigen senkt sich von neuem über diese grundlegende Frage.«

Die folgenden Seiten stammen von einem, der dieses Schweigen nicht akzeptiert hat und der gleichsam wie ein Wilderer in das Jagdrevier der Spezialisten eingedrungen ist. Ich bin bloß ein »Laie«, der sich auf eigene Gefahr hin in das »Allerheiligste« vorgewagt hat, dorthin, wo man feierliches Latein spricht und über hebräische Ausdrücke, aramäische Inschriften und griechische Kodizes diskutiert. Ich bin weder ein Professor noch ein kirchlicher Funktionär. Ich bin eben bloß ein Laie. Hinter diesem Buch steht das Bedürfnis des Journalisten, Informationen zu sammeln, zunächst einmal für mich selbst, um sie dann an die Leser weiterzugeben. Ich kenne zwar die Redaktionsstuben der Zeitungen und Wochenmagazine, nicht aber die Hörsäle der päpstlichen Universitäten. Ich komme also nicht aus dem »serail«, wie die Franzosen sagen, womit sehr oft auch das kulturelle »Getto« der Christen gemeint ist.

Über sich selbst zu sprechen ist peinlich und nicht ohne Risiko. Wenn ich es dennoch wage, so deshalb, weil ich dem Leser versichern möchte: Mein Ausgangspunkt war der Zweifel, oder besser: die Gleichgültigkeit, so wie es bei vielen heute der Fall ist. Ganz bestimmt nicht der Glaube. Ich habe mit meinen Nachforschungen begonnen, nachdem ich zuvor 18 Jahre lang staatliche Schulen besucht hatte. Ich mußte bei Null anfangen und alles ganz neu erlernen. Die einzigen Priester, denen ich während meiner Schulzeit begegnet bin, waren die Religionslehrer, welche die »Religionsstunden« hielten, die damals aufgrund eines Abkommens mit den Faschisten vorgeschrieben waren. Später begann ganz unvorhergesehen so etwas wie eine immer leidenschaftlichere »Schatzsuche« im Palästina des 1. Jahrhunderts. Das erste Glied der ganzen Kette war ein Exemplar von Pascals »Pensées«, das ich mir zum Zweck gewisser marginaler Untersuchungen im Rahmen meines Studiums der politischen Wissenschaften gekauft hatte. Blaise Pascal ist auch dieses Buch gewidmet: ohne ihn wäre es wohl nie geschrieben worden. Zumindest wäre es ganz anders ausgefallen. Es ist aber auch der großen Schar jener gewidmet, die im Laufe der Jahrhunderte immer wieder nach einer Lösung für das wohl faszinierendste aller »Rätsel« gesucht haben: die Anfänge des Christentums. Man braucht jedoch keineswegs von kriminalistischer Leidenschaft erfaßt sein, um in diese Geschichte mit hineingezogen zu werden. Jeder von uns steht allein schon aufgrund der Tatsache, daß er lebt, mitten darin. »Vous êtes embarqués« (Sie sind mit im Boot), ruft Pascal jedem in Erinnerung, der dem Problem seines eigenen Schicksals aus dem Weg gehen möchte. Ob man will oder nicht, ob es einem gefällt oder nicht — seit Jahrhunderten werden in Europa, in Amerika, in Ozeanien, in Afrika und in einem Teil Asiens diese beiden Silben *(Jesus)* mit dem Sinn unseres Lebens verbunden. Seit den Tagen des Römischen Reiches bis heute halten jene unbeirrt an ihm fest, die daran glauben, daß dieser Name die endgültige Antwort auf die Fragen des Menschen darstellt; die mit diesem Namen sogar die unerhörte Vorstellung vom »Sohn Gottes« verbinden; die behaupten, daß wir alle von seiner Lebensgeschichte betroffen sind.

In diesem Buch habe ich versucht, den Gründen nachzugehen für das hartnäckige, unglaubliche Angebot dieses obskuren Palästinensers an die Menschen, ihr »Erlöser« zu sein. Ich will zu erklären versuchen, warum ich angesichts der verwirrenden Vielzahl an Religionen, die es auf der Erde gibt, der Überzeugung bin, daß nur er allein es wert ist, sich ganz für ihn einzusetzen. Warum aber gerade Jesus und nicht Mohammed, Laotse oder Zarathustra? Ich habe ein ganzes Dossier von Informationen zusammengetragen, die auf meine Fragen eine Antwort geben; auf einige wenigstens, sicherlich nicht auf alle. Fragen, die, wie ich beglückt feststellen konnte, auch die Fragen der einfachen Leute, der Arbeiter sind. Jener Menschen also, für die jeder neue Tag neue Probleme aufwirft. Und sehr oft sind diese ihre Probleme so brennend, daß ihnen kein Raum mehr bleibt, um nach Lösungen für das eigentliche, das wahrhaft grundlegende »Problem« zu suchen.

Dieses »Problem«, das hinter den oft lächerlichen Fragen steht, die man eigentlich den Kindern überlassen sollte, weil sie ja Erwachsenen nicht gut anstehen, lautet: *Wer sind wir, woher kommen wir, wohin gehen wir?* Gibt es für uns eine Zukunft jenseits eines unbestimmten Horizonts? Oder sind wir in Wirklichkeit — nach einem bitteren Lied von Petrolini — nichts weiter als Pakete, Muster ohne Wert, die der Geburtshelfer an den Totengräber weiterschickt? Hier der Geburtshelfer, dort der Totengräber: das Leben ist offen für beide Geheimnisse. Vor der Geburt und nach dem Tod — mit beiden Enden ist unsere Existenz eingetaucht in ein Unbekanntes, ohne Zweifel in das Ewige. Die Ewigkeit — jenes Nichts, aus dem wir vermutlich hergekommen sind und in das wir vielleicht wieder versinken werden. Wahrscheinlich hat derjenige nicht ganz unrecht, der unsere Situation einmal mit einem Menschen verglichen hat, der plötzlich in einem Zug erwacht, der durch die Nacht fährt. Von wo, wann und weshalb ist dieser Zug, in dem wir uns befinden, abgefahren? Wohin ist er unterwegs? Und weshalb gerade dieser

Zug und nicht ein anderer? Es gibt Menschen, die sich damit begnügen, ihr Abteil zu durchsuchen, die Sitze nachzumessen, die Materialien zu prüfen, um dann wieder in aller Ruhe einzuschlafen. Sie haben von ihrer unmittelbaren Umgebung Notiz genommen, das genügt ihnen. Alles übrige geht sie nichts an. Denn wenn einem die Angst vor dem Unbekannten im Nacken sitzt, gibt es immer die Möglichkeit, diese Angst zu verjagen, indem man an etwas anderes denkt. Oder wie es ein Dichter einmal gesagt hat: »Besser ist es, im Tun zu vergessen, als dem ungeheuerlichen Geheimnis des Universums nachzuspüren.«

»Weder weiß ich, wer mich in die Welt setzte, noch was die Welt ist, noch was ich selbst bin. Ich schaue diese grauenvollen Räume des Universums, die mich einschließen, und ich finde mich an eine Ecke dieses weiten Weltenraumes gefesselt, ohne daß ich wüßte, weshalb ich nun hier und nicht etwa dort bin, noch weshalb ich die wenige Zeit, die mir zum Leben gegeben ist, jetzt erhielt und an keinem anderen Zeitpunkt der Ewigkeit, die vor mir war und die nach mir sein wird. Ringsum sehe ich nichts als Unendlichkeiten, die mich wie ein Atom, wie einen Schatten umschließen, der nur einen Augenblick dauert ohne Wiederkehr. Alles, was ich weiß, ist, daß ich bald sterben werde, aber was der Tod selbst ist, den ich nicht zu vermeiden vermag, das weiß ich am wenigsten.«

Einen »Narren«, »krank und verrückt«, einen »unverbesserlichen Kindskopf« und »eitlen Tropf, der sich dem Gesetz des Zweifels nicht unterworfen hat«, ein »Genie, das der Wissenschaft verlorengegangen ist«, hat man Pascal, den Autor obigen Zitats, genannt. Seine Schuld bestand ganz einfach darin, daß er die 39 Jahre seines Lebens damit zugebracht hat, eine Antwort auf das Geheimnis des menschlichen Daseins zu suchen. Seinen spöttischen Tröstern gab er voll Ironie am Totenbett zur Antwort: »Da die Menschen unfähig waren, den Tod zu überwinden, sind sie, um glücklich zu sein, übereingekommen, nicht daran zu denken.« Und er dachte voll Bitterkeit daran, daß »die Empfindlichkeit des Menschen für das Geringe und die Unempfindlichkeit für das Wichtige Zeichen einer befremdenden Verkehrung ist«.

Pascal liebte und schätzte zwei Arten von Menschen in gleicher Weise: die »Gläubigen« und die »Ungläubigen«. Jeden also, der sich im Spiel seines Lebens für die eine oder die andere Hypothese entschieden hat: »Gott ist, oder er ist nicht. Auf welche dieser beiden Hypothesen wollen Sie setzen?« Die Haltung dessen, der keine Stellung bezieht, blieb ihm hingegen unverständlich: »Wird ein Erbe, der die Besitztitel seines Hauses findet, sagen, sie seien gefälscht — und wird er verabsäumen, sie zu prüfen?« Und er schließt dann mit jenem leidenschaftlichen und für empfindliche Ohren so skandalösen Radikalismus, den wir an ihm schätzen: »So beweist nicht nur der Eifer derjenigen, die Gott suchen, Gott, sondern auch die Blindheit derjenigen, die ihn nicht suchen.«

Um noch einmal auf das Bild vom Zug zurückzukommen: Selbst die größten Besserwisser wissen nur eines mit Sicherheit: daß der Zug am Ende in einen dunklen Tunnel eintauchen wird, ohne daß man vorher abspringen kann. Was aber auf der anderen Seite dieses geheimnisvollen Tunnels ist, das wissen sie nicht. »Gar nichts ist dort, bloß Dunkel«, sagen manche. Eine Meinung, die man zu respektieren hat. Sie hat nur leider den Nachteil, daß es keine Beweise dafür gibt. Denn bisher ist noch niemand zurückgekommen, um uns von seiner Reise über diese *Todeslinie* Rechenschaft zu geben. Ich gehöre zu den Einfältigen, zu den unverbesserlichen Kindsköpfen, zu den Narren. Zu denen — ich schäme mich nicht, es zu bekennen —, die erschüttert sind vom ewigen Schweigen der unendlichen Räume, die uns umschließen. Statt ruhig auf unserem Platz zu bleiben und gelassen der Finsternis entgegenzusehen, hetzen wir lieber von Abteil zu Abteil, wer weiß, vielleicht in der Hoffnung, irgendwo so etwas wie einen »Fahrplan« zu entdecken, der uns sagt, in welche Richtung diese Reise geht, die wir nicht gewollt haben.

Es ist mir also weniger darum gegangen, auf Fragen genaue Antworten zu geben. Ich wollte vielmehr einfach Informationen vermitteln. Ich habe Material gesammelt, habe versucht, ganz bescheiden Bilanz zu ziehen über die Frage nach Jesus. Er ist tatsächlich der einzige Mensch in der Geschichte, von dem man sagt, er sei lebendig aus diesem Tunnel des Todes wieder zurückgekehrt.

Und wenn es wahr wäre? Vor mehr als zehn Jahren habe ich angefangen, dieser Frage als Journalist nachzugehen, und das hat die Erkenntnis zur Folge gehabt, daß ich selbst mitbetroffen bin. Vielleicht hat der Christus Pascals noch einmal recht: »Du hättest mich nicht gesucht, wenn du mich nicht schon gefunden hättest.« Das wenige, das ich zu bieten habe, will ich jedoch ehrlich darlegen: Ich habe vor allem für mich gearbeitet. Schließlich habe ich ja versucht, mich nicht selbst zu betrügen. Gott, sofern es ihn gibt, hat unsere Lügen nicht nötig. Die historische Gestalt Jesu, die seit zweitausend Jahren mit der Gottesidee in Verbindung gebracht wird, hat ein Recht auf die Wahrheit und benötigt keine apologetischen Tricks. Und wir haben ein Recht, nicht beschwichtigt, sondern informiert zu werden.

So habe ich versucht, mich an das zu halten, was alle akzeptieren können; an das, was möglichst außer Diskussion steht. Nach so vielen gelehrten und wertvollen Analysen ist es notwendig, daß einer auf eigene Gefahr es wagt, eine Synthese zu versuchen. Diese Synthese kann jedoch nur eine vorläufige sein. Es ist einfach ein Vorschlag, der erst noch verifiziert und diskutiert, abgelehnt und wieder neu formuliert werden muß. Jedes Buch ist ja leider seiner Natur nach ein »autoritäres« Medium; oder zumindest ein Monolog. Das Evangelium hingegen ist ein unaufhörlicher Dialog. »Ihr aber, für wen haltet ihr mich?« fragt uns Jesus auch heute noch.

Mein Beitrag für alle diejenigen, die sich in negativer oder positiver Weise mit dem Problem auseinandersetzen, läßt sich mit den Worten Pascals umschreiben: »Manche Autoren sagen, wenn sie von ihren Werken sprechen: mein Buch, mein Kommentar, meine Geschichte usw. Sie verhalten sich wie ein Bürger, der ein Haus an der Gasse und immer ein ›mein‹ im Munde hat. Sie sollten lieber ›unser Buch, unser Kommentar, unsere Geschichte usw.‹ sagen, da meist mehr des Guten anderer als von ihnen darin steht.« So hätte ich buchstäblich jedem Satz eine Anmerkung hinzufügen können mit der Bezugnahme auf die Arbeit eines anderen. Ich habe genau das Gegenteil getan und alle wissenschaftlichen Anmerkungen vermieden. Die wissenschaftlichen Fachleute werden dieses Buch, das in der Tat alles ihren wertvollen Forschungen verdankt, ja kaum lesen. Viele werden es sogar als das Werk eines Dilettanten verachten, eines Eindringlings, der versucht hat, in aller Öffentlichkeit eine Frage zur Diskussion zu stellen, die für das »gemeine Volk« viel zu schwierig ist. Im unwahrscheinlichen Fall aber, daß doch auch Fachleute dieses Buch zur Hand nehmen, gebe ich schließlich zu

bedenken, daß sie solche Anmerkungen am allerwenigsten brauchen: denn sie wissen genau, wo sie im Bedarfsfalle die Quellen nachprüfen können, auf die ich mich stütze. Für die anderen aber, die »Laien« wie mich, genügt es zu wissen, daß alle Zitate genau und ohne bewußte Verfälschung wiedergegeben sind und daß jede Behauptung belegt und belegbar ist.
Ich habe, so gut ich konnte, versucht, Bilanz zu ziehen, und dabei alle Bedenken beiseite geschoben, die man natürlich hat, wenn man, so wie ich, sich noch mitten im Suchen befindet. Paulus von Tarsus beschreibt diesen Seelenzustand, in dem er selbst sich befand, als er den Korinthern gegenübertrat: »in Schwäche und Furcht, zitternd und bebend« (1 Kor 2,3). Wenn ich mich, zumindest was die Schwachheit angeht, auf diesen außergewöhnlichen Werbeagenten des frühen Christentums berufen darf, nun gut, dann ist mein Seelenzustand ganz ähnlich. Ich bin mir auch der Verpflichtung bewußt, der Forderung eines anderen Juden, nämlich Simon Petrus, entsprechen zu müssen: »Seid stets bereit, jedem Rede und Antwort zu stehen, der nach der Hoffnung fragt, die euch erfüllt; aber antwortet bescheiden und ehrfürchtig« (1 Petr 3,15).
Bescheidenheit und Ehrfurcht haben tatsächlich alle Menschen nötig, wenn sie der Frage nach Jesus auf den Grund gehen wollen. Polemik ist hier falsch am Platz; sie ist nicht nur unnütz, sondern einfach dumm. Meine ganze Solidarität und Sympathie gehört eher den sogenannten »Ungläubigen« als den oft allzu »leichtgläubigen« Christen; diese sind genau das Gegenteil von »Gläubigen«. Ohne die »Ungläubigen« wäre man bei der Frage nach Jesus heute noch nicht über eine barocke Apologetik hinausgekommen. So schrieb Lacordaire, der Anhänger Voltaires und spätere Dominikaner: »Ich suche meinen Gegner nicht des Irrtums zu überführen, sondern mich mit ihm in einer höheren Wahrheit zu vereinen.«
Man scheint heute zu entdecken, daß bezüglich der Frage nach Jesus der letzte Schritt der Vernunft auch die Anerkennung sein kann, daß es da eine Dimension gibt, welche die Vernunft übersteigt. Daß es also durchaus vernünftig sein kann, auf diese Hypothese zu setzen. Sicherlich, das Geheimnis bleibt im Dunkel und wird kaum von einem Licht erhellt; viele Fragen bleiben ohne Antwort. Wenn der Schöpfer des Universums selbst wirklich in Raum und Zeit eingetreten ist, warum dann ausge-

rechnet auf diesem winzigen Klumpen aus Gestein und Metall, der um einen der 250 Milliarden Sterne unserer Milchstraße kreist?»Glauben heißt nicht, alles verstehen«, meint Teilhard de Chardin. Dieses Geheimnis, diese Probleme scheinen mir jedoch noch viel größer zu sein, wenn man sich auf die gegenteilige Lösung versteift. Wenn man behauptet, daß das Christentum nichts weiter sei als der größte Irrtum, der den Menschen je unterlaufen ist.

»Wer wird die Christen deshalb tadeln, weil sie ihren Glauben nicht beweisen können und daher sagen, daß dieser Glaube absurd und eine Idiotie sei?« Idiotie, Torheit ist in der Tat für Paulus die Verkündigung, daß Gott sich in einem armseligen jüdischen Handwerker geoffenbart habe; daß dieser zu Tode geschundene Proletarier den Tod überwunden und den Stein, der sein Grab verschloß, gesprengt habe. Eine Idiotie fürwahr — für die Weisheit dieser »Welt«. »Als sie (die Athener) von der Auferstehung der Toten hörten, spotteten die einen, andere aber sagten: Darüber wollen wir dich ein andermal hören. So ging Paulus aus ihrer Mitte weg« (Apg 17,32f).

Gleich am Morgen jenes Auferstehungstages erschienen nach dem Bericht des Lukas »zwei Männer in leuchtenden Gewändern« den Frauen, die zum Grab gekommen waren. »Was sucht ihr den, der lebt, bei den Toten?« fragten die beiden (Lk 24,4f). In dieser Frage des Evangeliums liegt der ganze Sinn, aber auch die Grenze allen Forschens nach dem historischen Jesus, von dem uns mehr als dreißig Lebensalter trennen.

Von Jesus, der unter Kaiser Augustus geboren wurde und unter Kaiser Tiberius gestorben ist, muß man jedenfalls ausgehen, um zur Erkenntnis zu gelangen, daß jeder Mensch, hier und jetzt, der Christus des Glaubens ist. Und um zu bekennen, daß überall dort, wo man sich entschieden für den Menschen einsetzt, der Gott Abrahams und Jesu sich von neuem in der Geschichte offenbart. Und daß dort, wo man sich um die Verwirklichung der Gerechtigkeit bemüht, um die Befreiung von allem, was den Menschen innerlich und äußerlich knechtet, *Kirche* ist, die Gemeinschaft derer, die an den auferstandenen Jesus glauben, ob sie nun seinen Namen kennen oder nicht. Der als Christ von den Nazis grausam hingerichtete Dietrich Bonhoeffer hat geschrieben, daß einer, der an einen bestimmten Jesus glaubt, der gelehrt hat, der gestorben und auferstanden ist, zwar durchaus auch gregorianische Choräle singen könne. Aber — so fügt er hinzu — nur dann, wenn er gleichzeitig seine Stimme für die Juden und die Kommunisten erhebt, nämlich für die verfolgten Opfer der damaligen Zeit und für die in aller Gegenwart und Zukunft. Jesus, so hat es ein zeitgenössischer Dichter ausgedrückt, findet man nicht am Ende unserer Beweisführungen, aber vielleicht am Ende unseres Engagements.

2
Ein verborgener und unbequemer Gott

Wenn sie wenigstens die Religion, die sie bekämpfen, kennten, bevor sie sie bekämpfen. Wenn diese Religion sich rühmte, sie schaue Gott in der Klarheit und besitze ihn deutlich und unverschleiert, dann würde man, um sie zu bekämpfen, nur zu sagen brauchen, daß man in der Welt nichts fände, was ihn in dieser Evidenz zeige. Aber das Christentum lehrt gerade im Gegenteil, daß die Menschen in den Finsternissen und fern von Gott seien, daß er sich ihrer Erkenntnis verborgen habe und daß dies sogar der Name sei, den er sich in der Schrift gegeben habe: verborgener Gott, Deus absconditus...

Blaise Pascal

Überforderte Wissenschaft

Gott, wenn es ihn gibt, ist ein verborgener Gott. Von jeher sind die Menschen gezwungen, ihn tastend zu suchen. Und nicht immer gelangt ihr Suchen ans Ziel, zeitigt es ein positives oder negatives Resultat. Man muß diejenigen, die behaupten, sie hätten keine Schwierigkeiten mit dem Glauben, bewundern und ihnen gleichzeitig mißtrauen. Vielleicht deshalb, weil sie gar nicht genau verstanden haben, worum es überhaupt geht. Die menschliche Erfahrung, die einen zur Verzweiflung treiben kann, besagt, daß keine Gottheit hinter den Wolken hervorlugt. Der Himmel und die Erde schweigen. Aber wenn es einen Gott gibt, dann verbirgt er sich nicht nur hinter dem Schweigen der Natur. Er verbirgt sich auch hinter der Wirklichkeit des Leidens der Unschuldigen, das eine Anklage zu sein scheint, gegen die er sich nicht verteidigen kann. Er verbirgt sich hinter der Vielzahl der Religionen, und in diesen wiederum hinter dem Problem der vielen »Heiligen Schriften«, einschließlich der Bibel. Wenn Gott existiert, dann verbirgt er sich auch hinter dem Skandal der vielen Kirchen; hinter den Irrtümern und Inkonsequenzen gerade jener, die seine Existenz mit ihrem Leben bezeugen müßten. »Warum, o Herr? Deine Geschöpfe stehen einsam und verängstigt vor dir und suchen Hilfe; und du, wenn du existierst, du bräuchtest ihnen bloß einen Strahl deiner Augen, den Saum deines Mantels zu zeigen, und sie würden in Scharen zu dir kommen. Warum tust du es nicht?« So lautet ein Gebet des großen Forschers Teilhard de Chardin.
Weder Wissenschaft noch Philosophie sind tatsächlich (zumindest für den Großteil der Menschen) eine entscheidende Hilfe bei diesem dramatischen Suchen, das jeder Generation von neuem aufgetragen ist. »Wohin auch mein Blick sich wendet, ich sehe dich, unendlicher Gott. In deinen Werken bewundere ich dich, in mir erkenne ich dich...« Das ist nicht nur Poesie, sondern doch wohl etwas mehr. Treffen diese poetischen Zeilen eines Dichters nicht genau die Lebenssituation vieler Menschen? Und zwar heute mehr denn je? »Ich bewundere die Kühnheit, mit der diese Leute es unternehmen, von Gott zu sprechen«, bemerkt Pascal im Hinblick auf jene Gläubigen, für die der Glaube an Gott kein Problem darstellt. »Sie beginnen damit, wenn sie zu den Ungläubigen reden, die Gottheit durch die Werke der Natur zu

beweisen... Eine andere Vorgangsweise besteht darin, daß man ihnen ein Recht gibt zu glauben, die Beweise unserer Religion seien äußerst schwach, und ich weiß aus Überlegung und Erfahrung, daß nichts geeigneter ist, Verachtung gegenüber der Religion zu wecken.« Und schließlich in seinen »Pensées« dann der berühmte Dialog zwischen dem »Ungläubigen« und dem »Gläubigen«, der nur zu oft bei den christlichen Apologeten in Vergessenheit geraten ist:

»*Der Ungläubige:* Was? Sagen Sie denn nicht selber, der Himmel und die Vögel bewiesen Gott?
Der Gläubige: Nein.
Der Ungläubige: Und Ihre Religion behauptet das nicht?
Der Gläubige: Nein. Denn obgleich das in einem Sinne für einige Seelen, denen Gott diese Einsicht gibt, wahr ist, ist es trotzdem falsch für die meisten.«

Und es ist vermutlich oft auch für diejenigen falsch, die nicht die meisten sind, auch für die *Eliten* der Menschheit. Man kann tatsächlich Nobelpreisträger für Astronomie oder Physik sein oder ein berühmter Professor der Zoologie; man kann Einblick haben in die Wunder der Pflanzenwelt, in die eindrucksvolle soziale Organisation der Termiten, in die unglaubliche Komplexität des menschlichen Gehirns. Man kann alles das erkennen und noch vieles andere dazu — und dabei doch Atheist oder ein gläubiger Mensch sein. Gegen Ende des 19. Jahrhunderts ergab eine Umfrage bei den bedeutendsten Wissenschaftlern der Welt, daß unter ihnen Glaube und Unglaube fast gleich verteilt waren. Mit einem geringfügigen Vorsprung des Atheismus. Seit damals hat sich die Situation nicht viel verändert. Was auch immer naive Apologeten sagen mögen, die konkrete Erfahrung zeigt, daß man aus der Kenntnis der natürlichen Welt nicht notwendigerweise zur Anerkennung Gottes gelangen muß. Ebensowenig wie die Naturwissenschaften, ungeachtet der früheren Anmaßung eines überholten Materialismus, Gott aus der Welt völlig ausschließen können. Die Geschichte des menschlichen Denkens hat bis heute gezeigt, daß die Naturwissenschaften nicht in der Lage sind, das ewige Dilemma zwischen Glaube und Unglaube zu lösen.

Die philosophischen »Gottesbeweise«

Im Lauf der Jahrhunderte hat sich gezeigt, daß nicht nur die Wissenschaft, sondern auch die Philosophie für manche ein Weg zu Gott sein kann, so wie sie für andere ein Weg zum Atheismus oder zum Agnostizismus sein kann. Dennoch hat das christliche Denken bestimmte philosophische »Beweise« für die Existenz Gottes formuliert. Gerade die Christen, die bekennen, daß Gott eine Realität ist, also ein Mensch, dem man in der Geschichte, der »Heilsgeschichte«, begegnen kann, laufen so Gefahr, Gott zu einem bloßen Objekt menschlicher Spekulation zu reduzieren, an das man mit wissenschaftlichen und philosophischen Argumenten herangeht. Von einem *Subjekt,* das man tagtäglich anrufen kann, wird Gott nur allzuleicht zu einem *Objekt* gemacht, über das man unumstößliche Behauptungen aufstellt und das man, wie ein Raubtier im Zoo, in den Käfig der natürlichen Theologie sperrt. Gerade das Christentum als einzige Religion der Geschichte, die nicht auf einer Weisheitslehre beruht, sondern auf der Behauptung einer präzisen geschichtlichen Tatsache (»Ich glaube, daß der Mensch Jesus unter Pontius Pilatus in Jerusalem gestorben und dann von den Toten auferstanden ist«), gerade dieses Christentum ist selbst auf eine Philosophie reduziert worden, d. h. auf eine abstrakte und zeitlose menschliche Spekulation. Für den Ungläubigen — so sagt Pascal in seiner gewohnten apodiktischen Art — sind »die metaphysischen Gottesbeweise so abseits vom Denken der Menschen und so verwickelt, daß sie wenig überzeugen. Und sollten sie wirklich einigen nützen, so werden sie nur so lange nützlich sein, als man den Beweis vor Augen hat; eine Stunde danach fürchten sie, sich getäuscht zu haben.« Es sind also »Beweise«, die den Glauben weniger hervorbringen als ihn stützen sollen; sie sind ein Versuch, der es der Vernunft erlaubt, an der Sicherheit des Glaubens teilzuhaben.

Außerdem stehen nicht nur die Opportunität und die praktische Wirksamkeit dieser »Beweise« in Frage. Seit geraumer Zeit steht auch ihre Gültigkeit zur Debatte. Das Denken, das zu diesen »Beweisen« geführt hat, gründet in der Logik der alten griechischen Philosophie, vor allem der des Aristoteles. Heute gibt es viele Denker, die diese Art von Logik ablehnen oder zumindest bezweifeln, daß es sich hierbei um die einzig mögliche Weise des

Denkens handle. Die katholische Kirche hat im I. Vatikanischen Konzil von 1870 erklärt, daß es *möglich* sei, das Gottesproblem mittels der wissenschaftlichen und philosophischen Vernunft zu lösen. *Aber sie hat niemals behauptet, daß alle Menschen tatsächlich dazu imstande sind.* Sie sagt auch nicht, daß dieser Gott, der durch Naturwissenschaft und Philosophie zum Vorschein kommt, immer ein Gott sein muß, der für den Menschen »nützlich« ist. Der theoretische Gottesbegriff ist nicht unbedingt ein Wert, für den es sich lohnt, sein Leben einzusetzen.

Was bedeutet es für einen Menschen schon, der das Bedürfnis hat, zu lieben und geliebt zu werden, wenn er zur Idee eines *Unbewegten Bewegers* gelangt, der das Universum geheimnisvoll in Bewegung hält? Oder zu einem unpersönlichen *Seinsgesetz*, das etwa den Mechanismus unserer Verdauung lenkt? Hören wir wiederum auf Pascal, der mit seiner Genialität auf dem Gebiet der Mathematik und Physik seinerzeit ganz Europa verblüfft hat: »Ich glaube nicht, daß jemand viel für sein Heil gewonnen hätte, der überzeugt wäre, daß die Beziehungen der Zahlen unstoffliche und ewige Wahrheiten seien, die von einer höchsten Wahrheit abhingen, in der alle begründet seien und die man Gott nenne.« Und so hat er auch geschrieben, daß »der Himmel und die Vögel Gott nicht beweisen«, wenigstens nicht den Gott der Christen. Und daß letztlich »die ganze Philosophie keine Stunde Mühe wert sei«. Der konkrete Mensch, der weint und lacht, braucht keine mühsamen Beweisführungen. Er braucht Wärme für das Herz, Ermutigung in seinen Ängsten, einen Sinn für sein Leben. »Welch ein Unterschied zwischen Gott erkennen und ihn lieben!« Der »Gott der Philosophen und Wissenschaftler« hat nichts von alledem zu bieten. Ob man ihn nun beweisen kann oder nicht, er ist jedenfalls kein Wert, der für uns erstrebenswert wäre. Aber er ist nicht nur *ungewiß* und *nutzlos*. Er ist auch *gefährlich*, wie wir später noch zu zeigen versuchen werden.

Ein »verborgener Gott«

Gott, wenn es ihn gibt, ist also ein verborgener Gott, und weder Naturwissenschaft noch Philosophie sind geeignete Instrumente, um in das Geheimnis einzudringen. Die sichtbare Welt weist weder darauf hin, daß es in gar keinem Fall eine Gottheit geben kann, noch daß die Existenz einer solchen offenkundig wäre, sondern auf die Gegenwart eines Gottes, der sich verbirgt und den der Mensch nur als Geschenk, aufgrund einer Offenbarung, erfassen kann. Aus dieser objektiv gegebenen Situation zieht Pascal einen fundamentalen und unbestreitbaren Schluß: »Da Gott derart verborgen ist, ist jede Religion, die nicht lehrt, Gott sei verborgen, nicht wahr.« Wenn nun, in Fortsetzung dieses Gedankenganges, dies das Kriterium ist, um die Wahrheit einer Religion zu beurteilen, dann kann eigentlich nur das Christentum allein »wahr« sein. Denn nur das Christentum hat als eine seiner Grundlagen die Behauptung der Verborgenheit Gottes. Auch in diesem Punkt steht es mit seiner tiefsten Wurzel, dem Judentum, in engster Berührung. Die jüdisch-christliche Religion inkarniert ihren Glauben in der Geschichte, die als jener Ort angesehen wird, an dem sich Gott und der Mensch gegenseitig suchen und begegnen. Man sucht aber nicht etwas, das offen auf der Hand liegt.

Für die andere große monotheistische Religion, den Islam, ist Gott, Allah, »die Sonne, die am Mittagshimmel erstrahlt«. Für den Moslem ist der Atheismus ein unverständliches, ja sogar unvorstellbares Phänomen. So wie nur ein Verrückter die Tatsache leugnen kann, daß die unbarmherzige Wüstensonne alles Leben versengt, so kann auch nur einer, der nicht ganz bei Verstand ist, das in Frage stellen, was schlechthin evident ist: die himmlische Existenz Allahs. Diese Vorstellung des Islams liegt auch allen anderen bereits in der Versenkung verschwundenen oder noch lebendigen Religionen zugrunde. Sie wird von allen Glaubensüberzeugungen geteilt, mit Ausnahme der jüdisch-christlichen Religion. Nur hier hat man eine *Apologetik* entwickelt, jenen Teil der Theologie, dessen Hauptziel es ist, die Existenz Gottes zu »beweisen«. Wie auch immer man die Wirksamkeit der jüdischen und christlichen Apologetik beurteilen mag, die von ihr beschrittenen Wege zeigen auf, daß man zum Gott Abrahams, Isaaks und Jakobs durch ein beständiges Suchen vorstoßen muß; daß dieser Gott »Beweise« nötig hat. Sucht und beweist man aber etwas, das sowieso evident ist? Nur wenn man es als eine selbstverständliche Gegebenheit ansieht, daß die Wolken die Sonne verdecken, kann man versuchen, andere davon zu überzeugen, daß es trotz allem dahinter eine Quelle des Lichtes gibt. Allein schon die Existenz einer christli-

chen Apologetik ist demnach ein Skandal, ja eine Blasphemie in den Augen der Gläubigen anderer Religionen, etwa der Moslems, Buddhisten, Hinduisten usw.
Hingegen sagt Jahwe, der Gott der Juden, im Alten Testament von sich selbst, daß er »im Dunkel wohnen« wolle (1 Kön 8,12). Und Mose, der »seine Herrlichkeit sehen« möchte, antwortet Jahwe: »Du kannst mein Angesicht nicht sehen, denn kein Mensch kann mich sehen und am Leben bleiben« (Ex 33,20). Selbst dem »Begründer« des jüdischen Glaubens ist es nach der Bibel nur erlaubt, »den Rücken Gottes« (posteriora Dei) zu schauen. »Wahrhaftig, du bist ein verborgener Gott, Israels Gott ist der Retter« (Vere tu es Deus absconditus, Deus Israel Salvator), ruft der Prophet Jesaja an jener Stelle (Jes 45,15) aus, die Pascal so viel bedeutet hat. In der jüdischen Vorstellung ist Jahwe ein Gott, der sich verbirgt, der uns sucht, den wir selbst aber auch suchen müssen. Auch darin ist er zutiefst anders als der Gott aller anderen Religionen. Eine Andersartigkeit, die aber bisweilen von äußeren Einflüssen bedroht ist. Nehmen wir als Beispiel das Buch der Weisheit, »ein Buch, das in seiner Sprache und in vielen philosophischen Ausdrucksweisen echt griechischen Charakter trägt«. Am Beginn des 13. Kapitels heißt es dort: »Töricht waren von Natur alle Menschen, denen die Gotteserkenntnis fehlte. Sie hatten die Welt in ihrer Vollkommenheit vor Augen, ohne den wahrhaft Seienden zu erkennen. Beim Anblick der Werke erkannten sie den Meister nicht.« Jahwe, der verborgene Gott, der Gott, der im Dunkel wohnt, scheint hier ganz den Gottheiten der griechischen Philosophie zu entsprechen, für die seine Existenz kein Problem darstellt. Die Seele und die ganze Kultur des Judentums wehren sich jedoch gegen diese »Verunreinigung«: Das Buch der Weisheit wurde nicht in den offiziellen Kanon der jüdischen Bibel aufgenommen. Die Juden suchen Gott nicht nur in der Natur, sondern vor allem in der Geschichte, die einerseits zwar Sicherheit zu geben vermag, andererseits aber auch der Zweideutigkeit ausgesetzt ist.
Dieser Skandal der Nichtevidenz Gottes ist vom Christentum als Erbe voll und ganz übernommen worden. Das Neue Testament schöpft auch hier aus den Quellen des Judentums. Die Realität des *Deus absconditus,* des verborgenen Gottes, wurde nicht nur einfach gutgeheißen, sondern vom christlichen Schrifttum als ein integrierender Bestandteil der Beziehung zwischen Mensch und

Gott betrachtet. Das, was im Judentum nicht selten bloß intuitiv und schemenhaft vorhanden war, ist im Christentum voll entfaltet worden. »Gütiger Vater, die Welt hat dich nicht erkannt« (Joh 17,25), sagt Jesus im hohenpriesterlichen Gebet am Beginn seines Leidens. Und am Anfang seines Evangeliums stellt Johannes fest: »Niemand hat Gott je geschaut. Der Einzige, der Gott ist und am Herzen des Vaters ruht, er hat Kunde gebracht« (Joh 1,18). Bei Mattäus (11,25ff) preist Jesus »den Vater, den Herrn des Himmels und der Erde«, weil er sich nur den einfachen Menschen offenbaren wollte und sich vor »den Weisen und Klugen« verborgen hat. »Niemand kennt den Vater, nur der Sohn und der, dem es der Sohn offenbaren will.«
Die Apostel, vor allem Paulus, werden später von allen Anstoß erregenden Neuheiten des Evangeliums gerade diesen Begriff der Verborgenheit Gottes besonders unterstreichen, die zwar eine allgemeine Erfahrungstatsache ist, aber dennoch von allen anderen Religionen mit Entrüstung zurückgewiesen wird. Im ersten Korintherbrief (1,21) heißt es: »Die Welt hat auf dem Weg ihrer Weisheit Gott nicht erkannt.« Es war der Wille Gottes, sagt der Apostel, daß die Menschen ihn tastend suchen sollten, obwohl er »keinem von uns fern ist« (Apg 17,27). Und Paulus fügt hinzu, daß es den Menschen während ihres irdischen Lebens bloß vergönnt ist, das undeutlich zu ahnen, was sich hinter der »Wolke« verbirgt, von der die alten Schriften sprachen. »Jetzt schauen wir in einem Spiegel und sehen nur rätselhafte Umrisse.« Erst nach dem Tod, sagt Paulus, werden wir »von Angesicht zu Angesicht« schauen (1 Kor 13,12). Die alten Kirchenväter werden diese Auffassung mit Nachdruck unterstreichen. »Zur Gotteserkenntnis gelangt man durch Schatten und Rätsel hindurch«, schreibt Cyrill von Alexandrien. Später wird dann die Mystik betonen, daß die *scientia sanctorum,* »die Kunst, heilig zu werden«, also radikal christlich zu sein, gerade darin besteht: gegen allen Anschein, gegen alle Hoffnung und gegen alle menschlichen Wahrscheinlichkeiten zu glauben.

Warum Gott sich verbirgt

Das Christentum ist also die einzige Religion, die zur Kenntnis nimmt, daß das Wesen und die Existenz Gottes für den Menschen ein Problem darstellen. Diese Verborgenheit Gottes, die das Christentum aus der ursprünglich jüdischen Vorstellung heraus entfaltet hat, gehört zu den Angelpunkten des christlichen Glaubens. In diesem Sinne ist nur das Christentum »wahr«, um einen Ausdruck Pascals zu gebrauchen: »Da Gott derart verborgen ist, ist jede Religion, die nicht lehrt, Gott sei verborgen, nicht wahr.« Für diese Verborgenheit, von der allein die jüdisch-christliche Tradition spricht, lassen sich auch einige Gründe anführen: »Gäbe es keine Dunkelheit, würde der Mensch seine Verderbtheit nicht empfinden; gäbe es kein Licht, würde der Mensch kein Heilmittel erhoffen.« Außerdem: »Ein so gewaltig Ding ist die Religion, daß es gerecht ist, daß die, die sich nicht die Mühe nehmen wollen zu prüfen, ob sie dunkel ist, ausgeschlossen sind.« Schließlich »gibt es genügend Licht für den, der glauben will, aber auch genügend Dunkel für den, der nicht glauben will«. Es scheint so zu sein, daß Gott den Menschen nicht ohne den Menschen »retten« will. Simone Weil, eine im Agnostizismus aufgewachsene Jüdin, hat auf den instinktiven und fortwährenden Protest des Menschen gegen die mangelnde Evidenz Gottes im Namen der Vernunft folgende Antwort gegeben: »Gott konnte nur als Verborgener Schöpfer sein, sonst hätte er nicht als einziger Gott existieren können. Vielleicht hat er nur soweit in sich Einblick gewährt, als notwendig ist, damit durch den Glauben an ihn der Mensch veranlaßt wird, sich um den Menschen zu kümmern. Damit er nicht vom Himmel so geblendet wird, daß er das Interesse an der Erde verliert.« Niemand hat eine größere Liebe als der, der die Freiheit des anderen zu achten weiß, sagt Simone Weil weiter. Die Vorstellung, daß Gott nicht in seiner Majestät aufleuchtet, scheint eine Huldigung an die Freiheit des Menschen zu sein, der beste Schutz für die ihm geschenkte Fähigkeit, sein Schicksal selbst zu bestimmen. Nur ein verborgener Gott kann mit den Menschen eine Beziehung eingehen, die in Freiheit und nicht aus Notwendigkeit geschieht.

Das »Bürgerrecht«, welches das Christentum somit dem Atheismus zuerkennt, dieser radikalsten Anerkennung der Verborgenheit Gottes, kann zu einer ungeahnten Vertiefung beitragen, während die Konfrontation mit den anderen Religionen sich auch da als ungenügend erweist, gerade weil diese sich darauf versteifen, die Realität des verborgenen Gottes zu leugnen. »Für die Christen ist Gott notwendigerweise verborgen.

Er hat eine Spur von Wahrscheinlichkeit in die Zweifel gelegt, die sich gegen seine Existenz erheben. Er hat sich in Schatten gehüllt, um den Glauben leidenschaftlicher zu machen und auch, ohne Zweifel, um das Recht zu haben, unsere Zurückweisung zu verzeihen. Es ist notwendig, daß die dem Glauben entgegengesetzte Lösung sich ihre Wahrscheinlichkeit bewahrt, damit seiner Barmherzigkeit volle Aktionsfreiheit erhalten bleibt« (Guitton).

Ein Gott, dem man begegnen kann

Sowohl für die jüdische, vor allem aber für die christliche Heilige Schrift kann die Offenbarung Gottes auch noch aus einem anderen Grund nicht anders als »dunkel« sein. Es ist jener Grund, von dem alle anderen sich ableiten. Für diese Heiligen Schriften ist Gott eine Person im vollen und absoluten Sinn des Wortes, eine Person, die auf die Suche geht nach anderen Personen, nach den Menschen. Er ist die Person schlechthin, die aber wie jede andere entdeckt und erkannt werden kann.

Man denke dabei an die konkrete Erfahrung. Wann kann man sagen, daß man den anderen wirklich erkennt, daß man eine echte Begegnung mit ihm gehabt hat? Wenn der andere sein Innerstes enthüllt und ich diese Offenbarung vertrauensvoll annehme. Jede Begegnung setzt also von der einen Seite die *Selbstoffenbarung* voraus und von der anderen Seite das *Vertrauen*, den Glauben. Diese Struktur der menschlichen Begegnung hat im Christentum auch für die Begegnung zwischen Gott und dem Menschen Gültigkeit.

Deshalb kann es für die Gotteserkenntnis des Christen nicht genügen, einfach zu behaupten, daß Gott existiere. Auf diesem Wege gelangt man zum Gott der »Religionen«, z. B. zum Gott des Islams. Ein Gott, dessen wahre Natur schon durch den Namen seiner Gläubigen ausgedrückt wird: *Islam* bedeutet »Unterwerfung«; der *Moslem* ist »der Unterworfene«. Es ist ein Gott, den man nicht Vater nennen kann. Für die Gotteserkenntnis des Christen genügt es auch nicht, eine Menge von Beweisen anzuführen. Das ist der Weg, auf dem man zum Gott gewisser Philosophen und Wissenschaftler gelangt. Ein Gott, dem man höchstens die Existenz zubilligen kann, der jedoch keine wirkliche Bedeutung für uns hat. Aber nicht nur das. Es ist dies auch ein Gott, der von zwei Haupteinwänden des modernen Denkens an die Leine gelegt wird: Die Wissenschaft macht ihn überflüssig, und das Böse, das von jeher das Antlitz der Welt entstellt, klagt ihn an. Es ist der Gott des Deismus, und ein solcher Deismus ist ebenso weit vom Christentum entfernt wie der Atheismus. Dieser Gott hat, wie Pascal bemerkt, nichts zu tun mit dem Gott Abrahams und Jesu. Auch wenn die Gläubigen einem dramatischen Mißverständnis zum Opfer gefallen sind und allzuoft gedacht haben, daß diese beiden Gottesvorstellungen, die biblische, die aus der jüdischen und christlichen Offenbarung stammt, und die philosophische, die ihren Ursprung in der »Weisheit dieser Welt« hat, zusammenfallen, ja geradezu identisch sein könnten. Der Versuch, dieses Mißverständnis zu klären, scheint von fundamentaler Wichtigkeit zu sein.

»Würdet ihr mich kennen, dann würdet ihr auch meinen Vater kennen«

Es ist eine lange und traurige Geschichte. Wir können sie hier nur andeuten. Nach der Heiligen Schrift hat Jesus ein Gottesbild geoffenbart, das sich deutlich von dem unterscheidet, das die Philosophie oder die anderen Religionen entwerfen. Diese bieten einen Gottesbegriff, wonach die fundamentalen Eigenschaften Gottes seine *Existenz* und seine *Allmacht* sind. Jesus hingegen offenbart uns einen Gott, dessen hervorragendstes Merkmal die *Liebe* ist. Petrus, der vor einem solchen Messias, der sich zum Diener erniedrigt, zurückschreckt, sagt angesichts dieses Gottes: »Niemals sollst du mir die Füße waschen« (Joh 13,8). Ein Gottesbegriff, dessen irdisches Symbol nicht der König ist, sondern der Sklave, der Letzte unter den Dienern, der seinem Herrn die Füße wäscht. Und dieser Jesus, den die Evangelien als Gott darstellen, sagt gleichzeitig, daß die Menschen nur im Blick auf ihn (und nicht im Vertrauen auf ihre philosophischen Spekulationen) etwas von Gott verstehen können. »Würdet ihr mich kennen, dann würdet ihr auch meinen Vater kennen« (Joh 8,19), und: »Wer mich sieht, sieht den, der mich gesandt hat« (Joh 12,45). Und schon im 1. Kapitel heißt es: »Niemand hat Gott je geschaut. Der Einzige, der Gott ist und am Herzen des Vaters ruht, er hat Kunde gebracht« (Joh 1,18).

Im Verlauf einer langen theologischen Entwicklung ist nun dieser Gott Jesu, der ein Diener ist, weil er die Liebe ist, in die Zwangsjacke der »natürlichen Theologie« gesteckt worden. Jener Theologie, zu der man auf dem Weg religiöser oder philosophischer Spekulation gelangt, die Jesus jedoch abgelehnt hatte. An den Vater gewandt hat er gesagt: »Die Welt hat dich nicht erkannt« (Joh 17,25). Hingegen werden die »Gottesidee« Platos, der »Erste Beweger« des Aristoteles und überhaupt die von den Menschen geschaffenen Götter nach und nach mit dem Gott identifiziert, den die Heilige Schrift offenbart. Die griechischen Philosophen waren es, die mit ihrer Eleganz, ihrer Systematik und ihrer »menschlichen«, Nietzsche würde sogar sagen: »allzumenschlichen« Denkweise die so entsetzlich »barbarischen« Evangelien, die jedem gesunden Menschenverstand zuwiderlaufen, »kultiviert« haben.

Um diesen allzu unbequemen Gott noch mehr zu tarnen, ruft man im Mittelalter schließlich die islamische Philosophie, die mohammedanischen Weisheitslehrer, zu Hilfe. Man vergißt die einzigartige Originalität der Botschaft des Evangeliums und betont, daß der Monotheismus die gemeinsame Basis der verschiedenen Religionen sei, die sich zwar in ihren Dogmen, Riten und Namen voneinander unterschieden, grundsätzlich aber gleich seien. Glauben etwa nicht alle an einen einzigen Gott? So hört man oft fragen.

So wird also die Weisung Christi umgedreht: Statt daß man von ihm ausgeht, um zu versuchen, etwas von Gott zu verstehen, geht man von einem menschlichen »Gottesbegriff« aus, um den Gott Jesu Christi zu »erklären«. Über die nackten Schultern Jesu wird, aus Scham oder Angst, der Mantel der griechischen, römischen, arabischen Philosophie gebreitet. Diejenigen, die eigentlich die Künder des Evangeliums sein sollten, werden so zu Botschaftern des Gottes der Philosophen; jenes Geistes »dieser Welt«, der für das Neue Testament, das alle eingebürgerten Wertvorstellungen umkehrt, »eine Torheit in den Augen Gottes« ist. Der Christ, der nicht durch metaphysische Spekulationen sich erst mühsam ausdenken mußte, was Gott ist, sondern der eigentlich bloß auf die Lehre und das Verhalten seines Meisters zu blicken brauchte, geriet so in die zwielichtigen Kreise derer, die sich einen Gott nach ihrem Bild und Gleichnis zurechtgemacht hatten. Von einem *Subjekt*, dem man begegnet, wird Gott zu einem *Objekt*, das man sich selbst gestaltet.»Vielleicht erklärt dies, weshalb viele von denen, die sich für den Gott Jesu Christi aussprechen, sich faktisch so verhalten, als ob ihre Götter die Macht und der Besitz wären; und weshalb viele von denen, die Hunger und Durst nach Gerechtigkeit haben, den Gott der Seligpreisungen ablehnen, der von Philosophen und Theologen bis zur Unkenntlichkeit entstellt worden ist« (J. Natanson). Das Salz des Christentums ist schal geworden. Es hat seinen Geschmack verloren auf dem Weg von der Geschichte (wie sie in einem zumindest teilweise geschichtlichen Buch, der jüdisch-christlichen Bibel, enthalten ist) zur Philosophie; zu den großen und oft wunderlichen theoretischen Konstruktionen, die aber wenig oder gar nichts mit der christlichen Offenbarung zu tun haben. Wozu eigentlich noch eine »Offenbarung«, wenn Aristoteles und die anderen Weisheitslehrer dem Christen genügen? Mit »gewandten Worten«, fürchtete schon Paulus im ersten Korintherbrief, wird »das Kreuz Christi um seine Kraft gebracht« (1 Kor 1,17). »Wenn der Gott der Philosophen allmächtig ist, dann darf auch bei uns als den Repräsentanten dieses Gottes auf Erden die Macht eine gewisse Rolle spielen.« Die Allmacht wird so zum Modell, die Macht zum Ideal: Wer Gott ähnlich ist, nimmt einen hohen Rang ein, er ist ein »Herr« in jeder Beziehung. Und die Kirche glaubt tatsächlich, für Gott Zeugnis abzulegen, wenn sie die »Gesandten« des gekreuzigten Zimmermanns in Machtpositionen hebt... So gibt es eine Reihe von fatalen Schlußfolgerungen aus diesem ursprünglichen Mißverständnis.

Auf den Spuren eines Menschen

Gott erkennen kann lediglich bedeuten, voll Vertrauen nach ihm zu suchen, vorausgesetzt, daß er wenigstens etwas von sich geoffenbart hat. Diese Offenbarung hat sich, wie der Glaube lehrt, in Jesus von Nazaret ereignet. Wir werden also nun versuchen, die Spuren dieses Menschen aus Fleisch und Blut zu lesen, des einzigen, dem man in den Jahrtausenden der Geschichte direkt den Namen »Gott« gegeben hat. Um die Gründe dafür zu erforschen, werden wir uns ein wenig auf das Feld der Geschichte begeben. Sie ist die einzige Dimension, in der man versuchen kann, das Rätsel des christlichen Gottes einigermaßen zu entschlüsseln. Eines Gottes, den die Geschichte ungeheuer kompromittiert hat, da er als ganz gewöhnlicher Untertan in einer entlegenen Provinz des Römischen Reiches aufgetreten ist. In Jesus hat Gott also seine Verborgenheit weiterhin aufrechterhalten: »Wenn Jesus eine Erscheinung Gottes wäre, eine Theophanie im üblichen religiösen Sinne, dann wäre in ihm die Verborgenheit Gottes aufgehoben. Aber das ist nicht der Fall. Gott ›erscheint‹ nicht in Jesus: er verbirgt sich fortwährend in der menschlichen Geschichte« (H. Cox). In Jesus, so fährt Cox fort, ist Gott mehr denn je verborgen, auch in dem Sinne, daß er sich offenbart »an den Orten und auf die Weise, die er selbst bestimmt, und nicht so, wie der Mensch es gerne möchte; er ist immer noch unverfügbar und entzieht sich jedem Zwang und jeder Manipulation von seiten des Menschen.« Der Prophet Jesaja läßt Jahwe, den Gott Israels, sprechen: »Eure Wege sind nicht meine Wege... So hoch der Himmel über der Erde ist, so hoch erhaben sind meine Wege über eure Wege und meine Gedanken über eure Gedanken« (Jes 55,8—9).

Wenn der biblische Gott den engen Käfig einer jeden Weisheitslehre ablehnt, die sich anmaßt, das Geheimnis zu lüften, dann entzieht sich auch seine bescheidene und verborgene Manifestation, die der Glaube in Jesus, dem Mann aus Palästina, ortet, den Ansprüchen einer Geschichte, die ihn eines Tages mit den Scheinwerfern ihrer wissenschaftlichen Methoden erhellen möchte. Der Historiker stößt immer auf ein Geheimnis, wenn er sich mit diesem Problem befaßt. Die wechselvolle Geschichte der Jesusforschung hat es deutlich gezeigt: »Dieses Geheimnis ist bereits der Grund für die Unschlüssigkeit der Evangelisten und der Theologen des 1. Jahrhunderts. Es konnte von den Historikern oder Theologen niemals endgültig eliminiert werden. Und es wird auch nie soweit kommen. Jeder Biograph wird nichts anderes tun können, als die Tatsache dieses Geheimnisses auszusprechen« (E. Trocmé). Er wird Hypothesen aufstellen, aber keinesfalls zum Glauben »zwingen« können, jener so rätselhaften Dimension, welche die Möglichkeiten des Menschen, des Historikers wie des Philosophen und Naturwissenschaftlers, unendlich übersteigt.

Der biblische Gott, der zu Abraham gesprochen und sich in Jesus geoffenbart hat, ist der einzige Gott, der es wert ist, daß man sich für ihn engagiert. Besonders im letzten Kapitel dieses Buches werden wir dies zu zeigen versuchen. So wie wir auch zu klären versuchen werden, inwiefern es sich dabei auch um das einzige Gottesbild handelt, das man vertreten kann, ohne von der modernen Vernunft in ausweglose Sackgassen gedrängt zu werden. Im übrigen haben wir kein anderes Ziel, als zum Suchen anzuregen. Zu prüfen, welche Wirkung wir erzielen. Denn »man überzeugt sich im allgemeinen besser durch Gründe, die man selber gefunden hat, als durch solche, die anderen eingefallen sind« (Pascal).

Der Vorwurf des »Fideismus«

Das Christentum ist die einzige religiöse Botschaft, die nicht auf einer *Weisheitslehre* beruht, auf einer *Idee,* sondern auf einer Reihe von geschichtlichen Behauptungen, besonders auf dem Bekenntnis: *Ich glaube, daß Jesus von den Toten auferstanden ist.* Ebenso war auch der jüdische Glaube geschichtlich fundiert: *Ich glaube, daß Gott zu Israel gesprochen hat durch seine Propheten.* Wir überlassen es also gerne den Philosophen, alle anderen religiösen Systeme zu »beweisen«, da diese auf einer Weisheitslehre beruhen, d. h. auf einer Philosophie. Es ist einfach eine Frage der Kompetenz. Jedem das Seine — die Philosophie den Philosophen. Wir halten es aber ebenso für angebracht, dem Anspruch der jüdisch-christlichen Tradition auf Geschichtlichkeit allein mit historischen Argumenten und ohne philosophische Vorurteile zu begegnen. Wir werden später noch sehen, welchen Grund ein Ricciotti für seine polemische Bemerkung hatte: »Ob man nun die Gestalt Jesu, wie sie in den Evangelien dargestellt ist, annimmt oder teilweise bzw. ganz ablehnt — beides ist eine Schlußfolgerung, die vor allem von philosophischen und nicht von geschichtlichen Kriterien diktiert ist.« Aus diesem unzulässigen Übergewicht der Philosophie im Umgang mit einem geschichtlichen Problem, wie es die Ursprünge des Christentums sind, entstanden unzählige Entstellungen: »maskierte Christusgestalten«, nämlich Transvestiten gemäß den gerade aktuellen Ideologien.

Das Christentum muß also gemäß seiner »literarischen Gattung« betrachtet werden. Es ist ein Glaube an bestimmte Fakten, die sich an einem bestimmten Tag und an einem bestimmten Ort

zugetragen haben sollen. Wir werden folglich einen Weg beschreiten, der uns bei der Behandlung eines solchen Problems am vernünftigsten zu sein scheint: Wir werden versuchen, über möglichst objektive Daten zu diskutieren, über Fakten, die von allen einhellig anerkannt werden können.
Doch es gibt nicht wenige Christen, die diese vernünftige Arbeitsmethode verächtlich als »Fideismus« bezeichnen: als ein irrationales Sichausliefern an einen Glauben, der sich nicht auf gedankliche Konstruktionen stützen kann. Wer andere des »Fideismus« bezichtigt, gehört zu jenen Gläubigen, die das Problem dieses einzigen geschichtlich begründeten Glaubens der Menschheitsgeschichte mit rein philosophischen Mitteln angehen, die zwar den Moslems, Hinduisten, Buddhisten und Heiden von Nutzen sein können, die aber völlig ungeeignet sind, jenen Gott in den Blick zu bekommen, von dem die Christen bekennen: »Jesus ist der Herr! Er ist unter Pontius Pilatus gekreuzigt worden und dann von den Toten auferstanden.« Statt des Fideismus könnte die geschichtliche Methode, die wir in diesem Buch anwenden, um den Ursprüngen des Christentums auf die Spur zu kommen, wohl eher des Gegenteils verdächtigt werden: des Rationalismus. Wir verlangen, ja wir fordern mit allem Nachdruck den Gebrauch der Vernunft und das Anlegen strengster Maßstäbe bei der Beurteilung der geschichtlichen »Glaubwürdigkeit« der Aussagen der Heiligen Schrift, vor allem der Evangelien. Aber selbst wenn wir die Vernunft einmal auf diese Weise eingesetzt hätten und überzeugt wären, daß die Garantien, die von dieser Botschaft angeboten werden, uns befriedigen, selbst dann müßten wir noch einmal mit Pascal bekennen: »Die letzte Schlußfolgerung der Vernunft ist, daß sie einsieht, daß es eine Unzahl von Dingen gibt, die ihr Fassungsvermögen übersteigen.« Wenn wir zur Überzeugung kämen, daß der skandalöse Anspruch eines gewissen Jesus, im Namen Gottes zu sprechen, ein vernünftiges Fundament hat, dann kann die einzige Art, von Gott zu reden, nur darin bestehen, Gott selbst sprechen zu lassen: in der Schrift, vor allem in den Evangelien, ohne den Versuch zu unternehmen, sie durch die Spekulationen der »natürlichen Vernunft« zu ersetzen. »Die Offenbarung ist der Richter über die Vernunft. Wer an Philosophien oder an ›Religionen‹ glaubt, spricht menschlich. Wer an Jesus glaubt, der hört das ›Wort Gottes‹« (Karl Barth).

Geschichte oder Legende?

Wir sind bestürzt über die Tatsache, daß manche Christen Thesen über die Ungeschichtlichkeit der Evangelien vertreten, die aus der Aufklärung, dem Positivismus und dem bürgerlichen Liberalismus stammen. Von der begründeten Ansicht, daß die Evangelien nicht »Geschichte« im modernen Sinn sind (worauf wir im 5. Kapitel näher eingehen werden), schlittern manche Gläubige nur allzuleicht in die These, daß die Evangelien überhaupt keine geschichtliche Grundlage hätten. Man glaubt nicht so recht an die Möglichkeit, eine glaubwürdige Beziehung zwischen dem historischen Jesus und dem Christus des Glaubens herstellen zu können. Eine Einstellung, die nicht nur überholt erscheint. Mir kommt sie auch ein wenig pathetisch vor, gerade in einer Zeit, da so viele Theorien des bürgerlichen Laizismus über die Ursprünge des Christentums in einer äußerst schweren Krise stecken und sogar marxistische Gelehrte mutig erklären, daß man bei der Frage nach Jesus wieder ganz von vorne beginnen müsse.

Katholische Gelehrte scheinen heute jene Wege zu entdecken, die schon von vielen Freidenkern oder solchen, die man dafür hielt, in der sogenannten »Belle Époque« beschritten wurden. Wege, die so oft von jenen alten Wanderern selbst verlassen wurden, weil sie sich als Sackgassen entpuppt haben. Und doch sind Gläubige, die diese Wege eingeschlagen haben, von manchen überraschenderweise als »Avantgarde« angesehen worden. In Wirklichkeit sind jedoch viele, auch eher fortschrittliche christliche Theologen noch immer durch eine Erziehung und Ausbildung geprägt, die der griechischen Philosophie breiten Raum gab. Für die Griechen (und für die Welt der Antike im allgemeinen) ist die Welt einem Gesetz unterworfen, einem Schicksal, einem Fatum, dem niemand entrinnen kann; nicht einmal die Götter, nicht einmal Zeus-Jupiter; auch er ist an den *Logos* gebunden, den kosmischen Geist, gegen den man nichts vermag. Der griechische und römische Mythos stellt die Götter oft dar, wie sie über das Schicksal der Menschen weinen, ohne selbst eingreifen zu können. Nur das hebräische Denken weiß sich auch hier von der antiken Welt zu distanzieren. Gott, der die Welt und ihre Gesetze geschaffen hat, ist ihnen in keiner Weise unterworfen. Er kann diese Gesetze in absoluter Freiheit aufheben, verletzen, auf den Kopf stellen. Für ihn gelten nicht einmal die Gesetze der Logik und Geometrie. Der göttliche Wille ist so frei, daß man wie Paulus bekennen kann: »Das Törichte Gottes ist weiser als die Menschen« (1 Kor 1,25). Und ein altes jüdisches Gebet lautet: »Gepriesen seist du, o Gott, weil du das willst, was verboten ist.« Nun, angesichts des Skandals, den das Evangelium mit all seinem schweren Ballast an »Wunderbarem« bis hin zum größten aller »Wunder«, der Auferstehung der Toten, für die »griechische« Vernunft darstellt, versteht man die Verlegenheit der Theologen, die oft mehr von Aristoteles als von der Bibel durchdrungen sind. Das »Weltgesetz« des griechischen Denkens mündet schließlich in jenem Idol des sogenannten »wissenschaftlichen Denkens«, das der Positivismus des 19. Jahrhunderts hervorgebracht hat. Wie »wissenschaftlich« aber dieses Denken manchmal tatsächlich ist, darauf werden wir vor allem im 5. Kapitel näher eingehen. Als Anbeter dieses Idols erweisen sich schließlich auch jene, die trotz ihres Bekenntnisses, an den biblischen Gott zu glauben, versuchen, die Evangelien dadurch »hoffähig« zu machen, daß sie sie von allem säubern, was sie an Unannehmbarem enthalten für eine »Wissenschaft«, wie sie in ihrem Kult des 19. Jahrhunderts verstanden wurde. Nach mehr als einem Jahrhundert Abstand von Renan beginnt man also wiederum mit der »Entmythologisierung« der Evangelien und vieler anderer Dinge, was den offiziellen Machthabern nur recht sein kann, denen wie immer nur daran gelegen ist, ihr Konzept einer »polizeiartigen Religion als Ausdruck des politischen Atheismus« (Jemolo) aufrechtzuerhalten. »Engagierte« Theologen (und in vieler Hinsicht sind sie es tatsächlich und verdienen daher vollen Respekt) scheinen zu vergessen, daß Renan, den wir hier als symbolisches Beispiel anführen, wie ein Nationalheld gefeiert wurde, weil er Jesus zu einem völlig harmlosen Troubador reduziert hatte. Er wurde besonders von der herrschenden Klasse in Frankreich nach 1870 mit Ehren geradezu überhäuft. Von jener Clique, die ihre Macht durch Massenerschießungen und brutale Deportationen der niedergeknüppelten Arbeiter der Pariser Kommune festigte. Durch diese Anerkennungen und Ehrungen von seiten des Regimes und seine Aufnahme in die Reihen der »Unsterblichen« durch die »Académie francaise« wurde Renan zum Mündel des städtischen Bürgertums, der Landvögte und Großgrundbesitzer.

Ähnliches Glück war auch anderen seiner Zeitgenossen zuteil geworden, die wie er versucht hatten, das Christentum zu »kastrieren«, indem sie ihm jeden Anstrich des »Übernatürlichen« nahmen, um es in ein vages religiöses Gefühl zu verwandeln, das die Werte der etablierten Ordnung sanktionieren und »sakralisieren« sollte. Man kann dem Beispiel Frankreichs ruhig auch das Parallelbeispiel des Wilhelminischen Deutschland an die Seite stellen, wo Professoren wie Harnack vom Kaiser bewundert und protegiert wurden. Gleichzeitig verlangt die Gerechtigkeit, auch an die Verfolgungen zu denken, denen Leute wie Buonaiuti in Italien ausgesetzt waren, dem man mit der Waffe des Konkordats das Recht der Lehrtätigkeit entzog. Es handelt sich dabei um dasselbe Konkordat, das im Artikel 21 sagt: »Allen Kardinälen der Heiligen Römischen Kirche gebühren dieselben Vorrechte wie dem Adel.« Sie waren damit selbst in das Mißverständnis Gottes verstrickt und wurden oft zu Botschaftern dieses Gottes der Philosophen. Und während die Minister im autoritären Spanien unter Franco, wie das Gesetz es befahl, vor dem Kruzifix kniend ihren Eid ablegten, rief Roger Garaudy, der französische Marxist, der Kirche zu: »Gebt uns die große Hoffnung der Evangelien wieder, die Konstantin uns genommen hat!«

Gleichsam um die »soziale« Bedeutung seines Versuches, die historischen Grundlagen des Christentums in Mißkredit zu bringen, zu unterstreichen, schreibt Renan selbst am Ende seines Werkes, man weiß nicht recht, ob verwundert oder beunruhigt: »Weil der Staat auf dem Schauplatz von Kalvaria die Hauptrolle spielte, hat er die größte Schuld auf sich geladen. Eine Legende, reich an vielfältigen Respektlosigkeiten, geht um die Welt. In ihr spielen die ordnungsgemäßen Autoritäten eine ganz widerliche Rolle: Der Angeklagte hat recht, die Richter und die Polizei verbünden sich gegen die Wahrheit. In ihrer ganzen aufrührerischen Art... zeigt die Passionsgeschichte die römischen Behörden, wie sie die ungerechteste und schändlichste Strafe gutheißen, sie zeigt die Soldaten, welche die Torturen ausführen, und einen Präfekten, der das Ganze befiehlt. Welch ein Schlag für jede etablierte Ordnung!« Doch zum Glück kann man jetzt wieder ganz beruhigt sein. Dieser geballte Aufruhr ist nichts weiter als eine »Legende«, keinesfalls jedoch Geschichte, wie man viel zu lange angenommen hat. Und Leute wie Renan haben ihr Bestes getan, um das zu beweisen. Jene Macht, die Jesus zum Tode verurteilt hat, kann sich sein Kreuz aneignen, sie kann es ergreifen wie einen Knüppel und es zum Symbol für eine »Religion« machen, die sich mit dem Reichtum und denen, die ihn besitzen, anfreundet. Keinesfalls jedoch zum Symbol für den, den ein moderner Soziologe sogar als einen »Kriminellen« eingestuft hat, weil er die anerkannten Werte der etablierten Ordnung ständig verletzt; ein gefährlicher Unruhestifter und »Außenseiter«, dessen Name in den ersten drei Jahrhunderten als Bedrohung der bürgerlichen Gesellschaft angesehen wurde. »Feinde des Menschengeschlechtes« und »Atheisten« nennt der kaiserliche Geschichtsschreiber Tacitus die ersten Christen, weil sie die Götter des Staates und seiner Kriege ablehnen. Und der heilige Kirchenvater Justinus antwortet dem Kaiser Antonius Pius, daß die Anklage des Atheismus gegenüber den Anhängern Jesu in diesem Sinne voll und ganz gerechtfertigt sei.

Der Verzicht auf den historischen Jesus: eine reaktionäre Versuchung

Wir glauben also, daß entgegen allem Anschein die Versuche auch mancher Christen, die historische Basis des Christentums mit aller Gewalt herunterzuspielen, einer reaktionären Logik entspringen. Sie dienen, entgegen den Absichten der Gelehrten, zur Stütze einer Gesellschaft, deren religiöses Ideal ein Gott »des gesunden Menschenverstandes«, ein Gott der Philosophen ist. Die demütige, aber unbeirrte Treue des Gläubigen zu seinem »unglaublichen« Glauben, zu der *stultitia crucis,* die immer noch einen Skandal und eine Torheit in den Augen der Mächtigen und Gebildeten darstellt, birgt eine umwälzende Kraft in sich, die nicht erst seit heute der etablierten Ordnungsmacht Sorgen bereitet. Wie kann man denn zulassen, daß Gott ein Mensch ist, der behauptet, daß jede menschliche Macht auf der Macht des Teufels beruhe? Im 4. Kapitel des Lukasevangeliums heißt es: »Da führte ihn der Teufel auf einen Berg hinauf und zeigte ihm in einem einzigen Augenblick alle Reiche der Erde. Und er sagte zu ihm: All diese Macht und die ganze Herrlichkeit dieser Reiche will ich dir geben; denn sie sind mir überlassen, und ich gebe sie, wem ich will. Wenn du mich anbetest, soll dir alles gehören. Jesus

antwortete ihm: Es steht geschrieben: Du sollst den Herrn, deinen Gott, anbeten und ihm allein dienen« (Lk 4,5—8).
Nur die Umwandlung eines Glaubens, der alle menschlichen Wertvorstellungen und Rangordnungen über den Haufen wirft, in ein homogenes kulturelles System, das den herrschenden Bedingungen entspricht, kann schließlich und endlich jene beruhigen, welche die Macht in Händen haben. Nur wenn der Gott Jesu zur Legende wird, wenn die geschichtliche Dichte und damit die Impulse jener Botschaft, welche die allgemeinen Wertvorstellungen umkehrt, sich verflüchtigen, nur dann kann man wieder die Hoffnung haben, zum beruhigenden Gott der Philosophen zurückzukehren. Zu einem Gott, der jede Art von Hierarchien segnet und begründet (»Unter den Anwesenden befanden sich auch die staatlichen, militärischen und religiösen Würdenträger«) und der die Throne der Mächtigen stützt. Dieser hat aber nichts zu tun mit jenem anderen, unbeugsamen Gott, der von den Machthabern zum Tode verurteilt worden ist.
Wenn der Gott Abrahams, der sich dem Gläubigen in Jesus geoffenbart hat, für den modernen Historiker also nicht mehr »vertretbar« ist, dann kann man wieder hoffen, zum Gott des Deismus zurückzukehren. Zu jenem Gott, dessen Wesensart die Koppeln der SS im Dritten Reich mit ihrem Motto »Gott mit uns!« deutlich zum Ausdruck brachten; dessen Botschaft die Dollarnoten der Vereinigten Staaten proklamieren, auf denen die Inschrift steht: »In God we trust« — Auf Gott vertrauen wir; oder dessen Ideologie der Ruf »Gott will es« veranschaulichte, den die Kreuzfahrer ausstießen, ehe sie sich in das Getümmel stürzten, um die Frauen zu vergewaltigen und vielen anderen gewaltsam die Freiheit zu nehmen. Wenn das Kreuz nichts weiter ist als das Symbol eines vagen »religiösen Gefühls« oder das Zeichen irgendeiner Legende, mit der der moderne Historiker nichts anzufangen weiß, aber nicht die präzise Erinnerung an den Galgen, an den Pontius Pilatus, der Statthalter des Kaisers Tiberius in Judäa, den Menschen Jesus nageln ließ; wenn das Kreuz also nichts weiter ist als eines von vielen Symbolen des religiösen Brauchtums — dann kann man es ruhig weiterhin vor den Mächtigen aufrichten, jedoch um ihnen zu verheißen: »In diesem Zeichen wirst du siegen!«
Auch aus diesen Gründen, und zwar mehr noch als aus anderen, direkt »wissenschaftlichen«, wenn dieses so mißverständliche

und in unserem Falle äußerst anmaßende und ungeeignete Adjektiv überhaupt einen Sinn hat, lehnen wir gewisse Versuche ab, die heute sogar von Gläubigen unternommen werden, um den historischen Jesus in der Gesellschaft dadurch »hoffähig« zu machen, daß man ihn praktisch leugnet.

Der historische Wert des Neuen Testamentes wird heute sicherlich viel genauer gesehen. Die Kritik erfüllt eine unersetzliche und wertvolle Funktion für den Glauben selbst, und viele seiner Inhalte werden wieder neu bewußt. In diesem Zusammenhang werden wir zu prüfen haben, wie die Inhalte der christlichen »Glaubenshypothese« heutzutage zu verstehen sind. Wir werden aber auch darüber zu klagen haben, daß viele Gläubige, vor allem in der Vergangenheit, ihre Dankespflicht gegenüber jenen nicht erfüllt haben, die man gerne mit dem verächtlichen Ausdruck »Ungläubige« bezeichnet und die oft in sehr entscheidender Weise dazu beigetragen haben, die Frage nach den Ursprüngen des Christentums zu vertiefen.

Über diese Ursprünge des Christentums wollen wir also im folgenden nachdenken, ohne uns jedoch mit dem vorgefaßten Dogma so vieler Menschen zu identifizieren, das da lautet: »Es kann unmöglich so gewesen sein.«

3
Jesus Christus und die prophetischen Weissagungen

Und Jesus legte ihnen dar, ausgehend von Mose und allen Propheten, was in der ganzen Schrift über ihn geschrieben steht.

Lukas 24,27

Mit großer Bereitschaft nahmen sie das Wort auf und forschten Tag für Tag in den Schriften, ob das alles richtig war.

Apostelgeschichte 17,11

Das Problem der »messianischen Weissagungen«

Ist Jesus tatsächlich »vorhergesagt« worden? Kann man wirklich heutzutage noch versuchen, seine Gottheit mit Hilfe der Weissagungen des Alten Testamentes zu »beweisen«? Das Problem stellt sich folgendermaßen: In der Schrift, die den Juden und Christen gemeinsam ist, gibt es mehr als dreihundert »messianische Stellen«. Dort wird das Kommen einer geheimnisvollen Person, eines »Messias« angekündigt, der aus Israel hervorgehen, aber seine Herrschaft auf alle Völker ausdehnen wird. Die Weissagungen über ihn betreffen auch seine Tätigkeit in der Welt und die Bedeutung seines Erscheinens. Schließlich wird sogar das genaue Datum seines Kommens angegeben. Diese messianische Erwartung ist für das Judentum fundamental. Der 12. Artikel des Glaubensbekenntnisses Israels, so wie es im Mittelalter von Moses Maimonides formuliert wurde, lautet: »Gott wird den Messias senden, der uns von den Propheten verheißen wurde.« Die Juden, die Jesus als Messias anerkannt haben, glaubten an ihn in der Überzeugung, daß sich in ihm die alten Weissagungen erfüllt haben. Vor den jüdischen Volksmassen berufen sich die ersten christlichen Prediger tatsächlich auf dieses prophetische Argument. Jenes Evangelium, das die Predigt an die Juden widerzuspiegeln scheint, nämlich das Mattäusevangelium, konfrontiert ständig Taten und Worte Jesu mit den Weissagungen der Schrift. Nach Lukas legte Jesus selbst den Emmausjüngern dar, »was in der ganzen Schrift über ihn geschrieben steht« (Lk 24,27), um sie davon zu überzeugen, daß er wahrhaft der Christus ist. — Und wie stehen wir heute dazu?

Ein zweischneidiges Schwert

Auf der einen Seite ist der Rückgriff auf die Weissagungen schon seit langem in Mißkredit geraten durch den Mißbrauch, den viele christliche Apologeten damit getrieben haben. Mit lächerlichen Verdrehungen, mit großen und kleinen Tricks hat man versucht, um jeden Preis Bibelverse so zurechtzubiegen, um mit ihrer Hilfe dann zeigen zu können, daß in Jesus »sich alles erfüllt hat«. Gar nicht zu reden von jener so beklagenswerten Art und Weise der Bibelauslegung, die in rassistischer Manier sich gegen das wehrlose Judentum wendet. Die moderne Bibelwissenschaft hat gezeigt, daß die messianische Interpretation vieler Bibelstellen unhaltbar ist: Entweder weil erwiesen ist, daß der Autor auf eine ganz andere Person anspielt; oder weil ein Übersetzungsfehler vorliegt; oder weil sich die Datierung jener Bücher als falsch herausgestellt hat, auf denen man ein ganzes Gebäude weiterer Schlußfolgerungen aufgebaut hatte. Viele enthusiastische, aber ahnungslose »Verteidiger des Glaubens«, bemerkt der katholische Gelehrte Tournay, gingen sogar soweit, sich auf eine Art Wahrscheinlichkeitsrechnung einzulassen, ohne jedoch die Unvereinbarkeit der verschiedenen Versionen und die Unsicherheiten des Textes in Rechnung zu stellen; oft verstieg man sich dabei in phantastische Allegorien oder versuchte eine primitive Harmonisierung des Textes. Auch hier ist allzuoft die Lehre vom verborgenen Gott vergessen worden. »Was sagen die Propheten von Jesus Christus? Daß er völlig einleuchtend Gott wäre? Nein, sondern daß er ein wahrhaft verborgener Gott ist; daß er verkannt sein würde; daß man nicht meinen würde, daß er es sei; daß er ein Stein des Anstoßes sein würde, an dem sich viele stoßen werden. Deshalb werfe man uns nicht den Mangel an Klarheit vor, da wir diesen gerade bekennen« (Pascal).

Das prophetische Argument (die christliche Apologetik hat es am eigenen Leib erfahren) ist ein heikles, ein zweischneidiges Schwert. Das zeigt sich vor allem, wenn man z. B. behauptet, daß Jesus in einem Stall geboren worden sei, zwischen Ochs und Esel, weil der Prophet Jesaja geschrieben habe (wobei er natürlich von etwas ganz anderem sprach): »Der Ochse kennt seinen Besitzer und der Esel die Krippe seines Herrn« (Jes 1,3).

So hat man schließlich und endlich verständlicherweise von einer Methode, die Glaubwürdigkeit des Glaubens zu beweisen, Abstand genommen, die Jesus selbst nach den Evangelien mehrmals angewandt haben soll. Obwohl man keineswegs zu verheimlichen braucht, daß sowohl die Evangelisten als auch die Apostel in ihren Schriften (vor allem Paulus in seinen Briefen) mit einer exegetischen Methode an die Weissagungen herangegangen sind, die heutzutage wissenschaftlich nicht mehr aufrechtzuerhalten ist.

Ein Punkt in der Geschichte

Uns scheint also, daß das Problem nicht darin besteht, einen besonders »eindrucksvollen« Bibelvers zu erforschen und nach jenem Detail zu suchen, das sich »erfüllt« haben könnte. Das Problem besteht vielmehr darin, Jesus in die Geschichte einzuordnen. Bevor man ihn aus der Nähe betrachten kann, muß man ihn im Fluß der menschlichen Ereignisse zu orten versuchen. Er ist wie ein kaum wahrnehmbarer kleiner Punkt, fast unfaßbar in seinem kurzen irdischen Dasein. Ein ganz gewöhnliches Ereignis in einer entlegenen Provinzstadt. Wir könnten hingegen die Wahrheit des Wortes von Hegel, wonach Christus »der Angelpunkt der Geschichte« ist, wieder neu entdecken, wenn wir versuchten, ihn einzuordnen zwischen dem, was ihm vorausgegangen ist, und dem, was auf ihn folgte. Wenn wir ihn also in jene Geschichte eingliederten, welche die christliche Theologie *Heilsgeschichte* nennt. Abgesehen von einzelnen Stellen überrascht vor allem die Konvergenz der großen Linien: Das »Mysterium Jesu« scheint sich einzufügen in eine Reihe von geschichtlichen »Mysterien«, die alle noch auf eine plausible Erklärung warten. Bei Jesus und dem Glauben, der in ihm seinen Ursprung hat, scheint es sich also nicht im mindesten um irgendwelche Zufälle zu handeln, vielmehr scheinen sich darin die Hoffnungen der Juden zu erfüllen, und es scheint jene neue Ordnung Gestalt anzunehmen, die schon seit urdenklicher Zeit vorhergesagt worden ist.

Im folgenden werden wir in dieser Richtung nachzuforschen versuchen, indem wir aus der Schrift einige »Beispiele« herausgreifen, deren Analyse möglichst unbestritten ist. Wir werden jedenfalls nicht in den Fehler jener verfallen, die, um Glauben zu wecken, sich auf Glaubensargumente berufen. Wir sind uns immer bewußt, daß es keine Bemühung gibt, die für alle überzeugend sein wird. Und das nicht nur wegen der offenkundigen Unzulänglichkeiten, des Ungenügens, der Dürftigkeit unserer wie aller anderen Versuche. Sondern auch, weil bei diesem Spiel mit dem Unendlichen ganz bestimmte Regeln gelten. Es gibt genug Licht und genug Dunkel in all den geheimnisvollen Zeichen, die ein Gott uns gibt, der durch diese Zeichen uns einlädt, ihn zu entdecken, der aber niemanden zwingt, sich einer Evidenz zu beugen; denn der Glaube bleibt als solcher bestehen,

und er verwandelt sich nicht in eine Art experimentelle Wissenschaft. »Gott, dessen Art es ist, über alle Dinge behutsam zu verfügen, begründet den Glauben im Geiste durch Gründe und im Herzen durch die Gnade« (Pascal). Man könnte auch, wie viele es getan haben und noch immer tun, ein ganz anderes Buch als dieses schreiben, eines, welches geradezu das Gegenteil verkörpert und den Beweis zu erbringen versucht, daß »der Glaube unmöglich ist«. Es ist dies ein Aspekt des Christentums, den man nie vergessen sollte.
Zunächst scheint es uns notwendig, zwei Vorfragen zu klären. Es geht dabei um den sogenannten *Unglauben der Juden* und um die *Echtheit der schriftlichen Zeugnisse*.

Die Juden haben geglaubt

Es ist, zum Teil wenigstens, ein Irrtum mancher Historiker und Theologen, zu glauben, daß Israel in der Gestalt Jesu jenen Messias nicht anerkannt hätte, den es doch seit Jahrhunderten erwartet hat. Die ersten Jünger Jesu waren ausnahmslos Juden. Es ist eine jüdische Gemeinde, welche die Botschaft des Glaubens im gesamten Römischen Reich verbreitet. Dem Apostel Paulus, »am achten Tag beschnitten, aus dem Volk Israel, vom Stamm Benjamin, ein Hebräer von Hebräern« (Phil 3,5), wie er sich selbst vorstellt, verdankt das Christentum die aktivste Propaganda. Die ersten Dokumente des neuen Glaubens bezeugen Tausende von Bekehrungen im Volke Israel. Selbst die Kirche von Rom, die Kirche des Papstes, geht auf jene Tausende Juden zurück, die von Pompejus als Sklaven nach Rom verschleppt und später dort freigelassen worden sind. Um das Jahr 250 schätzt der christliche Schriftsteller Origenes die Zahl der Judenchristen bereits auf über 150.000. Und wahrscheinlich spricht er dabei sogar nur von den Neubekehrten. Die Basis der Kirche in den ersten Jahrhunderten ist so sehr von Juden geprägt, daß das dringlichste Problem darin besteht, festzulegen, welche jüdischen Gebräuche unbedingt beibehalten werden müssen. Wir werden das vor allem im Zusammenhang mit der Beschneidung noch sehen.
Praktisch ist dieses Judenchristentum aber bei den Nicht-Fachleuten fast unbekannt. Erst seit kurzem hat man begonnen, es von Grund auf zu erforschen. Dieses Versäumnis ist das Resultat

des Antisemitismus der abendländischen Christen, die daran interessiert waren, die wahren Ursprünge ihres Glaubens zu verschleiern. Wie sonst hätte man jene irregeleitete Theologie eines »von Gott verstoßenen Volkes Israel« konstruieren können? Vielen ist die Vorstellung, daß Jesus Jude war, immer als peinlich erschienen. Daher hat auch der Nationalsozialismus versucht, Jesus von seinem Volk loszureißen, indem man die uralte Geschichte wieder aufwärmte, wonach ein römischer Hauptmann der Vater Jesu gewesen sei: ein »Arier« also...
In Wirklichkeit »ist es unmöglich, einen Juden zu ohrfeigen, ohne denjenigen zu treffen, welcher der Mensch schlechthin und gleichzeitig die Blüte Israels ist« (Julien Green).
Daß der »Unglaube« der Juden zum großen Teil ein Mythos ist, hat einer der bedeutendsten Vertreter des zeitgenössischen Judentums bestätigt, nämlich Jules Isaac, ein glühender Verteidiger der Unschuld seines Volkes und ein Apostel des Dialogs zwischen Judentum und Christentum, jenen beiden Religionen, die miteinander verbunden sind wie Mutter und Tochter. Isaac sagt: »Die christlichen Autoren vergessen oft, daß zur Zeit Jesu die Juden bereits seit mehreren Jahrhunderten in der Zerstreuung lebten. Der größte Teil des jüdischen Volkes lebte gar nicht mehr in Palästina. Man kann also nicht sagen, daß das jüdische Volk in seiner Mehrheit Jesus abgelehnt hätte. Vielmehr ist es sehr wahrscheinlich, daß es in seiner Mehrheit Jesus nicht einmal gekannt hat. Jedoch überall, wo er hingekommen ist — überall, mit wenigen Ausnahmen —, hat ihn das ganze jüdische Volk mit Begeisterung aufgenommen, wie die Evangelien bezeugen. Dieses Volk soll sich nun zu einem bestimmten Zeitpunkt gegen ihn gewandt haben? Man behauptet es, aber man kann es nicht beweisen.« Und weiter: »Das Volk Israel ist das einzige Volk, in dem Jesus neben erbitterten Feinden auch glühende und leidenschaftliche Anhänger besaß, die ihn verehrten.«
Der gehässige antisemitische Mythos vom »ungläubigen und daher von Gott verstoßenen Volk« und der daraus abgeleitete »Fluch«, der angeblich auf ihm lastet, haben also keine ernstzunehmende historische und schon gar nicht theologische Grundlage. Noch einmal zitieren wir Isaac: »Sich gleichzeitig einen Antisemiten und Christen zu nennen heißt Schmähung und Verehrung miteinander vermischen.« Karl Barth, vielleicht der größte christliche Theologe dieses Jahrhunderts, konnte seiner-

seits mit Recht die Behauptung aufstellen, daß die Judenverfolgungen des Nationalsozialismus allein schon genügt hätten, um dieses Regime als radikal antichristlich zu kennzeichnen. So sehr sind die beiden Religionen zuinnerst an ein einziges Schicksal gebunden, daß ohne Israel nicht einmal Christus selbst wirklich Christ sein könnte.

Was bleibt, ist das »Geheimnis« des Überlebens dieses Volkes Israel und die Treue wenigstens eines Teiles von ihm zu seinem angestammten Glauben. Es ist dies ein »Geheimnis« im wissenschaftlichen Sinne, ein Phänomen, das sich allen bekannten Gesetzen der Geschichte, der Soziologie, der Kulturanthropologie entzieht. Der Christ betrachtet es wie der Jude Paulus, der im Römerbrief im Hinblick auf das Schicksal seines Volkes schreibt: »O Tiefe des Reichtums, der Weisheit und der Erkenntnis Gottes! Wie unergründlich sind seine Urteile, wie unerforschlich seine Wege!« (Röm 11,33.) Für Paulus bleibt sogar der Name »Jude« noch ein »Ruhmestitel«.

Einerseits ist also die Verachtung der Juden, wie sie den Christen jahrhundertelang eingeimpft worden ist, absurd. Wie Daniélou meint, müßte gerade der Christ aufgrund seines Glaubens an die Idee einer Heilsgeschichte, einer Erwählung durch Gott, einer Offenbarung jenen Leitgedanken verstehen, der das jüdische Volk als ein außergewöhnliches Volk erscheinen läßt. Andererseits ist aber auch jenes Argument unhaltbar, mit dessen Hilfe so manche jede Bezugnahme auf die messianischen Weissagungen vermeiden möchten: Wie soll denn Jesus »geweissagt« worden sein, wenn nicht einmal sein eigenes Volk, das ja diese Prophezeiungen aufbewahrte und gründlich erforschte, ihn anerkannt hat? Viele Juden, die ihn gekannt und seine Botschaft gehört haben, glaubten, daß in ihm sich die alten Weissagungen erfüllt hätten. Dieser Glaube war so stark, daß Jesus nach dem Bericht der Evangelien sich mehrmals sogar gezwungen sah, vor der Begeisterung des Volkes zu fliehen. Nach seinem Tod wandten sich Paulus und die anderen Apostel vor allem an die jüdischen Landsleute in den Gemeinden im Ausland. In ihren Briefen »beweisen« sie Jesus gerade aufgrund der Weissagungen. Und die Resultate blieben nicht aus: Viele überschritten die Schwelle vom Judentum zum Christentum. Es war für sie keine »fremde« Religion, sondern die ganz natürliche Einmündung ihres alten Glaubens.

Wenn die Prediger auch oft wie vor einer Mauer standen, dann scheint das nicht so sehr an der mangelnden Übereinstimmung im Hinblick auf das prophetische Argument zu liegen, sondern eher an der grundsätzlichen Ablehnung jeden Dialogs seitens der Vorsteher der jüdischen Gemeinden. Daran erinnert Sam Waagenar, ein zeitgenössischer jüdischer Historiker: »Wir wissen, daß die Nachricht vom Anbruch der messianischen Zeit aus Jerusalem kommen muß — so lautete die Antwort an diejenigen, welche die Überzeugung vertraten, daß Jesus der Christus sei. Doch aus Jerusalem hat uns bis jetzt keine Nachricht über die Ankunft des Messias erreicht. Also ist derjenige, von dem ihr sprecht, ein Betrüger. Es ist sinnlos und eine Blasphemie, die Propheten über ihn zu Rate zu ziehen.« Wahrlich ein unumstößliches Argument, das da als Grund herhalten mußte, um eine »gemeinsame Befragung der Schrift«, wie es die Prediger des neuen Glaubens verlangten, abzulehnen. Angesichts dieses unüberwindlichen Widerstandes wandten die Christen sich schließlich an die »Heiden«. Und so begann sich jener tiefe Graben aufzutun, der für das Christentum selbst fast zweitausend Jahre lang tragische Konsequenzen haben mußte.

Es ist manchmal eine seltsame Logik in jener Kritik, die sich »rational« nennt. Wir werden es nicht verabsäumen, diesbezügliche Beispiele später noch anzuführen. Hier machen wir nur auf zwei solche »Vernunft«-Argumente aufmerksam, die von angesehenen, zumeist deutschen Neutestamentlern oft ins Treffen geführt werden. Nicht selten finden sich beide Argumente sogar bei ein und demselben Autor, obwohl sie sich eigentlich gegenseitig ausschließen.

Einerseits betont man, wenn auch nicht ganz im Einklang mit der historischen Wahrheit: »Es müssen recht eigenartige Weissagungen sein, die sich angeblich in Jesus erfüllt haben sollen, wenn selbst die Urheber dieser Prophezeiungen, die Juden, ihn nicht anerkannt haben. Es ist dies das endgültige Zeichen für die Schwäche der von den Christen ins Treffen geführten prophetischen Beweise.« Andererseits sagt man wieder: »Es ist ganz und gar logisch, daß Jesus, der historisch gesehen nichts weiter als ein obskurer galiläischer Wanderprediger war, für Gott gehalten wurde. Dieser Mensch ist vom Glauben frommer Juden vergöttlicht worden, die in ihm die Erfüllung der Weissagungen und das Ziel ihrer Erwartungen zu erblicken glaubten.«

Nach der *ersten Hypothese* wären also die Heidenchristen Leichtgläubige, da sie die »Weissagungen« des Alten Testamentes auf ihre Weise gelesen und interpretiert hätten. Nach der *zweiten Hypothese* wären die Juden Leichtgläubige, da sie den messianischen Weissagungen zuviel Glauben geschenkt hätten. Die beiden Hypothesen heben sich offensichtlich gegenseitig auf. Und doch sind sie nach wie vor gewichtige Stützen für gewisse Interpretationen der Ursprünge des Christentums.

Ein unverdächtiges Buch

Niemand hat jemals die Behauptung aufstellen können, daß die messianischen »Weissagungen«, wie immer man ihren Wert beurteilen mag, von christlichen Propagandisten manipuliert und ihren Zwecken angepaßt worden seien. Kein Kritiker hat je mit dem Skalpell das Alte Testament so genau sezieren und behaupten können: »Diese Stelle ist von Christen hinzugefügt worden.« Jeden anderen Text hat man verdächtigt, irgendeine wenn auch entfernte Beziehung zu Jesus zu haben. Gegenüber dem Alten Testament ist dieser Verdacht immer unmöglich gewesen und wird es auch immer sein, und zwar aufgrund einer einzigartigen Situation. Denn seit man auf der Welt über den christlichen Messias spricht, gibt es neben den Christen noch die Juden, die eifersüchtig über die Integrität ihrer Heiligen Schrift wachen. Und das ist nach christlicher Ansicht nur das *Alte Testament,* welches vom Neuen integriert und überholt worden ist, in dem aber jeder, wenn er will, nach »Weissagungen«, die sich auf den Messias beziehen, suchen kann. Ob man nun davon überzeugt ist oder nicht, man wird jedenfalls zugeben müssen, daß das Überleben des jüdischen Volkes und die verzweifelte Verteidigung seines »Heiligen Buches« die Heranziehung dieser Texte, die sicherlich nicht »gezähmt« und zurechtgebogen worden sind, als unbedenklich erscheinen lassen.

Wir werden später noch auf die Funktion dieses Zeugnisses zu sprechen kommen, das in der Sicht des christlichen Glaubens den Juden anvertraut worden ist. Hier möchten wir nur noch anmerken, daß Pascal in dieser ununterbrochenen Überlieferung einer Schrift, welche den unbeugsamen Widerstand eines Volkes in seiner ursprünglichen Echtheit bewahrt hat, ein providentielles Ereignis erblickt: »Wären alle Juden durch Jesus Christus bekehrt worden, dann hätten wir nur verdächtige Zeugen. Und wären sie ausgerottet worden, dann hätten wir gar keine.« Übrigens wurde im Jahre 1947 in einer Höhle in Qumran am Toten Meer der vollständige Text eines der größten Propheten, nämlich Jesaja, gefunden. Diese Schriftrolle ist mit Sicherheit mindestens hundert Jahre vor Christus zu datieren. Abgesehen von einigen Details der Interpunktion, ist dieser zweitausendjährige Papyrus vollkommen identisch mit dem Wortlaut jener Bibeln, die jeder von uns heute in der Buchhandlung kaufen kann. Doch eine solche Bestätigung war eigentlich gar nicht notwendig. Wie wir schon festgestellt haben, ist es ein einzigartiger Vorgang, daß ein Glaube (der christliche) seine Glaubwürdigkeitsgründe in jenen Texten suchen kann, die ein anderer Glaube (der jüdische) unversehrt überliefert hat. Eine Tatsache, die auf die Beziehung zwischen diesen beiden Religionen, die ebenfalls einzigartig ist in der Geschichte, ein bezeichnendes Licht wirft.

Geweissagt und angebetet

Die außergewöhnliche Besonderheit des Christentums liegt nun darin: *Diese Religion betet einen Messias an, und sie stützt sich dabei auf eine andere Religion, die diesen Messias geweissagt hat.* Pascal bemerkt dazu, daß sowohl das Alte wie das Neue Testament auf Jesus schauen: »Das Alte in der Erwartung, das Neue auf ihn als Urbild, und beide als auf ihren Mittelpunkt.« Und weiter: »Diese Religion, die in dem Glauben besteht, der Mensch sei aus der Seinslage der Herrlichkeit und des Umgangs mit Gott in eine Seinslage der Entfernung von Gott gestoßen, und daß wir nach diesem Leben wieder in die ursprüngliche Seinslage versetzt werden sollen durch einen Messias, der kommen sollte, diese Religion bestand seit je auf Erden. Alles ist vergangen, sie allein hat überdauert.« Seit urdenklichen Zeiten, seit wir überhaupt geschichtliche Zeugnisse besitzen, ist also Jesus geweissagt und angebetet worden.
Buddha, Konfuzius, Laotse, Mohammed — alle diese Religionsstifter sind geschichtlich gesehen isolierte Einzelpersonen. Sie treten plötzlich in Erscheinung, ohne daß die vorausgehende

religiöse Tradition sie vorhergesagt hätte. Jesus hingegen ist der Mittelpunkt einer ihm vorausgehenden dynamischen Erwartung von vielleicht 1800 bis 2000, wenigstens aber 1200 Jahren und einer Welle der Anbetung und Verehrung, die nach seinem Tod einsetzte. In weiteren zweitausend Jahren, bis in unsere Tage, hat die Kirche das Werk der Synagoge weitergeführt. Wie schon betont, widerspricht eine solche Entwicklung, die sich über einen Zeitraum von fast viertausend Jahren erstreckt, allen jenen Gesetzen, welche sonst die Geschichte beherrschen. Auch deshalb, weil dieser Messias nicht bloß von einem einzigen Propheten verkündet worden ist, sondern von einer langen Reihe von Männern, die durch Jahrhunderte geweissagt und diese Weissagungen nach und nach immer mehr vervollständigt haben. Es ist dies eine absolut einzigartige Situation. Allein schon dieser Charakter des Christentums genügt nach der Meinung vieler Gelehrter, um ihm einen ganz besonderen Platz in der religiösen Geschichte der Menschheit einzuräumen.

Die vielen »Kinder Abrahams«

Etwa 44 Kilometer südlich von Jerusalem liegt die Stadt Hebron, arabisch El Khalil, mit ca. 40.000 Einwohnern. Hier soll nach der Überlieferung Israels Patriarch Abraham begraben worden sein. Es geht uns hier nicht darum, zu beweisen, daß das Grab dieses Mannes, den die Juden als ihren Stammvater betrachten, sich tatsächlich in Hebron befindet. Ja nicht einmal darum, ob die historische Existenz Abrahams überhaupt nachzuweisen ist. Uns interessiert vielmehr die Beobachtung, daß an diesem echten oder vermeintlichen Grab Abrahams die Gläubigen aller drei großen monotheistischen Weltreligionen ihre Gebete verrichten. Für das *Judentum* ist dieser Ort eine Synagoge; für das *Christentum* eine Kirche; für den *Islam* eine Moschee. Im Laufe der Jahrhunderte hat es um den Besitz dieses abgelegenen Ortes unter den Gläubigen aller Konfessionen blutige Kämpfe gegeben. Hebron ist jener Punkt auf der Landkarte, wo sich die drei großen monotheistischen Religionen in ihrem gemeinsamen Ursprung begegnen. Juden, Christen und Moslems bezeichnen sich ohne Ausnahme als »Kinder Abrahams«. Zusammen sind es nach der Statistik mindestens eine Milliarde und 300 Millionen Menschen, die sich zu diesen Religionen bekennen.

Es ist Glaube der Juden, daß ihr Volk von Abraham abstammt, und zwar über seinen Sohn Isaak. »Abraham ist unser aller Vater«, erinnert Paulus die Christen. Die Moslems nannten sich von jeher auch »Ismaeliten« wegen ihrer Abstammung von Ismael, dem Sohn des Abraham und der Hagar. Abraham ist für den Anhänger Mohammeds der *hanif,* der Glaubensstarke, der Verteidiger der Einzigkeit Gottes, Repräsentant der natürlichen Religion. Wegen seines Grabes zählt die sonst unbedeutende Stadt Hebron zu den vier heiligen Städten des Islams.

Dieses Gedränge der drei monotheistischen Weltreligionen in Hebron gibt doch zu denken. Es scheint sich hier jene Verheißung zu erfüllen, die Gott nach der Bibel einem Mann namens Abraham, dessen geschichtliche Existenz im Dunkel liegt, gegeben haben soll. Eine Verheißung, welche die jüdischen Schriften schon viele Jahrhunderte vor Jesus und Mohammed erwähnen. Die Aufzeichnung dieser Verheißung geschah zudem noch zu einer Zeit, als Israel nichts weiter war als ein kleines, verachtetes halbnomadisches Volk, das zerstreut im Mittleren Osten lebte, wie eine Geschwulst am Körper mächtiger und kulturell überlegener Reiche. Wir lesen im ersten Buch der Heiligen Schrift, im 12. Kapitel der Genesis: »Der Herr sprach zu Abraham: Zieh weg aus diesem Land, aus deiner Heimat und aus deinem Vaterhaus in das Land, das ich dir zeigen werde! Ich werde dich zu einem großen Volk machen, dich segnen und deinen Namen groß machen. Ein Segen sollst du sein... Durch dich sollen alle Geschlechter der Erde Segen erlangen« (Gen 12,1—3). Und im 15. Kapitel heißt es dann: »Er (der Herr) führte ihn hinaus und sprach: Sieh doch zum Himmel hinauf und zähle die Sterne, wenn du sie zählen kannst! Und er sprach zu ihm: So zahlreich werden deine Nachkommen sein. Und er (Abraham) glaubte dem Herrn, und der Herr rechnete es ihm als Gerechtigkeit an« (Gen 15,5—6). Etwas später, im 18. Kapitel, läßt der Verfasser Gott zu sich selbst sagen: »Abraham soll doch zu einem großen, mächtigen Volk werden, durch ihn sollen alle Völker der Erde Segen erlangen« (Gen 18,18). — Verheißungen einer zahllosen Nachkommenschaft also. Mehrere tausend Jahre nach der Niederschrift dieser Weissagungen erreicht die Zahl der Gläubigen, die sich als »Kinder Abrahams« bekennen, tatsächlich beinahe schon die 1,5-Milliarden-Grenze. Der Name Abraham bedeutet nicht umsonst »Vater vieler Völker«.

Im Jahre 1976 betrug die Zahl der »Nachkommen« des Urpatriarchen Israels etwa 43 Prozent der gesamten Weltbevölkerung. Und das Buch, das von seinem Glauben an die unbegreifliche Verheißung erzählt, die Bibel, ist bis heute bereits in 1120 Sprachen und Dialekte übersetzt worden. Sie ist mit großem Abstand der absolute Bestseller aller Zeiten.

Ein Auftrag für die Welt

Ob Abraham wirklich gelebt hat oder nicht, ob er in Hebron begraben liegt oder nicht, das alles braucht uns hier nicht sonderlich zu interessieren. Was uns wichtig ist und ins Auge sticht, ist der unerklärliche Größenwahn eines armseligen und zahlenmäßig kleinen Volkes, das von jeher den Anspruch erhebt, in der Zukunft eine weltweite Rolle zu spielen. Und wenigstens tausend Jahre vor der Entstehung des Christentums und 1600 Jahre vor dem Auftreten Mohammeds legt es diese Überzeugung schriftlich fest, in einer phantastischen Art und Weise, die aber ganz unerwartet durch die Ereignisse der Geschichte Bestätigung findet. Während seiner ganzen Geschichte, wie es sie der Bibel anvertraut hat, zweifelte das Volk Israel niemals an der geheimnisvollen Aufgabe, die Gott ihm übertragen haben soll. Es ist auffällig, daß nach der geläufigen Etymologie der Name Israel »Gottesstreiter« bedeutet. Dieses winzige, aber starke Volk ist einzig und allein für die Aufgabe da, die Gott ihm am Beginn seiner Geschichte übertragen hat: »Ihr sollt mir als ein Reich von Priestern und als ein heiliges Volk gehören« (Ex 19,6).
Wir greifen hier aus den überaus zahlreichen Beispielen in der Bibel einige heraus, die diese unerklärliche Sicherheit deutlich machen.
Zunächst aus dem Buch Genesis. Jakob, ein Sohn Isaaks, segnet vor seinem Tod seine Söhne: »Versammelt euch, dann sage ich euch an, was euch begegnet in künftigen Tagen... Nie weicht von Juda das Zepter, der Herrscherstab von seinen Füßen, bis der kommt, dem er gehört, dem der Gehorsam der Völker gebührt« (Gen 49,1.10). Ist Jesus derjenige, dem »der Gehorsam der Völker« gebührt? Der Christ glaubt dies, und was die Juden betrifft, so kann man nur sagen, daß diese Stelle von den jüdischen Exegeten immer im messianischen Sinne verstanden worden ist.

Im Kommentar der »Ökumenischen Bibel« zum 7. Kapitel des zweiten Buches Samuel heißt es: »Die messianische Hoffnung in Israel, an welche die Urkirche anknüpft, findet hier ihre hauptsächlichen Wurzeln.« In diesem Kapitel geht es um die Verheißung, die Gott an David ergehen ließ: »Wenn deine Tage abgelaufen sind und du bei deinen Vätern ruhst, dann werde ich deinen Nachkommen, der von dir stammt, als deinen Nachfolger einsetzen und seiner Herrschaft Bestand verleihen. Er wird für mich ein Haus bauen, und ich werde dem Thron seiner Herrschaft ewigen Bestand verleihen. Ich will für ihn Vater sein, und er wird für mich Sohn sein... Dein Haus und deine Herrschaft sollen durch mich auf ewig Bestand haben; dein Thron wird für immer bestehen bleiben« (2 Sam 7,12—14.16). Auch für diese Stelle hat die Kirche verschiedene Interpretationen zur Hand; der Glaube ist eher vorsichtig und denkt in der Richtung des »verborgenen Gottes«. Wir werden andererseits nicht so naiv sein, zu behaupten, daß Jesus, wie es die Evangelisten anzunehmen scheinen, von der Familie Davids abstamme. Der unmittelbare und logische Einwand: Die Evangelisten könnten ja die Genealogie Jesu an die prophetische Verheißung angepaßt haben. Wir wollen jedoch auf solidem Boden bleiben und uns auf solche Argumente beschränken, die niemand entkräften kann: etwa die Feststellung, daß auch in diesem Falle ein Volk seine unerklärliche und feste Überzeugung zum Ausdruck bringt, ewig Bestand zu haben und in der Weltgeschichte eine entscheidende Rolle spielen zu müssen.

Ganz auf derselben Linie liegt auch das letzte Buch des Alten Testamentes, das Buch Daniel. Im 7. Kapitel wird dort berichtet: »Im ersten Jahr Belschazzars, des Königs von Babel, hatte Daniel einen Traum; auf seinem Lager hatte er eine Vision« (Dan 7,1). Es handelt sich um die sogenannte »Vision von den vier Tieren«, auf die wir später noch zurückkommen werden. Daniel berichtet davon unter anderem: »Immer noch hatte ich die nächtlichen Visionen: Da kam mit den Wolken des Himmels einer wie ein Menschensohn. Er gelangte bis zu dem Hochbetagten und wurde vor ihn geführt. Ihm wurden Herrschaft, Würde und Königtum gegeben. Alle Völker, Nationen und Sprachen müssen ihm dienen. Seine Herrschaft ist eine ewige, unvergängliche Herrschaft. Sein Reich geht niemals unter« (Dan 7,13—14). Seit der apostolischen Zeit hat die Kirche auch hierin immer die

Weissagung des Messias erblickt. Was zu denken gibt, ist die Natur des verheißenen universalen Reiches: Es »geht niemals unter«. Genauso wie jenes Reich, das Jesus für sich in Anspruch genommen hat und das sich auf die Herrschaft über die Herzen, nicht aber über irdische Reiche gründet.

Im Buch des Propheten Jesaja tritt eine rätselhafte Gestalt, der »Gottesknecht«, in Erscheinung. Diesem Gottesknecht ist ein Schicksal verheißen, in dem Herrlichkeit und Erniedrigung in scheinbar unverständlicher Weise miteinander verknüpft sind. Im Kapitel 49 sagt Gott, daß es für diesen seinen »Knecht« nicht genügt, über Israel zu herrschen: »Es ist zuwenig, daß du mein Knecht bist, nur um die Stämme Jakobs wieder zusammenzubringen und die Geretteten Israels heimzuführen. Ich mache dich auch zum Licht aller Völker; bis ans Ende der Erde soll man meine rettende Hilfe erfahren« (Jes 49,6). Diese Stelle ist von besonderem Interesse: Es scheint, daß Jesaja hier jenen Juden entgegentreten will, die in kluger Weise die Hypothese von einem Messias aufstellten, der sich darauf beschränkt, das Reich Israel wiederherzustellen. Eine Hypothese des gesunden Menschenverstandes, voll Realismus: Wie hätte ein so armseliges Volk wie das ihre denn seinen Einfluß auf die ganze Welt ausdehnen können? Die Klugen irren sich, erwidert der Prophet: Der König, der aus unserer Mitte hervorgehen wird, er wird ein »Licht aller Völker« sein.

Zum »Licht und Mittelpunkt der Welt« wird Jerusalem werden, prophezeit Jesaja im Kapitel 60, jene Stadt, die zur damaligen Zeit nicht viel mehr ist als ein karges Gebirgsdorf, eine lächerliche »Hauptstadt«, gemessen an dem Glanz der antiken Metropolen: »Auf, werde hell, denn es kommt dein Licht, und die Herrlichkeit des Herrn geht leuchtend auf über dir. Finsternis bedeckt die Erde und Dunkel die Völker, doch über dir leuchtet der Herr, seine Herrlichkeit erscheint über dir. Völker wandern zu deinem Licht, und Könige pilgern zu deinem strahlenden Glanz« (Jes 60,1—3). Und wiederum schließt die Weissagung mit einer herrlichen Verheißung für Israel: »Der Kleinste wird zu einer Tausendschaft, der Geringste zu einem starken Volk. Ich, der Herr, führe es schnell herbei, sobald es Zeit dafür ist« (Jes 60,22).

Und noch eine letzte Stelle unter vielen möglichen über die Ankunft des Messias. Das Buch Micha, 4. Kapitel: »Am Ende der Tage wird es geschehen (nämlich bei der Ankunft des Ersehnten): Der Berg mit dem Haus des Herrn steht fest gegründet als höchster Berg; er überragt alle Hügel. Die Völker strömen zu ihm. Viele Nationen machen sich auf den Weg und sagen: Kommt, wir ziehen hinauf zum Berg des Herrn und zum Haus des Gottes Jakobs. Er soll uns seine Wege zeigen, auf seinen Pfaden wollen wir gehen. Denn von Zion kommt die Belehrung, aus Jerusalem kommt das Wort des Herrn« (Mich 4,1—2).

Das Rätsel Jahwe

Es gibt also da eine kleine ethnische Gruppe, die von allem Anfang an ihre Hoffnung auf die Zukunft setzt; die einen »Segen für ihre Nachkommen« erwartet; die ein ewiges Reich erhofft, das sich auf den »Einen« gründet, der aus ihrer Mitte hervorgehen wird. Sie sind sich dessen so sicher, daß ihre Kommentare zur Heiligen Schrift manchmal zu Formen bestürzenden Größenwahns degenerieren: »Die Welt ist für Israel geschaffen worden, ohne Israel könnte das Universum nicht existieren...« Wenn wir uns über eine solche Sicherheit wundern, dann müssen wir uns auch über den Ursprung dieses Glaubens Gedanken machen. Vor allem, wie soll man *Jahwe,* den Gott Israels, erklären? Dieser Gott, der sich, wie die Christen glauben, in Jesus geoffenbart hat, kommt aus geheimnisvollen Tiefen, er trotzt allen Gesetzen, die nach Ansicht der Wissenschaft für die Religionen bestimmend sind. Gerade der Fortschritt der letzten zweihundert Jahre auf dem Gebiet der vergleichenden Religionswissenschaft hat immer mehr die Rätselhaftigkeit des Ursprungs des jüdischen Glaubens zutage gefördert.

Woher stammt eigentlich der strenge Monotheismus, wenn alle anderen antiken Religionen (nicht nur im Mittelmeerraum und im Orient, sondern auch in Afrika, Amerika und Australien) im Gegenteil polytheistisch sind? Warum stellt sich der Jude vom Beginn seiner Geschichte an den Himmel nicht ähnlich vor wie die anderen, bevölkert von einer Myriade von Göttern, sondern glaubt sofort an einen einzigen Gott? Eine solche Auffassung von der Gottheit, so sagt die vergleichende Forschung, sei immer *das Ergebnis einer langen Evolution.* Dieses Volk jedoch scheint sich mit einem Schlag zu dieser Höhe aufgeschwungen zu haben und nicht erst am Ende einer Reihe von aufeinanderfolgenden Phasen. Gleichsam um damit ihre Heiligen Schriften zu bestätigen, die betonen, daß Israel sich seinen Gott nicht selbst erfunden und gewählt hat. Sondern er ist es, Jahwe, der sein Volk erwählt und sich selbst den Patriarchen geoffenbart hat. »Je mehr unsere Kenntnis der Geschichte und Kultur der Religionen des Alten Orients zunimmt, je klarer man die Zusammenhänge und gegenseitigen Einflüsse erkennt, desto rätselhafter wird der monotheistische Gottesbegriff des kleinen Volkes Israel im Gegensatz zur völlig polytheistischen Umwelt« (Franz König). Soweit der moderne Religionssoziologe. Aber schon Tacitus brachte die Verwunderung der antiken Welt über die unbegreifliche »Andersartigkeit« des Judentums zum Ausdruck: »Mose schuf ein Volk, das bis heute Bestand hat, und er gab ihm nicht nur neuartige Gesetze, sondern solche, die denen aller anderen Völker geradezu entgegengesetzt sind« (novos ritus contrariosque ceteris mortalibus).

Der unerklärliche Charakter des Monotheismus Israels läßt sich nicht auf eine Frage der *Quantität* reduzieren. Es ist nicht nur eine Frage der Zahl (der eine Gott gegen die vielen Götter), sondern auch und vor allem eine solche der *Qualität*. Der Rabbiner Isidor Epstein, Rektor des Jüdischen Kollegs, der berühmten jüdischen Schule in London, bemerkt: »Weil er der Schöpfer des Himmels und der Erde ist und alles dessen, was Himmel und Erde enthalten, ist der Gott Abrahams von der Natur und von jeder geographischen Begrenzung unabhängig.« Auf die revolutionäre Bedeutung dieser Unabhängigkeit Gottes von der Natur, dieser Trennung zwischen Schöpfer und seiner Schöpfung, werden wir noch zurückkommen. Auch was die Überwindung der geographischen Grenzen betrifft, stellt uns der jüdische Gottesbegriff vor ein Rätsel. Der Vergleich mit den anderen antiken Religionen zeigt, daß jeder Gott ein »lokaler« Gott ist: ein Gott eines Volkes oder einer Stadt, *niemals aber ein universaler Gott.* Vielmehr einer, der seine Gläubigen gegen die Verehrer feindlicher Gottheiten in Schutz nimmt.

Man beachte weiterhin, daß der Gott Israels nicht nur ein *einziger und universaler* Gott ist, er ist auch ein Gott des *Ethos,* ein »moralischer« Gott, dessen größte Sorge die Heiligkeit und Gerechtigkeit ist. Hier dringen wir in das Herz des religiösen Geheimnisses Israels vor. Die an die Menschen gerichtete

Aufforderung zur Heiligkeit gründet in der Überzeugung, daß Gott selbst der Heilige ist. »Der Herr sprach zu Mose: Rede zur ganzen Gemeinde der Israeliten, sag zu ihnen: Seid heilig, denn ich, der Herr, euer Gott, bin heilig« (Lev 19,1—2). Wenn von den Menschen verlangt wird, gerecht zu sein (»Hört auf, Böses zu tun! Lernt, Gutes zu tun! Sorgt für das Recht! Helft den Unterdrückten!« — Jes 1,16f), dann deshalb, weil Gott selbst die Gerechtigkeit ist: »Durch seine Gerechtigkeit beweist der heilige Gott, daß er heilig ist« (Jes 5,16). Dieser heilige und gerechte Gott, zu dem die Menschen als moralisches Modell aufblicken müssen, ist abgrundtief verschieden von allen anderen antiken Gottesvorstellungen. Dem Polytheismus der vielen Götter, die mit den Lastern und Tugenden des Menschen behaftet dargestellt werden, die je nach Laune Gnade walten lassen oder in Zorn geraten, stellt Israel seinen radikal »anderen« Gott gegenüber. Diese Tatsache erweist sich als umso unerklärlicher, je mehr die Forschungsinstrumente der modernen Wissenschaft verfeinert werden.

Dieser Gott der Juden ist also *einzig, universal, heilig und gerecht:* eine außergewöhnliche Konzeption, deren Ursprung sich jeder Nachforschung entzieht. Außerdem eine Vorstellung, die das gesamte Volk teilt, keineswegs etwa ein aristokratisches Privileg einiger Intellektueller. Und darüber hinaus ein Gottesbegriff, der jenen der umliegenden Völker unendlich übertrifft, während diese den Juden auf allen anderen Gebieten haushoch überlegen sind. Wir stellen also den eindeutigen Primat Israels auf religiöser Ebene fest und gleichzeitig seine offenkundige Unterlegenheit in den Künsten, in der Philosophie, im Rechtswesen, im technischen Bereich, überhaupt in allen anderen Belangen. Die Wissenschaft muß auch diese Kluft erklären, diesen Bruch zwischen der höchsten Vollendung der Religion und einer eher mittelmäßigen Entwicklung in allen anderen Bereichen. Es ist dies ein weiteres Problem, das uns ein Volk aufgibt, welches auch hier die historischen Gesetze sprengt, wonach die Religion einer Gesellschaft mit ihrer Gesamtentwicklung in engem Zusammenhang steht.

Es sind also präzise soziologische Feststellungen, auf die sich jene Hypothese berufen kann, die dem Glauben zugrunde liegt: nämlich die Hypothese eines Eingreifens Gottes selbst in der Geschichte, um jenes Antlitz zu offenbaren, das die Weisheit der

Menschen nicht zu erfassen vermochte; Israel als ein Volk, das sich nicht selbst seinen Gott gewählt hat, weil es Gott selbst ist, der sich sein Volk erwählt und es mit einer einzigartigen Offenbarung auszeichnet. Aber man entdeckt auch noch manches andere, wenn man über diesen unfaßbaren Gott nachdenkt, der umso rätselhafter wird, je weiter man die Nachforschungen vorantreibt.

Ein »weltlicher« Glaube

Die Lehre über den Gott Israels beginnt schon bei den ersten Worten der Schrift (»Am Anfang hat Gott Himmel und Erde geschaffen« — Gen 1,1) mit einer eindeutigen »atheistischen Propaganda« (H. Cox), zumindest im Vergleich zu allen anderen antiken Religionen. Mit einem Mal wird ganz eindeutig und klar die Natur von Gott getrennt; und zugleich wird der Mensch von der Natur abgehoben. In allen antiken Religionen lebt der Mensch hingegen in einer Art Zauberwald, in dessen Höhlen und Schluchten es von Geistern nur so wimmelt. Die Felsen und Wasser sind voll von guten oder bösen Dämonen. Die gesamte Wirklichkeit ist mit einer magischen Kraft erfüllt. Sogar für Babylon, die Hochburg der Weisheit im gesamten Orient, sind der Mond und die Sterne göttliche Wesen. Doch für das ungebildete Israel, diesen Haufen ungehobelter Hirtenstämme, sind die Sonne und der Mond (so wie alle anderen Dinge) nichts anderes als Schöpfungen des einen und ewigen Gottes. Nur in Israel reinigt man die Natur von jeder Magie, befreit man die Welt von den unzähligen furchterregenden Wesen. »Das Verbot, die Natur anzubeten, als erstes Gebot des Dekalogs auferlegt (›Du sollst neben mir keine anderen Götter haben‹), und das damit zusammenhängende Verbot, sich Götzenbilder zu verfertigen, unterstreichen den andersartigen Charakter des Monotheismus Israels. Dieser Charakter ist so, daß er eine eindeutige und unüberschreitbare Trennungslinie zieht zwischen dem Gott Israels und jeder anderen Gottesvorstellung, sei sie nun polytheistischer oder monotheistischer Art« (Epstein).
Dieser Gottesbegriff erlaubt es dem Menschen, sich ohne Furcht zu bewegen und bei aller Achtung des göttlichen Willens sein Schicksal selbst frei zu bestimmen. Nur für das Judentum ist der

Mensch Mitarbeiter Gottes beim Schöpfungswerk, bei der Aktivität des unendlichen Geistes, der täglich und unablässig das Werk der Schöpfung erneuert. Die jüdischen Mystiker gingen sogar soweit zu sagen: »Gott braucht den Menschen wie der Mensch Gott« — eine geradezu blasphemische Behauptung nicht nur für die antiken Religionen, sondern noch heute in den Augen der Moslems. Und das jüdische Denken legt Jakob folgende Worte in den Mund: »Wie Du Gott bist in den höheren Sphären, so bin ich Gott in den unteren« (Ber. Rabbà).

Diese jüdische Vorstellung ist eine »laikale« und weltliche im Gegensatz zu den sakralen und magischen Systemen des Altertums. Es ist also eine Sichtweise, die eine zufriedenstellende Erklärung erwartet, welche die Wissenschaft bisher noch nicht zu geben imstande war. Man denke etwa daran, daß Ansichten, die aus einer magischen Mentalität stammen, noch immer in breiten Schichten der Menschheit vorherrschen, gerade auch bei uns im Abendland in diesem unserem Jahrhundert. Die unvermittelte und radikale »Entmythologisierung«, wie sie von den ältesten religiösen Denkern Israels vorgenommen und von einem ganzen Volk gebilligt wurde, ist ein weiteres ungeklärtes geschichtliches Rätsel. Eines von vielen, das uns dieses geheimnisvolle Volk aufgibt, das an der Wiege des Christentums steht.

Geschichte als Fortschritt

Die Vertiefung in die religiösen Vorstellungen der Juden führt uns aber auch noch zu anderen Entdeckungen. Indem das Judentum den Begriff der messianischen Zukunft, des neuen Himmels und der neuen Erde, eines Volkes auf dem Weg zu neuen Zielen einführt, distanziert es sich noch einmal klar von der übrigen antiken Kultur. Für diese ist die Geschichte ein unveränderlicher Kreislauf, eine Katze, die sich selber in den Schwanz beißt: Alles vergeht zwar, aber alles wiederholt sich wieder. Orientalen, Griechen und Römern ist die Idee des Fortschritts, die der modernen Kultur zugrunde liegt und die diese wiederum Israel verdankt, unbekannt. Nur das Judentum lehnt diese zyklische Vorstellung der Geschichte ab, wo der Mensch in einem Zirkel gefangen ist, den er endlos durchlaufen muß, ohne daraus entfliehen zu können. Die Geschichte ist für den Juden vielmehr wie ein Pfeil, der in Richtung Wachstum und Entwicklung fliegt. So schreibt der jüdische Gelehrte Dante Lattes: »Das Judentum hat nie in die Vergangenheit zurückgeblickt; das goldene Zeitalter ist nicht vergangen, sondern ist zukünftig. Der vollkommene Zustand wird am Ende der Geschichte erreicht.« Das ist das genaue Gegenteil zur griechisch-römischen Kultur, deren Denker immerfort Sehnsucht haben nach den vergangenen Zeiten, da angeblich die Tugend noch das ganze Leben bestimmt haben soll. Auch diese »fortschrittliche« Vorstellung, zu der die großen klassischen Kulturen niemals vorgedrungen sind, ist von halbnomadischen Stämmen in einem Winkel des Mittleren Ostens entwickelt worden.

Ein unveränderlicher Gott

Wissenschaftlich ein Rätsel sind also *Ursprung* und *Inhalt* des jüdischen Glaubens. Unerklärlich ist aber auch die ganze weitere *Entwicklungsgeschichte* dieses Glaubens. Denn Israel straft in der Tat nacheinander alle jene Gesetze Lügen, die nach Ansicht der modernen Anthropologie die Evolution der Religionen bestimmen müßten. Wenn schon das plötzliche Auftauchen des Monotheismus am Anfang ungeklärt ist, dann läßt sich noch viel weniger das Überleben dieses ganz und gar unbeweisbaren einzigen Gottes verstehen, als Israel sich von einer losen Ansammlung verschiedener Hirtenstämme in ein Volk von seßhaften Ackerbauern und Viehzüchtern verwandelt. Als Ergebnis ihrer Forschungen hält die Wissenschaft fest, daß immer dann, wenn die wirtschaftlichen Voraussetzungen in jene Richtung sich verändern, auch der lokale Gott oder die Stammesgötter durch einen Kult der Gottheiten des Ackerbaus und der Fruchtbarkeit ersetzt werden. Und tatsächlich gibt es im Alten Testament Spuren solcher Versuchungen, die im Volke gärten. Aber es bleiben Versuchungen: Wie schon in ihrem Nomadendasein, so beugen sich die Israeliten auch als seßhafte Ackerbauern nicht der natürlichen Evolution. Sie stehen treu und unerschütterlich zu Jahwe, gestützt auf das Wort der Propheten. Die Herausforderung wiederholt sich, als die Juden sich zu einem Königreich aufschwingen und dennoch nicht, wie alle anderen Völker, eine Staatsreligion schaffen, wo die Götter Personifikationen der königlichen Macht sind: Gottheiten, die so sprechen und handeln, wie die politischen Machthaber es wollen, und die deren Macht mit der Aura des Heiligen umgeben und auf diese Weise sicherstellen. Wie es beispielsweise in Babylon beim offiziellen »Regierungs«-Gott Marduk der Fall war. In Israel geschieht gerade das Gegenteil: Das Königtum wird als Werk Jahwes angesehen. Er ist der Herr, nicht der Diener des Staates. Der Glaube an ihn überlebt selbst die Zerstörung der staatlichen Organisation, das Volk bleibt ihm auch im Exil treu. Inmitten der Völker, die auf »Wagen und Rosse« vertrauen, lebt Israel von der nackten Hoffnung und dem verzweifelten Glauben an seinen »lebendigen Gott«, den »Gott Abrahams, Isaaks und Jakobs«. Und Tag für Tag, seit den Urzeiten der Geschichte bis heute, wiederholt es sein Gebet: »Höre, Israel, der Ewige ist unser Gott, der Ewige ist nur Einer!«

Das wunderbare Überleben eines Volkes

Wie wir wissen, hat sich die Treue zum Gott Abrahams und Moses trotz allem bis heute erhalten. Israel ist das einzige Volk, das den Zerfall der antiken Welt überdauert und sich seine Identität unversehrt bewahrt hat. Wo sind die Assyrer und Babylonier geblieben, die Etrusker und Phönizier, die Parther, Mazedonier und Karthager, ja selbst die Griechen und Römer? Schienen diese Völker aufgrund ihrer Macht nicht viel solidere ethnische und kulturelle Grundlagen zu besitzen als die Juden? Allein im Zweistromland des Euphrat und Tigris, von wo Israel herstammt, entstehen, blühen auf und verschwinden wieder Dutzende von Völkern innerhalb eines Zeitraumes von etwa tausend Jahren. Nicht nur Assyrer und Babylonier, sondern auch Sumerer und Akkadier, Amoriter und Hethiter, Meder und Perser... Verlorene Kriege, Invasionen, Verfolgungen bedeuten für alle den Verfall und das Ende ihrer Gesellschaft, Kultur und Religion, ja selbst ihrer Rasse. Für alle — nur nicht für Israel! Wenn diese Widerstandskraft den Forscher verwundert, so besinnt sich der Gläubige auf das mehrere tausend Jahre alte Wort Gottes im 31. Kapitel des Buches Jeremia: »Wenn jemals diese Ordnungen vor mir ins Wanken geraten — Wort des Herrn —, dann hören auch Israels Nachkommen auf, für alle Zeit vor mir ein Volk zu sein« (Jer 31,36). Oder auf das, was Jahwe im Buch Jesaja den Juden verheißt: »Wie der neue

Himmel und die neue Erde, die ich erschaffe, Bestand haben werden — Wort des Herrn —, so wird euer Stamm und euer Name Bestand haben« (Jes 66,22). Oder wie es im Psalm 89 heißt: »Ich habe einen Bund geschlossen mit meinem Erwählten und David, meinem Knecht, geschworen: Deinem Haus gebe ich auf ewig Bestand, und von Geschlecht zu Geschlecht richte ich deinen Thron auf... Sein Geschlecht lasse ich dauern für immer... er soll ewig bestehen wie der Mond, der verläßliche Zeuge über den Wolken« (Ps 89,4—5.30.38). Und in einer Schriftrolle aus Qumran lesen wir: »Wir, die Söhne Abrahams und Moses, sind ein ewiges Volk.«

Der Antisemitismus ist leider so alt wie die Juden selbst, und er entsteht aus Verwunderung und Zorn darüber, daß dieses Volk nicht bereit war, in den anderen Völkern aufzugehen, sich zu assimilieren. Weder durch Drohungen und schon gar nicht durch Verlockungen. Der seinem Glauben abtrünnige Jude, der sich zum christlichen Evangelium bekehrte, konnte sich mit diesem Schritt aus einer unmenschlichen Lage befreien und die vollen Rechte und manchmal sogar Ehren und Reichtümer erlangen. Und dennoch war eine Bekehrung so selten, daß man im Mittelalter einem solchen Renegaten sogar die Freiherrenwürde oder eine Grafschaft anbot. Die Moslems bekehrten zwar Millionen von Christen und löschten den Glauben an Jesus in ganzen Landstrichen aus, es gelang ihnen aber nicht, die Juden zu bekehren.

Jemand hat einmal gesagt, daß die Juden in den vielen Jahrhunderten der Verfolgung *freiwillig* (und dies ist das so überaus Verblüffende) dem Beispiel des gekreuzigten und von den Christen angebeteten Messias gefolgt seien. So schreibt Judas Halévy, der große jüdische Dichter des Mittelalters, in seiner bewegenden »Apologie für eine verachtete Religion«: »Ihr, die ihr euch Christen nennt, habt die trostlose Situation des mißhandelten und ans Kreuz geschlagenen Menschen hervorgehoben. Nun gut, wir tragen dieses Kreuz mitten unter euch, wir sind es, die jenen gedemütigten Menschen repräsentieren, den ihr angeblich anbetet.« Seit Jahrtausenden wiederholt dieses heldenhafte Volk sein unerschütterliches Ja zu seinem Gott, gegen alle »wissenschaftlichen Gesetze«, die dieses Volk am liebsten auf eine simple geschichtliche Erinnerung reduziert sehen möchten. So wie die Phönizier, die Etrusker oder die Babylonier und alten

Ägypter, die es mit ihrer Übermacht erdrückten und in Ketten aus ihrem Land verschleppten. Die triumphierenden Könige Babylons wie die Pharaonen wurden Opfer der Geschichte; der Besiegte hat schließlich den Triumph davongetragen. Warum?

Jesus — der »Schlüssel« für die Gläubigen

Versuchen wir nun, die alten jüdischen Schriften zu testen, indem wir unseren Blick von der messianischen Verheißung auf die Erfüllung dieser Verheißung richten, wie sie sich, zumindest nach Ansicht der Christen, in ihrem Messias ereignet haben soll. In welchem Sinne hat Jesus die Verheißungen erfüllt, wie sollen in ihm die alten, hundertfach wiederholten Prophezeiungen der Bibel in Erfüllung gegangen sein? Welches Licht soll das neu entstandene Christentum auf das Geheimnis der jüdischen Geschichte, von dem wir sprachen, geworfen haben? Und welche anderen »Prophezeiungen« sollen sich mit der Entstehung des Christentums noch erfüllt haben? Vom heiligen Augustinus stammt der Satz, den das II. Vatikanische Konzil in sein Dokument über die göttliche Offenbarung aufgenommen hat: »Gott wollte in Weisheit, daß der Neue Bund im Alten verborgen und der Alte im Neuen erschlossen sei.« Es ist die feste Überzeugung des christlichen Glaubens, daß nur das Evangelium jener »Schlüssel« ist, mit dem sich das »Rätsel« der messianischen Weissagungen in der jüdischen Bibel lösen läßt. Nur in Jesus lassen sich für den Gläubigen die scheinbar gegensätzlichen Aspekte vereinen, mit denen das Alte Testament die Gestalt dessen versieht, der kommen soll.

Es gibt in diesem Zusammenhang das Zeugnis eines zum Christentum übergetretenen Juden. Es handelt sich um Italo Zolli, den Oberrabbiner der jüdischen Gemeinde in Rom, der 1945 katholisch wurde. Um die Person Zollis erhob sich darauf eine Polemik, die noch immer nicht ganz verstummt ist. Wie auch immer, es ist jedenfalls keine Frage, daß das italienische Judentum in ihm einen der größten Gelehrten und Kenner der Schrift besaß. Nach seinem Übertritt zum Christentum schrieb der ehemalige Rabbiner: »Das gesamte Alte Testament scheint mir ein chiffriertes göttliches Telegramm an die Menschen zu sein. Unverständlich für den, der es lesen möchte, aber den ›Schlüssel‹ nicht kennt. Nun, dieser ›Schlüssel‹ ist Jesus, in dessen Licht jener rote messianische Faden, der sich durch alle Bücher des Alten Bundes zieht, erst Bedeutung gewinnt.« Versuchen wir also, den Gründen für diese Behauptung nachzugehen.

Der »Hirt« und seine »Herde«

Es gibt in den alten Schriften die immer wiederkehrende Verheißung einer ganz besonderen Rolle, die den Juden von Gott zugedacht ist. Mit diesen Verheißungen ist jedoch immer auch eine Drohung verbunden. Wir werden noch sehen, daß es in der religiösen Geschichte Israels ein *Vorher* und ein *Nachher* gibt, wobei beide Perioden durch die Zeit Jesu voneinander getrennt sind. In der Schrift wird nun gesagt, daß das religiöse Monopol, die spirituelle Führungsrolle den Priestern des Judentums eines Tages genommen werden wird: »Das Wort des Herrn erging an mich: Mensch, sprich als Prophet gegen die Hirten Israels, sprich als Prophet und sag zu ihnen: So spricht Gott, der Herr: Wehe den Hirten Israels, die nur für sich selbst sorgen! Müssen die Hirten nicht für die Herde sorgen?... Darum, ihr Hirten, hört das Wort des Herrn: So spricht Gott, der Herr: Ich packe die Hirten und fordere meine Schafe von ihnen zurück. Ich setze sie ab, sie sollen nicht mehr die Hirten meiner Herde sein« (Ez 34,1—2.9—10). Was wird dann mit der »Herde« geschehen? Ezechiel fährt fort: »Denn so spricht Gott, der Herr: Jetzt will ich meine Schafe selber suchen und mich selber um sie kümmern« (Ez 34,11). Es scheint hier also eine direkte Intervention Gottes in der Geschichte geweissagt zu sein, jenes Eingreifen des ganz »Anderen« in die Welt des Menschen, wie es die Christen in ihrem Glauben bekennen.

Aber mehr noch: Die verheißene neue Herde wird nicht mehr bloß aus den Israeliten bestehen, sondern zu ihr werden »Schafe« aus allen Völkern gehören. Und daher heißt es weiter bei Ezechiel: »Wie ein Hirt sich um die Tiere seiner Herde kümmert, die sich verirrt haben, so kümmere ich mich um meine Schafe und hole sie zurück von all den Orten, wohin sie sich am dunklen, düsteren Tag zerstreut haben. Ich führe sie aus den Völkern heraus, ich sammle sie in den Ländern und bringe sie in ihr Land. Ich führe sie in den Bergen Israels auf die Weide, in den Tälern und an allen bewohnten Orten des Landes« (Ez 34,12—13). Und dann weiter: »Ich werde meine Schafe auf die Weide führen, ich werde sie ruhen lassen — Wort Gottes, des Herrn. Die verirrten Tiere will ich suchen, die vertriebenen zurückbringen, die verletzten verbinden, die schwachen kräftigen ...« (Ez 34,15f). Ist hier nun Jesus, der *gute Hirt,* geweissagt? Es ist jedenfalls festzuhalten, daß Christus diese Verheißung in den Augen seiner Gläubigen in einem Maße erfüllt, das die messianische Erwartung Israels bei weitem übersteigt. Unter den verschiedenen jüdischen Hypothesen über den Messias gab es jedenfalls keine, die besagt, daß Gott selbst Mensch wird. In Jesus aber, so sagen die Gläubigen, erfüllt sich die Weissagung des Ezechiel über das direkte Eingreifen Jahwes, der sich selbst zum Hirten seiner Herde macht.

In dem später entstandenen Kult erfüllt sich dann zweifellos die Drohung des alten Propheten: Der Kult des Gottes Israels ist nicht mehr ein Monopol der Priester dieses Volkes. Bei Jesaja wird nochmals bekräftigt, daß Jahwe kommen wird, »um alle Völker und Stämme zusammenzurufen« (Jes 66,18). »Und ich werde auch aus ihnen Männer auswählen, die mir als Priester und Leviten dienen, spricht der Herr« (Jes 66,21). Eine weltweite Expansion wird also stattfinden, die das Ende des jüdischen Alleinvertretungsanspruches in Anbetung und Gottesdienst bedeuten soll.

Auch einmal ganz abgesehen von der Sicht des Glaubens, läßt sich nicht leugnen, daß auf der objektiven Ebene der Geschichte jene von den Propheten Israels einige tausend Jahre zuvor geweissagte dynamische Entwicklung tatsächlich eingetreten ist. Israel hat wirklich seine religiöse Vorherrschaft an ein Volk abtreten müssen, das aus ihm hervorgegangen ist und behauptet, von Gott selbst versammelt worden zu sein, der in die Geschichte eingetreten ist, um sich als »Hirt« einzusetzen. Und dieses neue Volk hat sich in unglaublicher Weise bis an die äußersten Grenzen der Erde ausgebreitet.

Ein neuer Bund

Das Alte Testament kündigt auch noch etwas anderes an, das die Beziehung zwischen Gott und dem Menschen betrifft. Es wird, so verkünden die Propheten, eine Vertiefung des Glaubens erfolgen, eine Entwicklung wird eintreten, die den Glauben voranbringt, ohne die Ursprünge zu verleugnen. Es wird einen *neuen Bund* geben, und diese neue Allianz wird die ausschließliche Beziehung zwischen Jahwe und seinem Volk Israel neu gestalten. Das Christentum glaubt, daß in ihm sich diese Verheißung des *neuen Bundes* mit dem Gott Abrahams und Moses erfüllt hat: »Seht, Tage kommen — Wort des Herrn —, in denen ich mit dem Haus Israel und dem Haus Juda einen neuen Bund schließen werde, nicht wie der Bund war, den ich mit ihren Vätern geschlossen habe, als ich sie bei der Hand nahm, um sie aus Ägypten herauszuführen. Diesen meinen Bund haben sie gebrochen, und ich mußte als ihr Gebieter auftreten — Wort des Herrn. Denn das wird der Bund sein, den ich nach diesen Tagen mit dem Haus Israel schließe — Wort des Herrn —: Ich lege mein Gesetz in sie hinein und schreibe es auf ihr Herz. Ich werde ihr Gott sein, und sie werden mein Volk sein« (Jer 31,31—33). »Ich schenke euch ein neues Herz« — fügt Gott beim Propheten Ezechiel hinzu — »und gebe euch einen neuen Geist. Ich nehme das Herz von Stein aus eurer Brust und gebe euch ein Herz von Fleisch. Ich lege meinen Geist in euch hinein ...« (Ez 36,26—27).

An der zitierten Jeremiastelle folgt im weiteren die Beschreibung eines anderen Aspektes dieser neuartigen Situation: Es werden keine Propheten mehr nötig sein, die den Willen Gottes verkünden, die Erkenntnis wird ganz »anders« sein. Und so heißt es im Text: »Keiner wird mehr den andern belehren, und man wird nicht zueinander sagen: Erkennt den Herrn!, sondern sie alle, klein und groß, werden mich erkennen — Wort des Herrn. Denn ich verzeihe ihre Schuld, und an ihre Sünde denke ich nicht mehr« (Jer 31,34). Ist Jesus derjenige, welcher den »neuen Bund« geschlossen hat, der sein Gesetz in die Menschen hineinlegt und es »auf ihr Herz« schreibt? Der die Propheten überflüssig macht, weil Gott selbst in ihm gesprochen hat? Dies ist es, was die Geschichte bezeugt und der Glaube bekennt. Für den Gläubigen ist Jesus derjenige, durch den jener »neue Himmel« und jene »neue Erde« Wirklichkeit werden, die Gott nach Jesaja (66,22) erschaffen will.

Ein »versiegeltes« Buch?

Im ganzen Alten Testament (oft sogar im selben Buch und manchmal im selben Kapitel) stehen Verheißungen und Drohungen für die Zukunft Israels bunt gemischt nebeneinander. Neben der Ankündigung der außergewöhnlichen Verbreitung seines Glaubens und seines ewigen Bestandes steht nicht nur die Prophezeiung über den Verlust des religiösen Monopols und die Weissagung eines neuen Bundes, der mit anderen geschlossen werden wird, sondern auch die Vorhersage einer Art von Blindheit, mit der das Volk in einer Weise geschlagen sein wird, daß Israel »zum Spott und Hohn unter den Völkern« (1 Kön 9,7) wird gemäß der Drohung im ersten Buch der Könige. »Denn der Herr hat über euch einen Geist der Ohnmacht gebracht; er hat eure Augen verschlossen und euren Kopf verhüllt. So wurde für euch jede Offenbarung wie der Inhalt eines versiegelten Buches: Wenn man es einem Menschen gibt, der lesen kann, und zu ihm sagt: Lies es mir vor!, dann antwortet er: Ich kann es nicht lesen, denn es ist versiegelt; und wenn man das Buch einem Mann gibt, der nicht lesen kann, und zu ihm sagt: Lies es mir vor!, dann antwortet er: Ich kann nicht lesen« (Jes 29,10—12). Nach Jesaja, der andererseits die Zukunft Israels in den leuchtendsten Farben schildert, wird Gott an diesem Volk »seltsam handeln«. »Dann wird die Weisheit seiner Weisen vergehen und die Klugheit seiner Klugen verschwinden« (Jes 29,14). Und über die verachteten Fremden sagt Gott bei Jesaja: »Ihnen allen errichte ich in meinem Haus und in meinen Mauern ein Denkmal, ich gebe ihnen einen Namen, der mehr wert ist als Söhne und Töchter« (Jes 56,5).

Wird sich also der Glaube der Juden über die ganze Erde verbreiten, Israel selbst aber bloß der ewige »Hüter der Schriften und Verheißungen« bleiben, ohne diese jemals voll zu verstehen? Das scheinen die alten Propheten zu sagen. Und das ist seit den Tagen der Apostel auch die christliche Deutung des geheimnisvollen Schicksals Israels unter den Völkern. Paulus behauptet in seinem Brief an die Römer von den Juden: »Ich bezeuge ihnen, daß sie Eifer haben für Gott; aber es ist ein Eifer ohne Erkenntnis« (Röm 10,2). Und etwas später heißt es dort: »Israel ist ein unverständiges Volk... Gott gab ihnen einen Geist der Verblendung, Augen, die nicht sehen, und Ohren, die nicht hören« (Röm 11,8); wenigstens, so präzisiert der Apostel, »bis zum heutigen Tag«. Tatsächlich wird nach Paulus auch für die Juden der Augenblick der Anerkennung Christi kommen: »Damit ihr euch nicht auf eigene Einsicht verlaßt, Brüder, sollt ihr dieses Geheimnis wissen: Verstockung liegt auf einem Teil

Israels, bis die Heiden in voller Zahl das Heil erlangt haben; dann wird ganz Israel gerettet werden« (Röm 11,25—26). Um das Jahr 57/58, als die christliche Verkündigung noch in den Anfängen steckte, hat also Paulus schon vorausgesehen, daß ein Teil der Juden Jesus nicht als den Messias anerkennen würde (»Verstokkung liegt auf einem Teil Israels...«); und er kündigte an, daß diese Situation so lange andauern würde, bis alle anderen Völker Christen geworden seien (»bis die Heiden in voller Zahl das Heil erlangt haben«).

Auch in der gläubigen Sicht Pascals entspricht das Bestehen des Judentums unter den Völkern einer göttlichen Heilsökonomie, einer übernatürlichen Strategie: »Die Juden sind offenbar ein Volk, das ausdrücklich geschaffen ist, um als Zeuge des Messias zu dienen. Es genügte aber nicht, daß es Prophezeiungen gab; sie mußten zugleich überall verbreitet sein und die ganze Zeit über bewahrt werden.« Dabei kann sich Pascal übrigens auf die Weissagung im 4. Kapitel des Buches Micha stützen. Dieser Prophet verkündet zunächst: »Aus Jerusalem kommt das Wort des Herrn.« Und von dem, den Israel erwartet, heißt es: »Er spricht Recht im Streit vieler Völker, er weist mächtige Nationen in die Schranken« (Mich 4,2—3), und »der über Israel herrschen soll«, wird in Betlehem geboren werden. Dann, sagt Micha, »ist der Rest von Jakob inmitten vieler Völker wie der Tau, der vom Herrn kommt, wie der Regen, der auf die Pflanzen fällt, der auf niemand angewiesen ist und auf keinen Menschen zu warten braucht« (Mich 5,6).

Israel steht tatsächlich inmitten der Völker, um für eine geheimnisvolle Dimension Zeugnis zu geben. Und vielleicht ist das der Grund, weshalb periodisch immer wieder die Verfolgung losbricht, um dieses Volk vom Antlitz der Erde zu tilgen. »Israel steht in der Geschichte da wie ein Fremdkörper, der die Welt nicht zur Ruhe kommen läßt, der immer wieder ihren Schlaf stört« (Maritain). Die unübersehbare Präsenz dieses so oft für sein Zeugnis leidenden Volkes treibt ihr Spiel mit den »beruhigenden« Gesetzen, welche die Gelehrten ausgetüftelt haben, um der Geschichte Zügel anzulegen. »Gegen den Juden entlädt sich der ganze Haß einer Welt, die nicht gezeichnet sein will von den Wunden Adams; der Haß des Menschen gegen sich selbst, gegen seine tiefsten Wurzeln, gegen sein Schicksal« (Maritain).

Ein König in Herrlichkeit und ein Mann voller Schmerzen

Wenn für den Glauben, der sich dabei auf historisch zuverlässige Fakten stützen zu können scheint, das Christentum die Erklärung der prophetischen Weissagungen an Israel darstellt, in denen die Verheißungen noch mit Drohungen vermischt sind, dann vereinigt Jesus in seinem Schicksal auch diese Gegensätze der messianischen Prophezeiungen. Einerseits verheißt das Alte Testament dem Messias unendliche Herrlichkeit, andererseits sind ihm aber auch Demütigungen und Schmerzen vorausgesagt. Ein Schicksal, das nur in Christus sich erfüllen sollte. Werfen wir einen Blick auf die große Weissagung der Kapitel 52 und 53 bei Jesaja; sie ist die eindrucksvollste Prophetie von allen. Juden und Christen haben sie immer im messianischen Sinne verstanden. Eingangs spricht Gott: »Seht, mein Knecht hat Erfolg, er wird groß sein und hoch erhaben... Jetzt aber setzt er viele Völker in Staunen, Könige müssen vor ihm verstummen. Denn wovon ihnen kein Mensch je erzählt hat, das sehen sie nun; was sie niemals hörten, das erfahren sie jetzt« (Jes 52,13.15). Gleich darauf aber wechselt die Weissagung über die geheimnisvolle messianische Gestalt des »Gottesknechtes« radikal ihren Akzent: »Er hatte keine schöne und edle Gestalt, und niemand von uns blickte ihn an. Er sah nicht so aus, daß er unser Gefallen erregte. Er wurde verachtet und von den Menschen gemieden, ein Mann voller Schmerzen, mit der Krankheit vertraut. Wie ein Mensch, vor dem man das Gesicht verhüllt, war er bei uns verfemt und verachtet. Aber er hat unsere Krankheiten getragen und unsere Schmerzen auf sich genommen. Wir meinten, er sei vom Unheil getroffen, von Gott gebeugt und geschlagen« (Jes 53,2—4). Darauf folgen im Text des Jesaja Verse, die den Gläubigen zutiefst bewegen, erkennt er doch in ihnen die Ankündigung des Leidens Jesu und dessen Rolle für das Schicksal der Menschen: »Wir hatten uns alle verirrt wie die Schafe, jeder ging für sich seinen Weg. Doch der Herr warf all unsere Sünden auf ihn. Er wurde geplagt und niedergedrückt, aber er tat seinen Mund nicht auf. Wie ein Lamm, das man wegführt, um es zu schlachten, und wie ein Schaf, das verstummt, wenn man es schert, so tat auch er seinen Mund nicht auf. Durch Haft und Gericht kam er ums Leben...« (Jes 53,6—8).
Dieser letzte Teil der Weissagung des Jesaja ist von so eindrucks-

voller Präzision, daß sogar der Verdacht aufkommen konnte, daß sie den Passionsberichten der Evangelien zugrunde läge und diese somit an die Weissagung »angepaßt« worden seien. Es ist dies eine Polemik, die uns hier nicht weiter interessiert. Uns liegt wie immer daran, bei unanfechtbaren Tatsachen zu bleiben. Hier ist es die unauflösliche Verknüpfung von Herrlichkeit und schmerzvoller Erniedrigung in der Weissagung des Messias. Beginnend mit einer Verheißung der Herrlichkeit, gefolgt von einer Vision des Schmerzes und Unverständnisses, endet die Prophetie des Jesaja, wie sie begonnen hat: »Nachdem er so vieles ertrug, erblickt er wieder das Licht und wird erfüllt von Erkenntnis. Mein Knecht ist gerecht, darum macht er viele gerecht; er nimmt ihre Schuld auf sich. Deshalb gebe ich ihm seinen Anteil unter den Großen, und mit den Mächtigen teilt er die Beute« (Jes 53,11—12).

Betrachten wir dazu den Psalm 22, dessen Anfangsworte (»Mein Gott, mein Gott, warum hast du mich verlassen?«) die Evangelisten dem sterbenden Jesus in den Mund legen. Auch dies ein messianischer Text par excellence, und wiederum ein Gewirr gegensätzlicher Prophezeiungen, die einzig und allein der Messias der Christen gleichzeitig zu verwirklichen scheint: »Ich aber bin ein Wurm und kein Mensch, der Leute Spott, vom Volk verachtet. Alle, die mich sehen, verlachen mich, verziehen die Lippen, schütteln den Kopf« (Ps 22,7—8). So die ersten Verse dieses Psalms. Aber es folgt dann gewissermaßen ein Anschwellen, und von der Vision äußerster Demütigung gelangt man weiter zur höchsten Herrlichkeit: »Alle Enden der Erde sollen daran denken und werden umkehren zum Herrn: Vor ihm werfen sich alle Stämme der Völker nieder. Denn der Herr regiert als König; er herrscht über die Völker. Vor ihm allein sollen niederfallen die Mächtigen der Erde...mein Stamm wird ihm dienen. Vom Herrn wird man dem künftigen Geschlecht erzählen...« (Ps 22,28—30a.31).

Diese Weissagungen des Sieges und der Niederlage zugleich sollen sich nicht nur im irdischen Leben Jesu erfüllt haben. Auch im Schicksal seiner Botschaft in der Geschichte sieht der Gläubige die scheinbar widersprüchliche Prophezeiung Jesajas und des Psalmisten erfüllt. Wenn die christliche Theologie behauptet, daß die Kirchen der in der Zeit fortlebende Jesus sind, dann vereinigen auch diese Kirchen in sich Niederlage und Sieg.

Gemeinheiten, Verrat, Verleumdungen, jahrhundertelang verübt von solchen, die sich Christen nannten, stehen Heroismus, heldenhafte Opfergesinnung und Liebe bis zum Äußersten zur Seite. Die Prophezeiung scheint sich also nicht nur in Christus zu bewahrheiten, sondern auch in der Geschichte des Christentums, wo edelster Heroismus und niederträchtigste Verleumdung unentwirrbar miteinander verflochten sind, wie es Sieg und Niederlage in jenen alten Prophezeiungen waren.

Ein enttäuschender Messias

Die Verfasser der Evangelien haben einen Messias nach ihren Erwartungen »konstruiert«. Sie haben ihm jene Eigenschaften zugeschrieben, die in den Weissagungen festgelegt waren. Jesus ist ein vorfabriziertes Produkt, auf ihn wurden Stück für Stück, wie in einem Mosaik, die prophetischen Weissagungen des Alten Testamentes übertragen. — Das behaupten Generationen von Gelehrten, die sich mit den Ursprüngen des Christentums befaßt haben. In den folgenden Kapiteln werden wir im einzelnen die Gründe untersuchen, die unserer Ansicht nach die Unhaltbarkeit dieses Verdachtes ergeben. Hier beschränken wir uns zunächst auf einige Bemerkungen, die sich direkt auf die christliche Überzeugung beziehen, daß Jesus allein der »Schlüssel« sei, um die Heilige Schrift der Juden zu interpretieren.
Das folgende Zitat stammt von einem der größten Bibelwissenschaftler unserer Zeit, Pater Lagrange. Ein Gläubiger, sicherlich; aber seine Ansicht wird von der Geschichte bestätigt: »Der Glaube an Christus, den Sohn Gottes und Erlöser der Welt, kann weder aus dem pharisäischen Judentum noch aus der alten Schrift auf dem Weg rein buchstäblicher Auslegung gewonnen worden sein. Vergeblich würde man versuchen, alle messianischen Weissagungen zu vereinheitlichen und daraus ein Bild zu gewinnen, das von vornherein dem Jesu entspricht. Das Christentum konnte einfach nicht aus der alten Offenbarung mittels rein rationaler Interpretation entstehen. Solange der heilige Paulus einzig und allein das Alte Testament und das als Pharisäer interpretierte, blieb er ein Pharisäer.«
Jesus ist tatsächlich ein Messias, der die herrschenden Denkkategorien im alten Israel über den Haufen wirft. Die Gestalt des

Messias war und ist heute noch für das Judentum Gegenstand einander widersprechender Erwartungen. Wie könnte es anders sein angesichts der Vielzahl von gegensätzlichen Eigenschaften, welche die Prophezeiungen dem erwarteten Messias zuschreiben? Es besteht jedoch kein Zweifel, daß die Juden (nicht nur des 1. Jahrhunderts) mit der Gewißheit, daß eine geheimnisvolle Persönlichkeit aus ihren Reihen hervorgehen und einen weltweiten Plan verwirklichen würde, die Meinung verbanden, daß jenes messianische Reich ein »Reich« im vollen Sinne des Wortes sei. Ein irdisches und mächtiges Reich mit Israel als Herrn und Machthaber über viele Völker. So betont Epstein, der Professor am Jüdischen Kolleg in London, bezüglich der jüdischen Lesart der Prophezeiungen, daß »die Hinweise auf den Messias in allen jüdischen Prophezeiungen wesentlich eine irdische Zukunft im Auge haben. Die glückliche Zukunft, welche die Prophezeiungen verheißen, wurde nicht nur im religiösen Sinne verstanden.« Daß dies die allgemeine Erwartung war, wird auch von der Geschichte bestätigt: Hunderte von vermeintlichen Messiasgestalten traten im Judentum in Erscheinung, und jeder versuchte sich zum Haupt einer religiösen und gleichzeitig politisch-militärischen Bewegung zu machen. Jedesmal endete es mit einer Tragödie. Wir werden im 6. Kapitel dieses Buches einige jener Pseudo-Messiasse sehen, die gerade zur Zeit Jesu deutlich machten, welcher Art die allgemeine Erwartung war. Selbst das Neue Testament ist übervoll von der Ungeduld der Massen, und sogar die Jünger, die mit dem Schwert ein mächtiges Reich errichten wollen, sind davon angesteckt. Groß ist daher ihre Enttäuschung über diesen Messias, der sich nicht einmal verteidigen läßt; der zur Klugheit rät, um ja nicht die patriotische Begeisterung der Massen zu entfachen; der jenen besonderen Weg zur Herrlichkeit wählt, der durch Erniedrigung und Leiden hindurchführt.

Unter den vielen Messiasgestalten Israels ist Jesus nicht nur der einzige, der eben dadurch Erfolg hat, »daß er den Weg menschlichen Scheiterns wählte« (Pascal). Er ist auch der einzige, der die Unfähigkeit des alten Israel überwindet, zwischen religiöser und politischer Geschichte zu unterscheiden. Er ist »der Erwählte Jahwes«, der, wie Jesaja (42,1f) prophezeit, »nicht schreit und nicht lärmt«, wenn er »den Völkern das Recht« bringt. Auch in den zahlreichen Deutungen, die sie den messianischen Stellen gaben, erwarteten die Juden einen, der gleichzeitig irdischer König und Hoherpriester ist. Die allgemeine Erwartung ging also in eine gegensätzliche Richtung, als Jesus sie verfolgte. Auch in diesem Sinne ist er für die Gläubigen der einzige gültige »Schlüssel«, um das messianische Rätsel zu lösen, der von Jesaja Erwartete, der »wirklich das Recht bringt«, obwohl er »das geknickte Rohr nicht zerbricht und den glimmenden Docht nicht auslöscht« (Jes 42,3). Es scheint also die Wahrscheinlichkeit sehr gering zu sein, daß ein Mythos frommer Juden ihn so dargestellt hätte. Das wäre ein völlig unverständlicher kultureller Vorgang im damaligen jüdischen Milieu und bei den dort vorhandenen Erwartungen gewesen.

Jesus ist also nicht nur derjenige, der bei einer nachträglichen Reflexion über die Weissagungen die Lösung für das Rätsel eines »Mannes voller Schmerzen«, der gleichzeitig mit der Herrlichkeit des Reiches in Erscheinung tritt, darzustellen scheint. Das Reich, das er sich wählt, ist auch das einzige, das wahrhaft das Recht beanspruchen kann, »auf ewig seine Herrschaft aufzurichten über die Herzen der Menschen«, wie es die Prophezeiungen oftmals angekündigt haben. Die großen Reiche vergehen. Auch von Ägypten, Babylon und Rom blieben nur Ruinen. In den nunmehr zweitausend Jahren, die seit dem Erscheinen dieses Messias vergangen sind, hat sein Reich den Beweis erbracht, daß es das einzige ist, das nicht zu Ende gehen kann.

Ein König für die »Augen des Herzens«

Die Heilige Schrift verkündet also einen König. Für diejenigen, die an Christus glauben, ist der herrlichste König überhaupt gekommen. »In welcher gewaltigen Pracht, in welch überwältigender Herrlichkeit ist er den Augen des Herzens, die die Weisheit schauen, erschienen!« bedenkt Pascal und bemerkt dazu, daß es drei Ordnungen der Größe, drei Arten des »Herrschens« gibt. Es gibt die Größe der Monarchen, der Kriegshelden und Politiker: Sie erobern die Völker mit Gewalt oder List, oft mit Blut und Betrug. Es gibt dann eine zweite Ordnung der Größe, die auf der Weisheit, auf dem Intellekt beruht. Die großen Genies, »die ihr Reich, ihren Glanz, ihre Siege haben. Sie brauchen die irdische Größe nicht, mit der sie nichts gemeinsam haben. Die Augen sehen sie nicht, der Geist

aber sieht sie, das genügt.« Es gibt aber noch eine dritte Art zu herrschen, eine dritte Art von Größe. Es ist jene Dimension, die Jesus in seinem Leben und Sterben gewählt hat. In ihm erkennt der Glaube den von Gott Verheißenen, wie ihn im 42. Kapitel Jesaja schildert: »Ich habe dich geschaffen und dazu bestimmt, was ich meinem Volke verhieß, zu vollbringen und ein Licht für die anderen Völker zu sein: blinde Augen zu öffnen, Gefangene aus dem Kerker zu holen und alle, die im Dunkel sitzen, aus der Haft zu befreien« (Jes 42,6—7). In seinem Reich gelten als wahre Werte die Liebe, die Demut, die Armut, der Dienst. Das ist die Ordnung, in welcher der Messias der Christen zum unüberbietbaren König geworden ist. »Jesus Christus, der keine Güter besessen und in den Wissenschaften nichts vollbracht hat, ist in seiner Ordnung der Heiligkeit. Er hat weder etwas erfunden, noch hat er regiert; aber er ist demütig gewesen, geduldig, heilig; heilig vor Gott, furchtbar den bösen Geistern und ohne Sünde. Er brauchte nicht als irdischer König zu erscheinen, um in dem Glanz seiner Heiligkeit zu herrschen, denn er kam in dem Glanz seiner Ordnung« (Pascal). Und noch einmal Pascal: »Alle Körper zusammen (die Größe der Cäsaren) und alle Geiste samt ihren Leistungen (die Größe der Weisen, eines Archimedes und Aristoteles) wiegen nicht die geringste Regung der Liebe zu Gott auf. Sie (die Ordnung, in der Jesus sich bewegt) ist eine unendlich viel höhere Ordnung.«
In der Anerkennung dieses Messias finden also die Gläubigen die ehrwürdigen Prophezeiungen Israels in vollkommenster Weise erfüllt. Kein anderer König hätte die alten Verheißungen »für die Augen des Herzens« in solch tiefem Sinn erfüllen können. Er ist gekommen als der einzige König, dessen Reich es wert ist, vom Verstand und vom Gefühl der Menschen aller Zeiten angenommen zu werden, wie es der Prophet Daniel verkündet hat: »Der Gott des Himmels wird ein Reich errichten, das in Ewigkeit nicht untergeht; dieses Reich wird er keinem anderen Volk überlassen« (Dan 2,44). Und Pascal bemerkt in bezug auf die Schwierigkeit vieler Juden, den Messias der Christen anzuerkennen: »Jesus Christus, sagen sie, sei getötet worden, er sei unterlegen, er habe die Heiden nicht durch Gewalt unterworfen, er habe ihnen keine Beute verschafft, er habe ihnen keine Reichtümer verschafft. Ist das alles, was sie zu sagen haben? Deshalb gerade liebe ich ihn. Den, den sie sich vorstellen, würde ich nicht mögen.«

Seine Worte sind nicht vergangen

Das dürftige Glaubensdokument einer obskuren Sekte im Orient, verfaßt im schlechten Vulgär-Griechisch der Ungebildeten, legt Jesus, der jämmerlichen Hauptfigur, die Worte in den Mund: »Himmel und Erde werden vergehen, aber meine Worte werden nicht vergehen« (Mt 24,35). Wir haben bisher versucht, aus den Prophezeiungen der jüdischen Heiligen Schrift einen Beweis zu erbringen, daß diese Weissagungen in der christlichen Bibel und in der Geschichte gewissermaßen eine objektive Erfüllung gefunden hätten. Unter den »Weissagungen« des Neuen Testamentes, die der Lauf der Geschichte bestätigt haben soll, beschränken wir uns auf die vorhin erwähnten Worte Jesu nach dem Mattäusevangelium.

Benedetto Croce, ein sicherlich unverdächtiger christlicher Zeuge der apologetischen Richtung, schrieb in seinen Ausführungen über diesen Jesus, dessen Worte nach einer zweitausend Jahre alten »Weissagung« nicht vergangen sein sollen: »Das Christentum war die größte Revolution, welche die Menschheit je angezettelt hat.« Dieser Philosoph aus Neapel, der erklärtermaßen taub war gegenüber jeder Religion außer der, die er für die einzig menschliche hielt, weil sie eine Religion der Freiheit ist, hat mit der Stringenz des Historikers aufgezeigt, wie das Wort Jesu, seit es zum erstenmal ergangen war, immer in allen ideal gesinnten Bewegungen gegenwärtig und lebendig gewesen ist. Auch in jenen, die der Kirche oder den Kirchen eher fernstehen. Denn nach einem berühmt gewordenen Satz Croces ist es »unmöglich, kein Christ zu sein«.

Paul Louis Couchoud, der brillante Leugner der geschichtlichen Existenz Jesu, der ungläubige Provokateur, den wir noch öfter zitieren werden, schrieb zur selben Zeit, um seinen Versuch zu rechtfertigen, die göttlichen Wurzeln des Christentums auszureißen: »Im menschlichen Geist, in der idealen Welt, die in den Köpfen existiert, gibt es für Jesus keine Maßstäbe. Seine Proportionen sind unvergleichlich, seine Ordnung der Größe ist kaum faßbar. Die Geschichte des Abendlandes ordnet sich seit dem Römischen Reich um ein zentrales Faktum, um ein fortwirkendes Ereignis: die kollektive Darstellung und Verkündigung Jesu und seines Todes. Alles hat dort seinen Ausgangspunkt oder hat sich danach ausgerichtet. Alles, was während vieler Jahrhunderte im Abendland sich ereignet hat, geschah im gigantischen Schatten des Kreuzes.« An jenes Kreuz muß auch Renan gedacht haben, wenn er schreiben konnte: »Den Namen Jesu aus der Welt zu eliminieren würde bedeuten, sie in ihren Fundamenten zu erschüttern.« Diese objektive geschichtliche Tatsache kann nicht geleugnet werden. Und sie wurde sogar von Leuten wie Couchoud oder Renan bestätigt, die eigentlich »die christliche Zweideutigkeit entlarven« wollten, gerade wegen ihrer ungeheuren Bedeutung. Und doch ist objektiv gesehen die geschichtliche Realität dieses Jesus, welcher der Geschichte Gewalt angetan hat, der für Hegel zum »Angelpunkt« (»Hier endet die Geschichte, und von hier nimmt sie einen neuen Anfang«), für Nietzsche zum »irreversiblen Wendepunkt«, für Couchoud zum »unsichtbaren Herrn über unsere Rasse« geworden ist, ein kaum wahrnehmbarer Punkt, der sich ständig verflüchtigt, ein winziges Samenkorn, aus dem in einem rätselhaften Wachstumsprozeß ein unermeßlicher Wald entstanden ist. »Als kulturelles Phänomen ist Christus nicht weniger bedeutsam als für den Glauben oder für das Leben der Gläubigen. Nichts von dem, was die Menschen nach ihm an Neuem oder Konkretem oder auch nur Nützlichem gesagt haben, steht zu ihm in einem Widerspruch.« Die Geschichte spricht hier eine eindeutige und endgültige Sprache. Man ist sich heute darin einig, daß die Französische Revolution und später dann die marxistische Bewegung historisch nur als nach-christliche Phänomene zu erklären sind. Die schmerzhafte Geburt unserer heutigen Welt hat das Evangelium zur Hebamme. Aus dem Christentum und seiner jüdischen Wurzel (das anerkennt sogar Engels) bezieht der wissenschaftliche Sozialismus, der Marxismus, den brennenden Wunsch nach Gerechtigkeit, die Liebe zum Menschen, den Begriff der Person, die Idee der Gesellschaft als Kampfplatz und der Geschichte als Fortschritt. Es findet da ein Prozeß der Säkularisierung der alten religiösen Botschaft statt. So wie auch die Parole der Französischen Revolution »Freiheit, Gleichheit, Brüderlichkeit« nichts anderes ist als ein Slogan des Evangeliums. Es ist für den Historiker eine eindeutige Tatsache, daß die Entstehung des bürgerlichen Unternehmertums im Christentum ihre Erklärung findet, so wie es von der protestantischen Reformbewegung verstanden und gelebt worden ist. Und was läßt sich daraus schließen? Daß die Begegnung von Sozialismus und Liberalismus, die für unsere Zeit kennzeichnend ist, ihre geschichtlichen Wurzeln in jener ersten Verkündigung hat, von der der Verfasser des Mattäusevangeliums Zeugnis gibt. Das ist nur ein Aspekt unter vielen, der jenes zähe und unübertreffliche Überdauern der christlichen Botschaft beleuchtet. Seine Worte sind also nicht vergangen.

4

Als die Zeit erfüllt war

Als aber die Zeit erfüllt war, sandte Gott seinen Sohn, geboren von einer Frau und dem Gesetz unterstellt, damit er die freikaufte, die unter dem Gesetz stehen, und damit wir das Recht der Sohnschaft erlangten.

Galaterbrief 4,4—5

Welches Glück, dieses Licht in dieser Finsternis zu haben! Wie schön ist es, durch die Augen des Glaubens Darius und Cyrus, Alexander, die Römer, Pompejus und Herodes, ohne daß sie es wußten, zum Ruhme des Evangeliums handeln zu sehen.

Blaise Pascal

Man muß zugeben, daß die prophetischen Teile der Offenbarung von den Kirchen leider oft vernachlässigt und daher zum täglichen Brot mehr oder weniger christlicher Sekten geworden sind.

Hermann Rostan

Eine gefährliche »Schatzsuche«

Faszinierend, aber unzuverlässig wie Treibsand ist das prophetische Terrain. Dennoch werden wir danach trachten, noch weiter darin einzudringen, allerdings eingedenk der Gefahren, die immer im Hinterhalt lauern. Wir werden uns also mehr denn je an die historischen Fakten halten, an die möglichst unumstrittene Analyse. Kann man also einem Glauben schenken, der behauptet, die biblische Weissagung sei darauf versessen, das genaue Datum auszumachen, wann die messianische Zeit anbrechen würde? Ist tatsächlich der exakte Zeitpunkt vorausgesagt worden, wann derjenige erscheinen sollte, den die Christen als den von den Propheten geweissagten Messias anerkennen?
Wir haben keinerlei Verständnis für irgendwelche esoterischen Interpretationen, die wir mit berechtigter Ironie betrachten. Wir werden also z. B. nicht in den gleichen Fehler verfallen wie etwa Friedrich Engels. Dieser große Prophet des »wissenschaftlichen« Sozialismus glaubte das letzte Buch des Neuen Testamentes, die Apokalypse, mit Sicherheit in die Jahre 68/69 datieren zu können. Zu dieser Datierung ist er gekommen, indem er eine Zahl der jüdischen Kabbala auf den Namen des Kaisers Nero übertrug: »N = 50, R = 200, O = 6... Der Beweis ist gelungen, wie man es sich nur wünschen kann, das rätselhafte Buch liegt jetzt vollkommen klar vor uns...« So schrieb Engels in seiner Studie über die Apokalypse, die in der Zeitschrift »The Progress« (London 1883) erschienen ist. Ambrosius Donini, der Verfasser einer »Geschichte des Christentums«, die schon in der Einleitung als »ein vorbildliches, streng marxistisches Werk« charakterisiert wird, spricht im Hinblick auf diese Interpretation von Engels (wohl mit einer gewissen Verlegenheit) von einer »Spielerei, welche die Phantasie vieler Interpreten angeregt hat«. »Aus Zahlen« — sagt er — »kann man alles herauslesen, was man will.« Dem können wir voll zustimmen, weil wir überzeugt sind, daß die Bibel kein chiffrierter Kalender ist, dessen Entschlüsselung einigen wenigen »Eingeweihten« vorbehalten ist, die zu weiß Gott welchen wahnwitzigen Geheimwissenschaften Zutritt haben. Wir glauben vielmehr an die Möglichkeit der Vernunft, sich mit aller Vorsicht, wenigstens bis zu einem gewissen Punkt, auf eine »Schatzsuche« einzulassen, zu der uns der »verborgene« Gott einzuladen scheint.

Flavius Josephus und seine »zweideutige Weissagung«

Flavius Josephus ist jener vornehme Jude aus der Priesterklasse, der zum Feind übergelaufen ist, nachdem er zuvor einer der Anführer beim Aufstand gegen die Römer gewesen war, der im Jahre 66 n. Chr. begonnen hatte und vier Jahre später mit der Zerstörung Jerusalems, des Tempels und ganz Israels ein Ende fand. In griechischer Sprache und ganz im Sinne der Sieger schrieb Josephus seinen berühmten »Jüdischen Krieg«, wo er die wechselvollen Ereignisse, deren Zeuge und maßgeblicher Mitgestalter er gewesen war, ausführlich schilderte. Es ist dies das wichtigste Dokument über Israel im 1. Jahrhundert. Dieser jüdische Geschichtsschreiber berichtet vom eindrucksvollen Auftreten vieler falscher Messiasgestalten, die alle der Überzeugung waren, daß die Zeit erfüllt sei. Diesbezüglich trifft er im 5. Kapitel des 6. Buches seiner Geschichte eine überraschende Feststellung: »Was die Juden am meisten zum Krieg aufhetzte, war eine zweideutige Weissagung in den heiligen Schriften, wonach zu dieser Zeit einer aus ihrem Land hervorgehen sollte, der zum Herrscher der Welt berufen sei.« Mit der Anbiederung des Renegaten (als solchen beurteilen ihn einstimmig seine Landsleute, die er im Stich gelassen hatte) beeilt sich Flavius Josephus, seine eigene Deutung dessen hinzuzufügen, was er eine »zweideutige Weissagung« nennt. Diese Deutung rettete ihm übrigens das Leben, als er als Überläufer dem römischen Oberkommandanten Vespasian vorgeführt wurde. Diesem zu Ehren soll er auch seinem jüdischen Namen Josef den Namen Flavius hinzugefügt haben. Und so lautet seine Deutung: »Diese (nämlich die Weissagung) verstanden die Juden so, als ob sie auf einen ihrer Landsleute anspielte, was aber ein Irrtum war, da die Weissagung sich in Wirklichkeit auf die Herrschaft Vespasians bezog, der in Judäa zum Kaiser ausgerufen wurde.«
Wie auch immer die Deutungen lauten mochten *(adventus Messiae* = Ankunft des Messias für die treugebliebenen Juden; *adventus Caesaris* = Ankunft Vespasians für den jüdischen Überläufer), es galt im Israel des 1. Jahrhunderts als sicher, daß gerade »in jener Zeit« aus Judäa der »Herrscher der Welt« hervorgehen sollte. Und zwar aufgrund einer »Weissagung«, die Josephus »zweideutig« nennt, um sie so besser auf seinen neuen Herrn anwenden zu können. Für die Masse der Juden muß die

Weissagung jedenfalls eindeutig gewesen sein, da sie (wie Josephus selbst bezeugt) hauptsächlicher Anlaß dafür war, die größte Militärmacht der damaligen Welt anzugreifen. Mußte nicht gerade in jenen Jahren der Herrscher der Völker kommen? Unter seiner Führung würden die Juden nicht nur den Sieg davontragen, sondern sogar das große Römische Reich unterwerfen, dessen Name allein schon allen Völkern Schrecken einjagte. In dieser Hoffnung haben die Verteidiger Jerusalems sich lieber selbst ein Ende bereitet, als daß sie die wiederholten Friedensangebote der Belagerer akzeptiert hätten.

Als die Zeit erfüllt war

Diese Erwartung eines »Herrschers der Welt«, die stärker ist als die Angst vor dem Tod und ein ganzes Volk erfaßt, überrascht uns, die wir wissen, wie die Dinge zu laufen pflegen. Doch warum erwartete Israel seinen Messias ausgerechnet zu dem Zeitpunkt, als dieser Jesus auf der Bildfläche erschien, den das ganze Römische Reich schließlich als den Christus anerkennen sollte? Warum gerade im 1. Jahrhundert und nicht zu einem anderen Zeitpunkt in der Vergangenheit oder Zukunft der nun schon viele tausend Jahre alten religiösen Geschichte des Judentums?

Es sind wahrscheinlich vor allem zwei Stellen der Schrift, welche die Juden veranlaßt haben mußten, wenigstens annähernd das Datum der Ankunft des Gesalbten zu bestimmen. Ihre Interpretation dieser Stellen stimmt ganz offensichtlich mit jener der Christen überein, für die der Messias wirklich zu der Zeit gekommen ist, als ganz Israel ihn erwartete. Dieses Jahrhundert brachte den Jüngern des neuen, von Jesus ausgehenden Glaubens eine Gewißheit; eine Enttäuschung aber jenen Juden (nicht allen!), die in keinem der vielen Messiaskandidaten jener Zeit den so lange Erwarteten erkannten. Daher kommt es, wie Pascal sagt, daß »aus großen Freunden der Weissagungen große Gegner ihrer Erfüllung geworden sind«. Es ist mit Sicherheit bezeugt, daß unter dem Druck der Enttäuschung die Schriftgelehrten Israels den Prophezeiungen nach und nach eine andere Deutung gegeben haben als ihre Vorgänger, welche die Erwartung auf das 1. Jahrhundert konzentriert hatten. Da aber, wie der Talmud sagt, »die Zeit nun erfüllt ist«, sucht man nach einer Rechtfertigung für die enttäuschte Erwartung.

Wie sich die messianische Idee tatsächlich gewandelt hat, läßt sich an den Worten eines neuzeitlichen jüdischen Gelehrten deutlich ablesen: »Der jüdische Messianismus, symbolisiert von allem Anfang an in der Person eines Menschen, in dem die Gerechtigkeit sich konkret verwirklicht, wird zu einer bloßen Idee: die Idee der Zukunft, die Idee des individuellen und kollektiven menschlichen Verlangens nach Verwirklichung von Gerechtigkeit und Religion in der Geschichte. Das kollektive jüdische Bewußtsein gipfelt nun in diesem Glauben: daß alles menschliche Elend zusammenfließen muß zu jener Morgendämmerung der Erlösung, wo das Böse nicht mehr die Oberhand haben wird. Nicht mehr die Person oder die Personen, sondern die Zeit und das Ereignis zählen. Die Menschheit bewegt sich in ihren Anstrengungen auf jene Wirklichkeit zu. Der Messias ist ständig im Kommen.« Es ist Dante Lattes, der in seiner »Apologie des Judentums« die Inhalte der messianischen Erwartung des heutigen Israel so zusammenfaßt. Und Lattes fährt fort: »Die Person des Messias, der ideale Mensch der Zukunft, der Sohn Davids, wird zum messianischen Volk. Israel selbst ist der ›Gottesknecht‹, der für das Heil und die Bekehrung der Welt leidet.« Aber was sagt Lattes zum »Herrscher der Welt«, den man zur Zeit des Flavius Josephus erwartete? »Er war ein großartiges Phantasiegebilde, ein poetischer Traum, gewebt von der lebendigen Einbildungskraft der jüdischen Schriftsteller... Das Evangelium inspiriert zu solchen populären Phantasien, welche dann die Vorstellungen über die Person des Messias umhüllten.«

Wenn dies heute zum Teil wenigstens die Ansicht des Judentums ist, so sagte noch im 13. Jahrhundert einer der 13 jüdischen Glaubensartikel: »Gott wird den Messias senden, der von den Propheten geweissagt worden ist.« Die Hoffnung, daß der Gesalbte eine Person sei, war noch nicht aufgegeben. Sie war auch noch vor nicht ganz zweihundert Jahren, gegen Ende des 17. Jahrhunderts, vorhanden, als Jakob Frank, der Pseudo-Messias aus Warschau, das gesamte europäische Judentum in Unruhe versetzte. Diese Hoffnung ist auch für viele Strömungen des Judentums unserer Tage noch nicht begraben, für die das Glaubensbekenntnis des Maimonides, das die tausendfache Erwartung wiedergibt, noch immer gültig ist.

Abgesehen von allen fideistischen Interpretationen und religiösen Diskussionen ist es eine objektive und eindeutige geschichtliche Tatsache, daß gerade zur Zeit Jesu jene Situation eingetreten ist, die Paulus, der Bannerträger des Christentums, später so zusammenfassen wird: »Was Israel erstrebte, hat nicht das ganze Volk, sondern nur der erwählte Rest erlangt« (Röm 11,7). Jene Heiden nämlich, die, wie der Apostel weiter sagt, »die Gerechtigkeit nicht erstrebten, haben Gerechtigkeit empfangen, die Gerechtigkeit aus Glauben. Israel aber, das nach dem Gesetz der Gerechtigkeit strebte, hat das Gesetz verfehlt« (Röm 9,30—31). Das bedeutet aber natürlich kein Werturteil. Uns interessieren allein die Tatsachen, und die stellen sich auf der Ebene der Geschichte so dar: Die tausendjährige Hoffnung Israels auf den Messias erreicht einen Höhepunkt und flaut dann wieder ab, oder man verändert zumindest die Inhalte dieser Erwartung, während die heidnische Welt einen Messias aufnimmt, der für sie völlig unerwartet kommt. Und während der neue Glaube sich auszubreiten beginnt, zieht sich das Judentum immer mehr auf sich selbst zurück und sucht nach Erklärungen für das Ausbleiben des Kommens des erwarteten Christus. Die Lösung wird schließlich in einer Selbstkritik der jüdischen Theologen gefunden: »Wir haben uns getäuscht, der Messias muß nicht kommen, doch er kommt ununterbrochen. Er ist nicht eine Person, wie wir viele Jahrhunderte lang geglaubt haben, der von den Propheten geweissagte Christus. Dieser Christus sind wir selbst, das Volk Israel.« Demnach müßte man also heute die eindrucksvollen Aussagen über den »Gottesknecht« im Buch Jesaja — zweifellos messianische Stellen, kein jüdischer Gelehrter wird das leugnen — auf das Volk Israel übertragen. Man wird also sagen, daß sie nicht auf ein Individuum, sondern auf die Gemeinschaft der Juden zu beziehen seien, die »alle Menschen zwingen werden, den Herrn anzuerkennen, und zwar durch das Beispiel ihrer Leiden und der beständigen Treue zum ewigen Gott«.

Diese neue Interpretation steht jedoch nicht nur im Widerspruch zur vorausgehenden Tradition. Sie verträgt sich auch schlecht mit dem Text des Jesaja, wo scheinbar doch nicht eine kollektive (»das Volk«), sondern eine individuelle (»die Person des Messias«) Interpretation der Weissagungen über den »Gottesknecht« nahegelegt wird. Dieser »Gottesknecht« wird tatsächlich oft vom Volk Israel unterschieden und ihm geradezu entgegengesetzt. So in den Kapiteln 49 (Vers 6) und 53 (Vers 4—6), wo diese geheimnisvolle Gestalt das Volk stärkt und führt oder für die Bosheit seines Volkes büßen muß. Im Kapitel 53 (Vers 8) wird gesagt, daß er »wegen der Verbrechen seines Volkes getötet und begraben wird«: Begriffe, die nur schwer auf das Volk anzuwenden sind, von dem die »kollektive« Theorie spricht, zu welcher die Exegeten Israels nach einer zweitausend Jahre währenden Enttäuschung Zuflucht genommen haben.

»Wir haben keinen König außer dem Kaiser«

Es gibt vor allem, wie wir angedeutet haben, zwei grundlegende Schriftstellen, die scheinbar zu jenen Kalkulationen der Juden geführt haben, deren Ergebnis die Römer so herausforderte, daß sie wie ein Orkan über das Land hinwegfegten. Die erste Stelle haben wir schon kurz erwähnt. Sie stammt aus dem 49. Kapitel des Buches Genesis, wo Jakob seine Söhne segnet und sagt: »Versammelt euch, dann sage ich euch an, was euch begegnet in künftigen Tagen!« Mit dem Ausdruck »künftige Tage« bezeichnet die Bibel immer die Ära, die mit der Ankunft des Messias beginnen wird. Jakob fährt fort: »Nie weicht von Juda das Zepter, der Herrscherstab von seinen Füßen, bis der kommt, dem er gehört, dem der Gehorsam der Völker gebührt« (Gen 49,10). Der Kommentar der Ökumenischen Bibel bemerkt dazu, daß »diese Stelle von den jüdischen Exegeten immer im messianischen Sinne verstanden worden ist«.
Nun, die Geschichte zeigt, daß gerade zu der Zeit, als Jesus auftrat, »das Zepter von Juda gewichen ist und der Herrscherstab von seinen Füßen«. Herodes der Große (der den sogenannten »Kindermord« befahl) ist der letzte König der Juden. Nach seinem Tod wird das Territorium Israels aufgeteilt, die wirkliche Autorität geht auf die römischen Herrscher über, sogar der letzte Rest von Autonomie geht verloren. Bis zum 14. Mai 1948, dem Ende des britischen Mandats über Palästina, werden die Juden nicht mehr Herren im Land ihrer Väter sein. Pontius Pilatus fragt die Juden, welche die Verurteilung Jesu fordern: »Euren König soll ich kreuzigen?« Und ihm wird im Johannesevangelium die Antwort zuteil: »Wir haben keinen König außer dem Kaiser« (Joh 19,15). Wir brauchen hier nicht darüber diskutieren, ob dieser Satz tatsächlich ausgesprochen worden ist oder nicht. Er spiegelt jedenfalls exakt die objektive geschichtliche Situation

wider. Der Christ ist von diesen Worten innerlich berührt, da er in diesem Ruf (»Non habemus regem nisi Caesarem«) die Bestätigung jener »politischen« Begleiterscheinungen erblickt, die für die messianische Zeit geweissagt und schon mehr als tausend Jahre zuvor schriftlich niedergelegt worden sind. Pascal wird in seinen Bemerkungen zur Apologie des Christentums zweimal jenes Wort der Hohenpriester Israels zitieren und kommentieren: »Folglich war Jesus Christus der Messias, denn sie hatten keinen König, nur einen fremden, und sie wollten keinen andern.«

Es ist jedenfalls sicher, daß die römische Herrschaft und das Ende der Unabhängigkeit, das sehr bald darauf folgen sollte, bis schließlich zum Ende der Existenz Israels überhaupt, über die Juden hereingebrochen sind im Hinblick auf die Weissagung Jakobs. Und das hat das messianische Fieber noch gesteigert. Es ist also sehr wahrscheinlich, daß eine von den »zweideutigen Weissagungen in den heiligen Schriften«, von denen Flavius Josephus spricht, diese Prophezeiung der Genesis ist.

Das Buch Daniel

Doch die Aufmerksamkeit der Gelehrten und des Volkes konzentrierte sich zur Zeit Jesu vor allem auf das sogenannte Buch Daniel. Dafür hat uns erst in jüngerer Zeit die Archäologie einen neuen Beweis erbracht. Daniel ist das letzte Buch im Kanon des Alten Testamentes, während die Genesis, wo sich die Weissagung Jakobs findet, das erste ist. Das letzte Buch auch im prophetischen Sinne, so groß ist nämlich die Fülle und Neuartigkeit der Voraussagen für die Zukunft.

Selbst Renan schrieb, daß »das Buch Daniel in gewisser Weise den messianischen Hoffnungen ihren letzten und endgültigen Ausdruck verleiht«.

Es gibt in diesem Text einen ständigen und wahrhaft beeindruckenden Fortschritt, der in die berühmte »Große Weissagung« des 9. Kapitels mündet. Hier sei, so sagt man, unter dem Dunkel des Orakels und ganz im Sinne des »verborgenen« Gottes das Datum angegeben, wann der Messias erscheinen würde. Es ist das erste und einzige Mal in der Heiligen Schrift, daß man einen eigentlichen »Kalender« für die Ankunft des erwarteten Messias findet. Es ist für unsere Zwecke bedeutungslos, ob das Buch

Daniel, wie die traditionellen Exegeten behaupten, im 6. Jahrhundert v. Chr. geschrieben wurde, also während des babylonischen Exils; oder ob es sich, wie die neuere Bibelkritik mit guten Argumenten zu beweisen scheint, vielmehr um ein Buch handelt, das in der Zeit der Makkabäer (um 160 v. Chr.) unter Benützung älterer Traditionen entstanden ist. Durch die Papyrusfunde der neueren Zeit wurde bestätigt und kann somit als sicher gelten, daß zur Zeit Jesu das sogenannte Buch Daniel in der Form bestand und gelesen wurde, wie es seit gut zweihundert Jahren vorlag. Für unsere Zwecke ist nur das von Bedeutung.

Ein kleiner Stein wird zu einem großen Berg

Die erste messianische Allegorie Daniels findet sich im 2. Kapitel: Ein kleiner Stein, der sich von einem Berg löst, zerschmettert das viereckige Standbild, das die vier Reiche symbolisiert, die dem Reich Christi vorausgegangen sein sollen. Nach einer Deutung sind diese Reiche Neubabylonien, das Reich der Meder, das Perserreich und Griechenland, dargestellt durch Metalle, die je nach ihrem Wert aufeinander folgen: Gold, Silber, Bronze, Eisen mit Ton vermischt. Eine andere Deutung faßt das Meder- und Perserreich in eins zusammen und identifiziert das vierte Reich als das der Römer. Uns interessiert jedoch nicht, wer hier recht hat, sondern vielmehr die Fortsetzung des Textes: »Der Stein aber, der das Standbild getroffen hatte, wurde zu einem großen Berg und erfüllte die ganze Erde« (Dan 2,35). Damit, so fügt der Prophet selbst zur Erklärung hinzu, ist gemeint, daß »der Gott des Himmels ein Reich errichten wird, das in Ewigkeit nicht untergeht; dieses Reich wird er keinem anderen Volk überlassen. Es wird alle jene Reiche zermalmen und endgültig vernichten; es selbst aber wird in alle Ewigkeit bestehen« (Dan 2,44). Und der Prophet schließt: »Der große Gott hat den König wissen lassen, was dereinst geschehen wird. Der Traum ist sicher und die Deutung zuverlässig« (Dan 2,45).

Das messianische Reich, das »in Ewigkeit nicht untergeht« und »in alle Ewigkeit bestehen wird«, wird hier als ein zunächst kleiner Stein beschrieben, der aber nicht nur die Kraft hat, alle irdischen Reiche zu vernichten, sondern der so gewaltig wächst, daß er »zu einem großen Berg wird und die ganze Erde erfüllt«. Von dieser Art ist nach Ansicht der Gläubigen das von Jesus errichtete messianische Reich. Und nicht ein plötzlicher gewaltiger Ausbruch glänzender Machtentfaltung von allem Anfang an. Sondern ein »kleiner Stein« (»mit dem Himmelreich ist es wie mit einem Senfkorn«), der immer größer geworden ist, bis er schließlich im Laufe einiger Jahrhunderte »zu einem großen Berg« wurde. »Es ist geweissagt, daß Jesus Christus klein am Beginn und daß er dann groß sein würde. Der kleine Stein Daniels« (Pascal).

Der Menschensohn

Im 7. Kapitel des Buches Daniel wird die Weissagung noch genauer präzisiert. Nach der Ankündigung, daß die vier Reiche, die auf Erden in Erscheinung treten werden, von jenem kleinen Stein zermalmt werden, stößt man auf die berühmte Vision: »Da kam mit den Wolken des Himmels einer wie ein Menschensohn. Er gelangte bis zu dem Hochbetagten und wurde vor ihn geführt. Ihm wurden Herrschaft, Würde und Königtum gegeben. Alle Völker, Nationen und Sprachen müssen ihm dienen. Seine Herrschaft ist eine ewige, unvergängliche Herrschaft. Sein Reich geht niemals unter« (Dan 7,13—14). In den Evangelien wird Jesus selbst immer wieder auf diese Danielstelle Bezug nehmen, indem er sich als »Menschensohn« bezeichnet und so sein Kommen an diese Weissagung knüpft.
Es ist zu beachten, daß gerade das Mattäusevangelium, das die christliche Verkündigung an die Juden widerspiegelt, fast dreißigmal diesen Ausdruck »Menschensohn« verwendet, der sonst bei den Juden ganz ungewöhnlich ist. Er kommt tatsächlich nur ein einziges Mal im Alten Testament vor im Hinblick auf den Messias, und zwar an der besagten Stelle bei Daniel. Wer diesen Ausdruck verwendet, der weist damit genau auf die Weissagung Daniels hin. Daß die messianische Erwartung des Volkes in ganz spezieller Weise sich von dieser Stelle nährte, ist durch den außergewöhnlich häufigen Gebrauch, den Mattäus von ihr macht, bewiesen. Aufgabe dieses Evangeliums ist es, aufgrund der jüdischen Weissagungen zu »beweisen«, daß Jesus der Messias ist. Wenn man sich aber so oft gerade auf den »Menschensohn« Daniels beruft, so bedeutet das, daß die »Gegner«, die es zu überzeugen galt, nämlich die Juden, mit dem eindeutigen messianischen Verständnis der Stellen über den

»Menschensohn« einverstanden waren. Im Anschluß an die eben genannten Verse heißt es bei Daniel weiter, daß die Bürger dieses Reiches, »das nicht untergeht«, »Heilige des Höchsten« genannt werden und die ihnen zugedachten Güter »für immer und ewig« genießen werden. Renan bemerkt dazu, daß in dieser »Vision« Daniels die messianischen Hoffnungen Israels »ihren stärksten Ausdruck« finden. Seit damals, meint der französische Gelehrte, »war der Messias nicht mehr ein König nach der Art des David oder Salomo, ein theokratischer Herrscher: Er war vielmehr ein Menschensohn, der auf einer Wolke erscheint, ein übernatürliches Wesen in menschlicher Erscheinung, beauftragt, die Welt zu richten und das goldene Zeitalter einzuleiten.« Gerade weil hier die Messiaserwartung, die sich durch die ganze lange Geschichte Israels hindurchzieht, präzisiert wird wie niemals zuvor, gerade deshalb scheint, wie so oft, die Aufgabe der Kritik für den Glauben mehr denn je segensreich zu sein. Wenn es tatsächlich so ist, wie diese Kritik sagt, daß das Buch Daniel zu den ältesten Büchern der Bibel gehört und man um das Jahr 160 v. Chr. nur wieder von neuem davon Kenntnis nimmt, dann bestätigt sich, was die Gläubigen immer schon betont haben: daß es nämlich in der »Heilsgeschichte« einen Aufstieg gibt, der viele Jahrhunderte lang anhält. Aus einer vagen und unbestimmten Verheißung wird die messianische Erwartung immer präziser, bis sie schließlich jenen »letzten Ausdruck« bei Daniel findet. Auch im Alten Testament scheint also die Dynamik des kleinen Steines wirksam zu sein, der nach und nach zu einem großen Berg wird. Vom ersten Buch, der Genesis, mit den ersten bestimmten, aber noch unklaren Verheißungen erfolgt ein kontinuierlicher Aufstieg bis zum letzten Buch, Daniel, mit einer bisher noch nicht dagewesenen Präzision. Es scheint daher logisch zu sein, daß die Weissagung sogar so weit geht, das genaue Datum der Erfüllung dessen anzugeben, was sie voraussagt. Das ist nun tatsächlich in der Weissagung von den »siebzig Wochen« der Fall.

Siebzig Wochen

Es handelt sich um den berühmten Text aus dem 9. Kapitel des Buches Daniel: »Siebzig Wochen sind für dein Volk und für deine heilige Stadt bestimmt, bis der Frevel beendet ist, bis die

Sünde versiegelt und die Schuld gesühnt ist; bis ewige Gerechtigkeit gebracht wird, bis Visionen und Weissagungen besiegelt werden und der Hochheilige gesalbt wird« (Dan 9, 24). Die neue Welt (der Frevel, der beendet wird; die Schuld, die gesühnt wird; die Sünde, die »versiegelt wird«; die ewige Gerechtigkeit, die gebracht wird), diese neue Welt wird für den Propheten anbrechen, wenn der Christus gesalbt wird. Dann werden auch die Visionen der Propheten aufhören (»bis Visionen und Weissagungen besiegelt werden«). Das alles wird nach »siebzig Wochen« geschehen. Diese Zeitangabe (die einzige im Alten Testament) hat niemals zu außergewöhnlichen Diskussionen unter den Interpreten Anlaß gegeben. Es ist nämlich klar, daß es sich hier nicht um Wochen handelt, sondern um sogenannte »Septenarien«, d. h. Perioden von je sieben Jahren. Das hebräische Wort heißt »shabuim« und bezeichnet genau den Zeitraum von sieben Jahren. Die »siebzig Wochen« wären also 70 mal 7 Jahre, das sind insgesamt 490 Jahre. Aber von welchem Zeitpunkt an soll man mit der Rechnung beginnen? Der Bibeltext, der an die vorhin wiedergegebene Stelle anschließt, gibt uns einen Anhaltspunkt: Demnach muß man beginnen vom Zeitpunkt »der Verkündigung des Wortes über die Rückführung des Volkes und den Wiederaufbau Jerusalems«.

Um welches »Wort« handelt es sich dabei? Einige meinten, es sei das Wort des Artaxerxes im siebenten Jahr seiner Herrschaft, also 458/457 v. Chr., gemeint, von dem ein anderes Buch der Bibel berichtet. Geht man von diesem Zeitpunkt aus, dann würde das Ende der 490 Jahre auf das Jahr 32/33 n. Chr. fallen. Andere vertraten die Auffassung, daß es sich vielmehr um ein Edikt des Cyrus aus dem Jahr 538 handeln müsse, nach der Befreiung Israels aus dem babylonischen Exil. Wenn man nun von der Zahl 538 die 490 Jahre abzieht, kommt man auf das Jahr 48 v. Chr. Auch wenn man als sicher annimmt, daß Jesus einige Jahre vor dem üblicherweise angegebenen Datum geboren wurde, ergibt sich hier eine »Differenz« von etwa vierzig Jahren. Für die erste Interpretation schien hingegen der Umstand zu sprechen, daß die Weissagung auf die Tötung des Messias anzuspielen scheint. Und für dieses Ereignis kommt höchstwahrscheinlich das Jahr 32/33 n. Chr. in Frage. Es schien jedenfalls außergewöhnlich, daß der jüdische Prophetismus in seiner tausendjährigen Geschichte nur ein einziges Mal die Angabe eines Datums riskiert haben sollte; und daß dieses sich tatsächlich, wenigstens für die Christen, als das Datum des Beginns der messianischen Zeit erwiesen haben sollte, wenn auch mit einer Schwankung von etwa siebzig Jahren. Bei einer so viele Jahrhunderte dauernden Zeit der Erwartung erschien dieser »Fehler« allerdings bereits als ein Volltreffer.

Nebenbei ist noch zu bemerken, daß diese Weissagung im 9. Kapitel des Buches Daniel die Berechnung der Jahre mit einer Reihe von Ereignissen verbindet, die eine eigenartige Resonanz haben. Es ist hier die Rede von einem »Gesalbten«, d. h. von einem Messias, einem Christus, der »umgebracht wird«. Es heißt dann weiter: »Das Volk eines Fürsten, der kommen wird, bringt Verderben über die Stadt und das Heiligtum« (Dan 9,26). Jerusalem und sein Tempel wurden vom »Fürsten« Titus, dem römischen Kaiser, gerade im Jahre 70 n. Chr. zerstört. Wieder eine eigenartige Übereinstimmung mit einer Weissagung, die ganz auf der Zahl 70 basiert. Auch das Mattäusevangelium legt übrigens Jesus bei der Ankündigung der Zerstörung Jerusalems die Bezugnahme auf Daniel in den Mund: »Wenn ihr also das vom Propheten Daniel vorhergesagte ›Scheusal der Entweihung‹ am heiligen Ort stehen seht — der Leser begreife! —, dann sollen alle, die in Judäa sind, in die Berge fliehen...« (Mt 24, 15—16). Man muß jedoch zugeben, daß es möglich ist, diese verwirrenden Einzelheiten vom historischen Gesichtspunkt her auch in anderer Weise zu interpretieren und darin nicht Jesus und Titus, sondern Onias und Antiochus geweissagt zu sehen. Gehört das vielleicht auch zur Logik des »verborgenen Gottes«? Hier wollen wir vor allem Fakten anführen und nichts sonst. Es ist tatsächlich überraschend, nach der Weissagung über das Datum der messianischen Zeit Ereignisse angekündigt zu sehen, die trotz ihrer Empfänglichkeit für andere Interpretationen doch direkt auf die geschichtliche Periode anzuspielen scheinen, die auf die Zeit Jesu folgte. Andererseits ist betont worden, daß »die Zerstörung Jerusalems im Jahre 70 auch von jüdischen Exegeten wie Rashi, Ibn Esdra, Ps. Saadia und Abrabanel immer für die äußerste Grenze der ›Wochen‹ Daniels gehalten wurde« (A. Vitti). Inzwischen ist jedoch ein neues Faktum aufgetaucht, das die vielleicht endgültige Bestätigung für eine der beiden vorgeschlagenen Interpretationen für den Endpunkt der genannten 490 Jahre gebracht hat.

Qumran und die Essener

Ein neues Licht wurde durch die Entdeckung der Handschriften von Qumran auf Daniel geworfen: Dort, an diesem einsamen Ort am Toten Meer, hatte die jüdische Sekte der Essener zur Zeit Jesu ihren Hauptsitz. Wie bekannt, warf im Jahre 1947 ein Beduinenhirte, der ein verirrtes Schaf suchte, einen Stein in eine Höhle, die sich unter einem Felsvorsprung auftat. Aus dem Inneren der Höhle drang ein Geräusch wie von zerschlagenen Gefäßen an seine Ohren. In der Meinung, einen Schatz gefunden zu haben, kletterte der Beduine in die Höhle hinab. Es war tatsächlich ein Schatz — aber von ganz anderer Art, als es der Beduine gehofft hatte. In der Höhle, die seit fast zweitausend Jahren kein Mensch mehr betreten hatte, befanden sich Tonkrüge, und in diesen Krügen waren Handschriften. Es war dies die erste der sensationellen Entdeckungen, die schließlich die vollständige Bibliothek der bis heute geheimnisumwitterten Essener zutage förderten. Diese Schriftrollen waren an jenen unzugänglichen Orten versteckt worden, als die Mönche vor den Römern fliehen mußten, wahrscheinlich zwischen 66 und 70 n. Chr. Diese Pergamente enthalten die Texte fast aller Bücher der Bibel und stammen mit Sicherheit aus dem 1. Jahrhundert v. Chr. Sie sind vollkommen identisch mit jenem Text der Heiligen Schrift, wie er von Juden und Christen noch heute benützt wird. Überdies geben sie einen guten Einblick in die Lehre der Essener und erlauben somit einen Vergleich mit der Lehre Jesu. Doch damit werden wir uns etwas später beschäftigen. Hier wollen wir kurz auf die neuen Erkenntnisse eingehen, welche die Handschriften vom Toten Meer für die Interpretation der Weissagungen gebracht haben.
In diesen Handschriften hat man entdeckt, daß jene *Elite* des Judentums, die Essener, die äußerst streng und sorgfältig die »Zeichen der Zeit« studierten, die der Ankunft des Messias vorausgehen mußten, sich gerade auf die »siebzig Wochen« Daniels berufen. Schließlich (allerdings schon vor 1947) hat auch die christliche Tradition nicht zu Unrecht immer auf diese Weissagung hingewiesen und steht somit ganz auf der Linie des gesamten antiken Judentums. Aber nicht nur das hat die neue Entdeckung ans Licht gebracht. Die essenischen Handschriften haben auch eine Interpretation über den Beginn der messianischen Zeit bestätigt. Es handelt sich um die zweite Art der

»Berechnung«, die wir genannt haben, wonach die 490 Jahre des Daniel mit dem Ende des babylonischen Exils und dem Edikt des Cyrus aus dem Jahre 538 v. Chr. beginnen. Es ist jedoch zu beachten, daß die Essener vom Beginn des babylonischen Exils ausgingen, nicht von seinem Ende. Ihr Ausgangspunkt war also das Jahr 586, als die Deportation der Juden nach Babylon begann. Und es gelang ihnen so, mit noch größerer Präzision den Beginn jener Ära zu bestimmen, die nach ihrem Glauben die messianische Zeit sein mußte. Der »Fehler« Daniels reduziert sich so statt auf zirka vierzig auf etwa zwanzig Jahre. Hugh Schonfield, einer der bekanntesten zeitgenössischen Bibelwissenschaftler und Spezialist für die Handschriften vom Toten Meer, faßt die Methode von Qumran folgendermaßen zusammen: »Wenn man vom Jahre 586, dem Beginn der Gefangenschaft Israels in Babylon, die 70 Jahre der gesamten Dauer des Exils, wie sie in der Bibel angegeben wird, abzieht und davon noch einmal die 490 Jahre, dann kommt man zur Feststellung, daß die Endzeit um das Jahr 26 v. Chr. beginnen mußte.«
Die Essener erwarteten also ihren Messias ungefähr zwanzig Jahre vor dem Beginn der christlichen Zeitrechnung. Da die Autorität der Mönche vom Toten Meer, was die Interpretation der Schrift anlangt, in der jüdischen Welt außerordentlich groß war und alles darauf hindeutet, daß auch andere Strömungen im Judentum die Berechnung in der gleichen Weise anstellten, beginnen wir zu verstehen, warum die Messiaserwartung gerade zur Zeit Jesu so überaus lebendig war. Schonfield sagt dazu: »Wir wissen nicht genau, wie die Essener auf diese Berechnungsart gekommen sind. Sicherlich jedoch aufgrund von Tatsachen, die ihre messianische Erwartung begründeten.« Wir haben auch archäologische Belege: »Die Höhlen von Qumran haben gezeigt, daß kurze Zeit nach diesem Datum (26 v. Chr.) neue Bauwerke errichtet wurden. Darüber hinaus bestätigen die in den Höhlen gefundenen Münzen, daß die Gemeinschaft der Essener schon etwa zwanzig Jahre vor Christus bis etwa zum Jahre 70 n. Chr. eine regelmäßige und intensive Aktivität entfaltete« (Schonfield). Die Baulichkeiten am Toten Meer wurden also erweitert, um alle diejenigen aufnehmen zu können, die in immer größerer Zahl sich in die Wüste zurückzogen, um dort auf die baldige Ankunft des Messias zu warten. So sagt die Gemeinderegel der Essener, die ebenfalls in den Höhlen gefunden wurde: »In jenen Tagen

werden die Menschen aufhören müssen, unter den Übeltätern zu wohnen, um sich in die Wüste zurückzuziehen, wo sie belehrt werden, um in jenen Tagen bereit zu sein.« Damit sind jene Tage gemeint, da nach einem mehr als tausendjährigen Warten endlich der »Herrscher der Welt« erscheinen sollte. Schonfield schließt: »Wir sehen heute, mit welchem Recht Jesus am Beginn seiner Sendung proklamieren konnte: ›Die Zeit ist erfüllt, das Himmelreich ist nahe‹.«

Die Erwartung der Völker

Die Juden erwarteten also ihren geheimnisvollen Christus gerade in jenen Jahren. Und schon diese Tatsache ist überraschend. Aber es überrascht noch mehr, daß ausgerechnet zu jener Zeit auch die anderen Völker voller Erwartung waren. Wir haben eindeutige und genaue Zeugnisse über diese allgemeine Erwartung einer Person, die aus Judäa kommen sollte. Von zwei der größten lateinischen Geschichtsschreiber, Tacitus und Sueton, erfahren wir, wie die Völker damals voll Erregung das Herannahen jenes Jahrhunderts erwarteten, das wir heute das »erste Jahrhundert nach Christus« nennen. Tacitus schreibt in seinen »Historiae«: »Die Mehrzahl war überzeugt, in den alten Priesterschriften einen Hinweis zu finden, daß um diese Zeit der Orient sich mit Macht erheben und daß von Judäa der Herrscher der Welt kommen würde.« Und Sueton berichtet in seinem »Leben Vespasians«: »Es nahm im ganzen Orient die alte und ständig lebendige Meinung immer mehr zu, daß es dem Schicksal der Welt bestimmt sei, daß aus Judäa in jener Zeit der Herrscher der Welt kommen würde.« Beide Geschichtsschreiber verfassen ihre Berichte zwischen dem Ende des ersten und dem Beginn des 2. Jahrhunderts, als in den Städten des Mittelmeerraumes im geheimen schon jene Bewegung Fuß faßte, welche die Nachfolge des Römischen Reiches antreten sollte. In dem Glauben, der aus Judäa gekommen war, verehrten die Christen schon denjenigen, der tatsächlich der Herrscher der abendländischen Welt werden sollte. Man muß jedoch präzisieren, daß weder Tacitus noch Sueton sich dessen bewußt waren, was die christliche Verkündigung für die Geschichte bedeuten sollte. Wenn sie von der christlichen Lehre direkt Kenntnis gehabt haben (was jedoch nicht sicher ist), dann hielten sie sie wohl für eine der zahlreichen Sekten, die damals wucherten. Die Zeit des Triumphes des »Königs aus Judäa« war noch nicht gekommen. Sie konnten also darüber nicht berichten wie über die Feststellung einer eindeutigen Tatsache. Aber noch mehr. Aus der Archäologie ergibt sich eine weitere Reihe von eigenartigen Zeugnissen. Wir wissen heute mit Sicherheit, daß die berühmtesten Astrologen der antiken Welt, die babylonischen, nicht nur einen Messias aus Palästina erwarteten, sondern sogar das Datum seines Erscheinens mit einer noch viel größeren Präzision vorausgesehen hatten als die Essener. Im folgenden die schlichten Tatsachen: Jedem steht es frei, daraus seine eigenen Schlüsse zu ziehen.

Der rätselhafte Stern von Betlehem

Alles geht von dem *Stern* aus (der Text spricht nie von einem *Kometen,* wie viele glauben), der bei der Geburt Jesu am Himmel über Betlehem aufgestrahlt sein soll, sowie von der Ankunft gewisser *Magier* aus dem Osten. So wenigstens berichtet das Mattäusevangelium. Es ist natürlich nicht sicher, daß die Dinge sich wirklich so abgespielt haben, wie es von Mattäus berichtet wird, und man wird auch nie zu dieser Sicherheit gelangen: Eines ist jedoch gewiß, daß die Hypothese, es handle sich um eine symbolische Erzählung, eine Reihe von Entdeckungen innerhalb der letzten drei Jahrhunderte berücksichtigen muß. Es scheint demnach wissenschaftlich erwiesen zu sein, daß die babylonischen Astrologen (ziemlich sicher die *Magier* des Mattäus) die Geburt des »Herrschers der Welt« um das Jahr 7 v. Chr. erwarteten. Die Jahre 6 oder 7 v. Chr. gelten unter den Gelehrten als das wahrscheinlichste Datum der Geburt Jesu. Der Mönch Dionysius, der im Jahre 533 den Beginn der neuen Ära berechnete, irrte sich also, wenn er das Datum der Geburt um zirka sechs Jahre vorverlegte. In diesem Licht gewinnen die zwei Verse im 2. Kapitel des Mattäusevangeliums einen neuen Klang: »Als Jesus zur Zeit des Königs Herodes in Betlehem in Judäa geboren worden war, kamen Magier aus dem Osten nach Jerusalem und fragten: Wo ist der neugeborene König der Juden? Wir haben seinen Stern aufgehen sehen und sind gekommen, um ihm zu huldigen« (Mt 2,1—2). Im folgenden weisen wir nun auf die einzelnen Etappen hin, wie es nach und nach gelungen ist, den Grund für die Ankunft und die Frage der Magier zu klären. Eine Geschichte, die fast wie ein »Krimi« anmutet.

Im Dezember 1603 beobachtet der berühmte Kepler, einer der Väter der modernen Astronomie, in Prag die hell leuchtende Konjunktion (Annäherung) von Jupiter und Saturn im Zeichen der Fische. Kepler stellt durch gewisse Berechnungen fest, daß dasselbe Phänomen, das ein intensives und auffälliges Licht am Sternenhimmel hervorruft, sich auch im Jahre 7 v. Chr. ereignet haben muß. Derselbe Astronom entdeckt dann einen alten Schriftkommentar des Rabbiners Abrabanel, der daran erinnert, daß nach dem Glauben der Juden der Messias gerade zu dem Zeitpunkt erschienen sein soll, als Jupiter und Saturn im Zeichen der Fische ihr Licht vereinigt hätten. Wenige gaben auch nur einen Pfennig auf diese Entdeckungen Keplers. Vor allem deshalb, weil die Kritik damals noch nicht mit Sicherheit festgestellt hatte, daß Jesus vor dem üblicherweise angenommenen Datum geboren wurde. Jenes Jahr 7 v. Chr. machte also keinen besonderen Eindruck. Die Entdeckungen Keplers wurden auch deshalb mit Skepsis aufgenommen, weil der Astronom nur zu gerne die wissenschaftlichen Ergebnisse mit seinen mystischen Betrachtungen garnierte.

Mehr als zweihundert Jahre später entdeckt und deutet der dänische Gelehrte Münter einen mittelalterlichen jüdischen Kommentar zum Buch Daniel, das die Weissagung der »siebzig Wochen« enthält. Münter beweist mit diesem alten Text, daß noch im Mittelalter für einige jüdische Gelehrte die Konjunktion von Jupiter und Saturn im Zeichen der Fische eines jener »Zeichen« war, welche die Geburt des Messias begleiten mußten. Man hat somit eine neuerliche Bekräftigung des schon von Kepler angedeuteten jüdischen Glaubens, der zusammen mit den »Daten« von Jakob und Daniel die jüdische Erwartung des 1. Jahrhunderts genährt haben kann.

Im Jahre 1902 wurde die sogenannte *Planetentafel* veröffentlicht, die heute in Berlin aufbewahrt wird. Es ist ein ägyptischer Papyrus, der genau die Bewegungen der Planeten vom Jahre 17 v. Chr. bis zum Jahre 10 n. Chr. wiedergibt. Die Berechnungen Keplers, die übrigens von den modernen Astronomen bestätigt wurden, finden hier eine neuerliche Bestätigung, die auf der direkten Beobachtung ägyptischer Gelehrter, welche die »Tafel«

zusammengestellt haben, basiert. Im Jahre 7 v. Chr. konnte man tatsächlich die Konjunktion von Jupiter und Saturn verifizieren; sie war über dem ganzen Mittelmeerraum deutlich sichtbar gewesen.

Schließlich wurde im Jahre 1925 der *Sternenkalender von Sippar* entdeckt. Es ist eine kleine Tafel aus Terracotta mit Keilschrift, die aus der alten Stadt Sippar am Euphrat, dem Sitz einer bedeutenden babylonischen Astrologenschule, stammt. In diesem »Kalender« sind alle Himmelsbewegungen und Konjunktionen des Jahres 7 v. Chr. dargestellt. Warum ausgerechnet aus diesem Jahr? Weil nach den babylonischen Astrologen im Jahre 7 v. Chr. die Konjunktion von Jupiter und Saturn im Zeichen der Fische ganze dreimal sich ereignen mußte: am 29. Mai, am 1. Oktober und am 5. Dezember. Es gilt festzuhalten, daß diese Konjunktion sich nur alle 794 Jahre ereignet, und nur ein einziges Mal, nämlich im Jahre 7 v. Chr., geschah dies gleich dreimal. Auch diese Berechnung der uralten Experten von Sippar wurde von den modernen Astronomen als exakt befunden.

Die Archäologen haben schließlich die Symbolik der babylonischen Astrologen entziffert. Ihr Resultat: *Jupiter* war für jene alten Wahrsager der Planet des Herrschers der Welt. *Saturn* der Schutzplanet Israels. Das Zeichen der *Fische* wurde als das Zeichen der »Endzeit« angesehen, d. h. des Beginns der messianischen Zeit. Könnte also die Erzählung des Mattäus von der Ankunft von Weisen aus dem Morgenland, von Magiern, die fragen: »Wo ist der neugeborene König der Juden?«, doch mehr sein als ein Mythos? Es ist jedenfalls sicher, daß man zwischen Euphrat und Tigris nicht nur wie im gesamten Orient einen Messias erwartete, der aus Israel kommen sollte. Man hat sogar mit erstaunlicher Genauigkeit festgestellt, daß er zu einer ganz bestimmten Zeit geboren werden mußte. Zu jener Zeit nämlich, als für die Christen wahrhaftig der »Herrscher der Welt« erschienen ist.

»Die Stunde ist gekommen«

Es erfolgt also gerade in den Jahren, da Jesus in Erscheinung tritt, eine Zuspitzung der Aufmerksamkeit, die Erwartung steigert sich zu einem Gipfelpunkt. Das Volk Israel sieht das

Ende seiner politischen Unabhängigkeit und meditiert über die Weissagung Jakobs, der ausdrücklich sagt, daß der so sehnlichst erwartete Christus kommen wird, kurz bevor »das Zepter von Juda weicht« (Gen 49,10). Die Essener richten aus der Wüste ihren dringlichen Appell an die Leute, sich ihnen anzuschließen, um in Buße und Gebet denjenigen zu erwarten, der kommen muß. Und sie berechnen mit verblüffender Genauigkeit das Datum seines Kommens. In der Tiefebene Mesopotamiens treffen sich Astronomie und Astrologie in der Feststellung, daß aus Judäa ein Messias kommen wird, um über die Welt zu herrschen, und sie kommen zur Auffassung, daß sein Reich in dem Jahr beginnen wird, das indirekt als das Jahr 7 v. Chr. angegeben wird. In den Städten des Römischen Reiches gärt es: auch unter den Heiden ist die Erwartung lebendig, und sie richtet sich auf Israel. Die Aufregung ist so groß, daß sogar die seriösen Geschichtsschreiber der kaiserlichen Annalen nicht umhin können, ihr Echo für die Nachwelt aufzuzeichnen. Es ist also ein erwiesenes historisches Faktum, daß sich die ganze Aufmerksamkeit der Welt im 1. Jahrhundert unerklärlicherweise auf eine entlegene römische Provinz konzentriert. Und dort ist der Glaube an die Weissagung der Propheten und an die Deutung, die ihr die Gelehrten geben, so groß, daß man nicht zögert, sich gegen die Römer, die Herren der Welt, zu erheben. Aber sie sind es nur noch für kurze Zeit, so glauben die Rebellen. Denn es ist derjenige im Kommen, der sogar dieses allmächtige Reich unterwerfen wird.

Die Geschichte scheint also in rätselhafter Weise Zeugnis zu geben für das Wort, das die Evangelisten Jesus zuschreiben: »Die Zeit ist erfüllt, die Stunde des Heils ist gekommen!« Der Lauf der menschlichen Ereignisse scheint einen Augenblick innezuhalten und sich in banger Erwartung zu sammeln. Während über Palästina der *Stern* aufblitzt, schenkt Augustus der Welt eine der so seltenen Friedensperioden der Geschichte. Die Pforten des Janustempels, der dem Schutzherrn der Kriegsheere geweiht ist, bleiben geschlossen: Es herrscht die *Pax Romana*. Andererseits könnte gerade diese Erwartung, so unerklärlich sie auch ist, das Schicksal Jesu begünstigt haben. Hat nicht sein Kult gerade erst auf dem fruchtbaren Boden dieser allgemeinen Erwartung aufblühen können? Ob am Ursprung des Christentums ein Mensch steht, der vom Glauben vergöttlicht wurde, oder ein himmlischer Mythos, der nach und nach vermenschlicht wurde, bis er schließlich mit einem gewissen Jesus zusammenfällt, ist eigentlich gar nicht so wichtig: Der neue Glaube könnte sich auch durch diese Häufung von günstigen Umständen entwickelt haben. Das ist wenigstens die Meinung vieler. Wir werden diese Hypothesen in den folgenden Kapiteln noch gründlich prüfen. Hier wollen wir zum Schluß nur noch ein anderes objektives und belegbares Faktum unterstreichen, das in der religiösen Geschichte Israels als Folge der enttäuschten Erwartung zutage getreten ist, nachdem die Zeit erfüllt war.

Die zwei Perioden in der Geschichte Israels

In der mehrtausendjährigen und bis heute ununterbrochenen religiösen Geschichte Israels gibt es ein klar voneinander unterschiedenes und eindeutig erkennbares *Vorher* und *Nachher*. Die schriftlichen Aufzeichnungen, die als von Jahwe selbst inspiriert angesehen werden, hören ungefähr hundert Jahre vor dem Auftreten Jesu auf. »Etwa um das Jahr 100 v. Chr. war das Alte Testament in seiner gegenwärtigen Form als Norm anerkannt — mit einigen unbedeutenden Ausnahmen« (Läpple). Im 1. Jahrhundert legen dann die religiösen Führer der Juden endgültig das Verzeichnis (den *Kanon*) der 24 Bücher ihrer Bibel fest. In einem Zeitraum von zirka zweihundert Jahren tun sich also ganz entscheidende Dinge für das Volk der Erwartung: Die Schrift wird endgültig in ihrem Umfang fixiert; es erscheint derjenige, den ein Teil der Welt als den von den Propheten verheißenen Messias begrüßt; der Tempel von Jerusalem wird für immer zerstört; Priestertum und Opfer hören auf; die Zerstreuung der Juden in die ganze Welt nimmt massiv zu, und das Exil, Jahrhunderte zuvor begonnen, ist gleichsam vollendet; das Judentum in Palästina liegt in den letzten Zügen, als Folge der beiden Aufstände im Jahre 70 und 132 n. Chr. Es gibt nun keine Propheten mehr von solchem Gewicht, daß sie in die Schrift aufgenommen werden müßten. Der schöpferische religiöse Schwung Israels scheint dahin zu sein: Das Schöpferische hört auf, und es beginnt das Studieren und Kommentieren. Das Judentum bleibt zwar der einzige Überlebende der antiken Welt, aber seine missionarische Kraft scheint erlahmt zu sein, zum

Unterschied von früher drängt es nicht mehr über die Grenzen der eigenen Rasse hinaus.

Seit dem Erscheinen Jesu übernimmt Israel im Lauf einiger Generationen eine andere Rolle: nicht mehr die einer religiösen Avantgarde in der Welt, sondern die eines Zeugen für seinen ursprünglichen Glauben inmitten der Völker. Es ist jedoch festzuhalten, daß das Christentum für diese Unterbrechung in der prophetischen Aufgabe Israels nicht verantwortlich ist. Die Zerstörungen Jerusalems beim ersten und zweiten Aufstand, die fast absolute und vollständige Zerstreuung in der Diaspora, der Beschluß der religiösen Führer, den Kanon der Schrift abzuschließen: das alles spielt sich im ersten und am Beginn des 2. Jahrhunderts ab. Zu einer Zeit, als der Jesusglaube noch weit davon entfernt ist, eine Machtposition einzunehmen. Und in den Amphitheatern des Reiches gehen Juden und Christen oft gemeinsam in den Tod, so schwierig ist es für die heidnischen Verfolger zu verstehen, in welchem Sinne diese beiden Religionen voneinander »verschieden« sind. Nach Jesus und bevor noch die Botschaft, die sich auf ihn beruft, Erfolg hat, zieht sich Israel unter den Schlägen der Geschichte auf sich selbst zurück, wie eine Kultur, die schon so viel gegeben hat und deren schöpferischer Impuls auf religiösem Gebiet erlahmt ist. Es beginnt eine neue Ära: die Zeit der Auslegung, der oft schmerzlichen Erwartung, des unerschütterlichen Zeugnisses.

Es ist eigenartig, daß dieser Schwund an Originalität sich gerade und nur auf der religiösen Ebene zeigt, dem einzigen Gebiet, auf dem Israel die anderen Völker der damaligen Zeit, die überall sonst überlegen waren, wunderbarerweise haushoch überragte. Vom 1. Jahrhundert bis heute läßt sich nur auf dem religiösen Gebiet ein Abstieg des Judentums feststellen. Wenn es überhaupt ein Abstieg ist, sich auf ein kompaktes religiöses Erbe zu besinnen und zu beschränken. Von den grandiosen biblischen Visionen geht man über zu den Schätzen juridischer und ethischer Weisheit, zu intellektuellen Spitzfindigkeiten, aber auch zu den Engstirnigkeiten des Talmuds, des Kommentars zum Gesetz und den Propheten. Nachdem die Prophetie erloschen ist, präsentiert sich der »Legalismus« notwendigerweise als letzte Zuflucht des Glaubens.

Die neuen jüdischen Propheten

Und doch verliert Israel weder seine glänzende schöpferische Kraft noch jene Fähigkeit, die Geschichte zu erschüttern, welche die Angelsachsen in ein populäres Sprichwort gefaßt haben: »Jews are news.« Diese Qualitäten tendieren dazu, die religiöse Spekulation zu vernachlässigen, um ihre Kraft auf anderen intellektuellen Gebieten zu zeigen. Minderheit noch immer und doch stets wunderbar lebendig, Sauerteig und Ferment der Welt. Auf religiösem Gebiet aber nur Hüter einer Botschaft und nicht mehr deren Schöpfer. Marx, Freud, Einstein sind einige der neuen Propheten Israels. Sie verkünden und zeigen Neuland: den wissenschaftlichen Sozialismus, die Tiefenpsychologie, das Atomzeitalter. Aber in diesen Botschaften, die wiederum die Welt erschüttern, scheint kein Platz mehr zu sein für den neuen Himmel. Im Gegenteil, die religiöse Aufgabe Israels scheint so abgeschlossen zu sein, daß der Jude Marx, der in anderen Jahrhunderten vielleicht ein außergewöhnlicher biblischer Prophet geworden wäre, die messianische Hoffnung seines Volkes endgültig auf die Erde biegt. »Die Arbeiterklasse ist der wahre Messias. Sie bringt der Welt die Erlösung, indem sie leidet und gegen die Söhne der Finsternis, die Bürgerlichen, kämpft. Die Ausbeutung des Arbeiters ist die Erbsünde. Die sozialistische Gesellschaft der Zukunft ist das eschatologische Reich, wo der Wolf gemeinsam mit dem Lamm auf der Weide ist und die Erde keine Dornen mehr tragen wird, sondern Früchte in Überfluß. Die Organisation der Proletarier, die Partei, ist das Volk Gottes auf dem Weg zu diesem messianischen Reich. Die Fabrik ist der Tempel, die Arbeit das neue Gebet. Der proletarische Führer ist der Prophet, der den Rest Israels anführt. Die Wissenschaft ist die wahre Theologie...« Als ob er blockiert sei in seinem Streben nach dem Höheren, säkularisiert der jüdische Geist im Marxismus seinen unwiderstehlichen Drang nach der messianischen Zukunft. Unter den vielen Rätseln, die dieses außergewöhnliche Volk uns aufgibt (»Wenn aber schon durch ihr Versagen die Welt und durch ihr Verschulden die Heiden reich werden, dann wird das erst recht durch ihre Vollendung geschehen«, ruft Paulus in seiner enttäuschten Liebe aus), gehört dieses Nachlassen seiner religiösen Stimme (und nur dieser) beim Herannahen dessen, den es jahrhundertelang verkündet und erwartet hat, nicht zu den geringsten. Diese geschichtliche Wende scheint überdies in der Schrift selbst angekündigt zu sein, von welcher der 6. Artikel des jüdischen Glaubensbekenntnisses sagt: »Alle Worte der Propheten Israels sind wahr.« Steht im Buch Daniel nicht geschrieben, daß dann, wenn der »Hochheilige« gesalbt sein wird, die Propheten und ihre Weissagungen aufhören (»bis Visionen und Weissagungen besiegelt werden«)?

5
Drei Hypothesen

Der lange Zweifel des Thomas war mir nützlicher als der rasche Glaube Magdalenas.
Gregor der Große

Die christologische Wissenschaft leidet an einer bis heute unheilbaren Krankheit: der psychologischen Mutmaßung.
William Wrede

Drei mögliche Lösungen

»Als ich versuchte, die verschiedenen Lösungstypen zum Problem Jesu aufzustellen, wie es ehedem schon Albert Schweitzer getan hat, überraschte mich die Feststellung, daß es deren nur ganz wenige gibt. Ich kam sogar zu der Feststellung, daß es nie mehr als drei sein würden: zwei negative und eine positive« (Jean Guitton). Zu diesen drei einzigen möglichen Lösungen zählen nach Guitton zunächst die *kritische* und die *mythische* Lösung; das sind die beiden negativen Lösungen. Und schließlich als positive Lösung jene des *Glaubens*. Es scheint auch uns, daß die zahlreichen Erklärungsversuche für das Geheimnis Jesu letztlich auf diese drei fundamentalen Lösungen zurückgeführt werden können. Auch wenn es innerhalb jeder Position noch unendlich viele Variationen und Nuancen geben kann.

Hier folgen wir also der von Guitton aufgezeigten Arbeitsmethode, wobei wir uns der Gefahr der Vereinfachung, die jeder Schematisierung innewohnt, durchaus bewußt sind. Schweitzer selbst betont übrigens am Schluß seiner klassischen »Geschichte der Leben-Jesu-Forschung«, wie wenig es möglich war, die vielen Hypothesen über die Ursprünge des Christentums in ein Schema einzuordnen und darüber eine Art Bilanz vorzulegen. Nach mehr als einem Jahrhundert eifrigen Forschens, schreibt der große Gelehrte und Friedensnobelpreisträger, haben wir schließlich die Elemente des Faktums, die kritischen Texte, die bleibenden Gegebenheiten des Problems Jesu in Händen. »Gewiß« — fährt er fort — »werden noch einige Grenzlinien zu berichtigen sein, aber die Hauptlinien, das Gewicht des Für und Wider — all das liegt nun klar vor uns.«

Wenn dies schon in den ersten Jahrzehnten des 20. Jahrhunderts zutraf, so ist es heute, nach einer weiteren Periode intensiven Forschens, die unter anderem zur sogenannten »archäologischen Revolution« geführt hat, wohl umso mehr zutreffend. Nach den Bemühungen so vieler gläubiger oder ungläubiger Gelehrter, unter ihnen Historiker, Exegeten und Archäologen, besitzen wir nun eine Summe übereinstimmender Schlußfolgerungen, »eine feste und widerstandsfähige Materie, an der sich das Denken üben kann«. Sich üben vor allem beim Versuch, in die zahllosen verschiedenen Interpretationen eine Ordnung zu bringen, indem man sie auf die drei von Guitton herausgearbeiteten grundlegenden Positionen zurückführt. Aber was ist unter der *kritischen* Hypothese zu verstehen? Und was unter der *mythischen* Hypothese? Und welche Positionen nimmt der *Glaube* heute ein?

Die kritische Hypothese: Aus einem Menschen wird ein Gott

Die kritische Hypothese bzw. Lösung vertreten die vielen Gelehrten, die das Neue Testament durch das Sieb der wissenschaftlichen Kritik hindurchfiltern, aber dabei die historische Existenz Jesu nicht in Abrede stellen. Am Ursprung des christlichen Glaubens steht demnach ein Mensch, der wirklich gelebt hat, ein gewisser Jesus. Ein eher außergewöhnlicher Mensch, jedoch ohne irgendeine Beziehung zu einer übernatürlichen Geschichte: »Der Ursprung des Christentums ist ein historisches Phänomen wie so viele andere, ohne irgendeinen wunderbaren und übernatürlichen Charakter« (P. Gentile). Es ist schwierig festzustellen, wie sich die Dinge tatsächlich abgespielt haben. Mit Hilfe der Evangelien läßt sich dies nicht rekonstruieren, denn sie sind Glaubenszeugnisse und keine historischen Dokumente. Sicher ist, daß dieser obskure Jesus nach seinem Tod von seinen Jüngern, die von ihm Wunder und sogar die Auferstehung von den Toten behaupteten, vergöttlicht worden ist. Vielleicht war er ein Wanderprediger, wie es damals so viele in Palästina gab. Durch eine Reihe von unvorhergesehenen Umständen widerfuhr ihm das abenteuerliche Schicksal, für den »Sohn Gottes«, für Gott selbst gehalten zu werden. Vielleicht war er ein Schwärmer, der sich in seinem Wahn für den von den Juden erwarteten Messias ausgab; und daran glaubte wiederum eine Gruppe anderer Schwarmgeister, die dann die Welt davon zu überzeugen versuchten. Vielleicht waren seine Jünger Betrogene (oder Betrüger), die von irgendeiner außergewöhnlichen Fähigkeit ihres Meisters so fasziniert waren, daß sie sich mit seinem Tod nicht abfinden konnten und daher sagten, er sei auferstanden.
Es ist nun Aufgabe der Kritik, festzustellen, was in den Berichten der Evangelien als historisch gesichert angesehen werden kann. Ausgangspunkt ist also das Postulat, daß die göttlichen Eigenschaften Jesus von der Kirche zugeschrieben worden seien, die sich auf ihn berufen hat. Die Evangelien werden also zunächst einmal vollständig von der Kruste des Wunderbaren oder

Übernatürlichen befreit. *Jesus ist nichts anderes als ein Mensch, der nach und nach vergöttlicht worden ist.*
Der Christus des Glaubens ist der letzte Akt einer »Kosmetik«, welche die Gemeinschaft der Gläubigen am historischen Jesus vorgenommen hat. Auf sein Grab (das verschlossen geblieben ist oder leer angetroffen wurde, weil jemand den Leichnam weggeschafft hat) wird die kritische Schule die Inschrift setzen: *Ignotus* — Unbekannt.

Die mythische Hypothese: Aus einem Gott wird ein Mensch

Die mythische oder mythologische Lösung ersetzt den historischen Jesus, der von den Kritikern als solcher akzeptiert wird, wenn auch jeder übernatürlichen Bedeutung beraubt, durch die Hypothese eines Mythos. Am Ursprung des Christentums stehen also weder ein Mensch noch irgendwelche realen Ereignisse, sondern vielmehr eine Legende, ein Mythos: der uralte vorchristliche Mythos von der Inkarnation eines Gottes, der leidet, stirbt und aufersteht für das Heil der Menschen. In einem entlegenen Winkel des Römischen Reiches haben Gruppen von Fanatikern die Gestalt eines gewissen Jesus mit diesem Komplex von Mythen umkleidet. Von ihm läßt sich nichts historisch Gesichertes aussagen. Oder dieser Jesus ist überhaupt eine Erfindung, um der alten Legende von einem Gott, der Tod und Sünde besiegt, einen Namen, einen Ort, den Charakter eines wirklichen Ereignisses zu geben.

Es gibt eine *gemäßigte* mythische Hypothese, welche die historische Existenz Jesu nicht völlig leugnet; obwohl sie betont, daß nicht er wichtig ist, von dem wir eigentlich nichts wissen können, sondern einzig und allein der Mythos. Und es gibt eine *radikale* mythische Hypothese, die ganz und gar leugnet, daß da am Anfang ein Mensch gewesen sei: »Jesus« ist ein fiktiver Name, um die Personifizierung einer Legende zum Ausdruck zu bringen. Rudolf Bultmann, einer der bedeutendsten Vertreter der mythologischen Schule, sagt: »Letzten Endes würde sich nichts ändern, wenn man den Namen Jesus in Anführungszeichen setzte als mehr oder minder konventionelle Bezeichnung des religiösen Phänomens, wie es in den ersten christlichen Jahrhunderten vorhanden war.« Und Schmiedel, ebenfalls ein bekannter Mythologe, meint: »Mein tiefstes religiöses Erbe würde nicht geschmälert, wenn ich mich heute davon überzeugen müßte, daß Jesus tatsächlich nie existiert hat.« Ob radikal oder gemäßigt, in einem ist sich die mythologische Lösung einig: Wichtig ist nicht die *Geschichte Jesu*, sondern der *Mythos von Christus*. Auf ihn hätte man den Glauben an einen Sonnenmythos (Dupuis), die Lehren des alexandrinischen Allegorismus (Bauer) oder einen orientalischen Kreuzigungskult als liturgischen Akt (Du Jardin) übertragen. Oder er wäre die Verkleidung des indischen Gottes Agni, des babylonischen Helden Gilgamesch oder des Sonnengottes von Kanaan. Für Couchoud, der zu den brillantesten und radikalsten Vertretern dieser Schule zählt, schlägt sich der visionäre Mythos eines leidenden Erlösergottes, der am Ursprung des Christentums steht, erst nach dem Jahre 100 als Erzählung nieder: »In einem dicht bevölkerten Winkel Roms brodelt gegen Ende des 1. Jahrhunderts wie in einem Kochtopf eine Art christliche Suppe, wo sich alles aufweicht und vermischt.« Aus den konstitutiven Elementen des Mythos, die alle zusammen im großen Topf gekocht haben, destilliert sich das erste Evangelium heraus. Das Ereignis Jesu, das in diesem Evangelium geschildert wird, ist nichts anderes als »eine künstliche Legende, die behauptet, daß sich dies alles etwa vierzig Jahre vor dem Untergang Jerusalems in Palästina zugetragen habe. Der Mythos von Jesus hat sich hier materialisiert.« Der Hauptfigur der Legende, die bis dahin völlig in den Wolken religiöser Phantasie hing, hat man nämlich das Gewicht einer präzisen, aber ganz und gar fiktiven Geschichte angehängt.

Während also für die Kritiker am Ursprung des Christentums ein Mensch steht, der nach und nach vergöttlicht worden ist, trifft für die Mythologen das Gegenteil zu: *Jesus ist ein Gott, der nach und nach vermenschlicht worden ist*. Der historische Jesus ist der letzte Ausdruck des Glaubens an einen Christus. Auf seinen versiegelten Grabstein, den die Kritiker mit der Inschrift »Ignotus« versehen, schreiben die Mythologen: *Nemo* — Niemand.

Die Brotvermehrung

Ein Beispiel, das Guitton anführt, kann uns helfen, den Unterschied zwischen Kritikern und Mythologen genauer zu erkennen. Es handelt sich um eine Episode, die vom Evangelisten Johannes berichtet wird: die »Brotvermehrung«. Mit fünf Broten und zwei Fischen soll Jesus den Hunger einer Volksmenge gestillt haben, deren Zahl der Text des Evangeliums auf fünftausend Personen schätzt (Joh 6,1—15).

Die kritische Deutung: Angenommen, diese Episode ist nicht vom Evangelisten hinzugefügt worden, sondern überliefert die Erinnerung an eine wirkliche Begebenheit: dann wird man sagen, daß die Menge wirklich satt geworden ist. Aber die Brote und die Fische waren schon vorhanden; oder man hatte sie versteckt, um sie im geeigneten Moment hervorzuholen. Im Prozeß der Vergöttlichung des Menschen Jesus deutet der Glaube der Urgemeinde die unerwartete Verteilung in ein Wunder um. Wie bei allen »Wundern« der Evangelien haben wir es auch hier mit der Übersteigerung eines ganz normalen Vorganges ins Übernatürliche zu tun.

Die mythische Deutung: Es gibt überhaupt keine Verteilung, ein solches Ereignis hat niemals stattgefunden, die Brote und die Fische gehören ins Reich der Mythen. Wir stehen vor einer der vielen Legenden in den Evangelien, die selbst nichts anderes als reine Legendensammlungen sind. Aufgabe des Gelehrten ist es, den Mythos aufzuspüren, den die Gemeinde in diesem Faktum, das sie als historisch ausgibt, »inkarniert« hat. Vielleicht hat man an die gleichfalls legendäre Episode des Mose angeknüpft, der im Alten Testament das Manna vom Himmel regnen läßt. Oder vielleicht hat sich hier das Echo irgendeiner orientalischen Mysterienreligion niedergeschlagen. Vielleicht liegt die Erklärung sogar auf der psychoanalytischen Ebene: Die Idee der Vermehrung, die verborgen in den Tiefen des religiösen Menschen ruht, hat sich materialisiert und ist Jesus zugeschrieben worden.

Gegen die »Leichtgläubigen«

Die zwei negativen Lösungen werden in den folgenden Kapiteln noch klarer zum Ausdruck kommen. Hier wollen wir nur im voraus schon andeuten, daß ein erbitterter Kampf ausgebrochen ist, und zwar nicht etwa zwischen »Gläubigen« und »Ungläubigen«, sondern unter den Ungläubigen selbst, unter den Anhängern der einen bzw. der anderen Schule. Kritiker und Mythologen sind sich zwar einig in der Leugnung jeder Art von Transzendenz an den Ursprüngen des Christentums, klagen sich aber gegenseitig an, die Entstehung dieses Glaubens nicht erklären zu können. Im Namen von Wissenschaft und Vernunft versteigen sich die Gelehrten der einen wie der anderen Schule in Absurditäten und Widersprüchlichkeiten. Nicht selten bis zur tückischen Hinterlist. Tatsächlich schwanken Laizismus und Atheismus von der einen zur anderen Position, obwohl scheinbar keine von beiden gewichtigen Einwänden und gegenteiligen Zeugnissen standzuhalten vermag.

Die kritische Schule, die von den großen Rationalisten des 18. Jahrhunderts ins Leben gerufen wurde und ihre größten Triumphe im 19. Jahrhundert und in den ersten Jahrzehnten des 20. Jahrhunderts feierte, ist heute im Schwinden begriffen. Auch wenn ihre Epigonen weiterhin sogenannte »Bestseller« publizieren. Das relativ neue Phänomen, daß sich die scharfsinnigsten Gelehrten in die Schützengräben der Mythologie flüchten, ist eigentlich der Unfähigkeit der kritischen Schule zuzuschreiben, auf die immer schwierigeren Fragen, die an sie im Namen jener Vernunft, die gerade ihr ganzer Stolz war, gerichtet worden sind, eine befriedigende Antwort zu geben. Wir werden jedoch sehen, wie auch die mythologische Schule, die gerade zu triumphieren scheint, sich ebenfalls in großen Schwierigkeiten befindet. Wie es schon bei der kritischen Hypothese der Fall war, so muß auch die mythische Hypothese sowohl mit alten Einwänden als auch mit neuen Fakten rechnen, die durch den Fortschritt der Forschung ans Licht kommen. Agnostische und atheistische Gelehrte in immer größerer Zahl anerkennen ganz offen, daß der Kreis sich vielleicht doch einmal schließt und daß es für die Deutung der Ursprünge des Christentums notwendig sein wird, ganz von vorne zu beginnen.

Doch wie auch immer: Kritiker und Mythologen stimmen zumindest in einem überein: Sie beschuldigen diejenigen, die sich für die dritte mögliche Lösung, nämlich jene des Glaubens, entschieden haben, der Naivität, des Anachronismus und mangelnden wissenschaftlichen Geistes. Die Gläubigen also, die gelernt haben, ihre Vernunft zum Besseren zu gebrauchen, und die mit Pascal bekennen, daß der letzte Schritt der Vernunft in der Erkenntnis bestehen kann, daß es unendlich viele Dinge gibt, die sie übersteigen. Diese »Leichtgläubigen«, die noch heute in bezug auf das Geheimnis Jesu und die Ursprünge des Glaubens an ihn denken, im großen und ganzen sei es doch vernünftiger, einen geheimnisvollen Einbruch des Göttlichen zu einem gewissen Zeitpunkt der menschlichen Geschichte anzunehmen. Die also nicht mit den Kritikern die Überzeugung teilen, daß der christliche Glaube eine unerlaubte Grenzüberschreitung sei, die ein banales, wenn auch dunkles Geschehen in das Übernatürliche erhebt. Und die nicht wie die Mythologen glauben, der Glaube beruhe auf einer heiligen Geschichte, die von der glühenden Phantasie besessener Orientalen erfunden worden sei.

Ein Christus in verschiedenen Masken

G. Ricciotti, der ein »Leben Jesu Christi« verfaßt hat, bemerkt am Schluß seiner Analyse der »rationalistischen« Deutungen des Ursprungs des Christentums: »Eines scheint ganz evident zu sein: Den Jesus der Evangelien anzunehmen oder ihn teilweise oder ganz abzulehnen ist eine Schlußfolgerung, die vor allem von philosophischen und nicht von historischen Kriterien diktiert ist.« Selbst Loisy, der verehrte Lehrmeister der kritischen Schule, bestätigte diese Aussage: »Wenn das christologische Problem, das jahrhundertelang die Denker bewegt und völlig in Anspruch genommen hat, uns heute von neuem aufgegeben ist, dann nicht in erster Linie deshalb, weil man einen besseren Einblick in die Geschichte gewonnen hat, sondern vielmehr als Folge der vollständigen Neuorientierung, die in der modernen Philosophie erfolgt ist und noch weiter erfolgt.« Im Zusammenhang mit dieser Methode, der Philosophie vor der Geschichte den Vorrang zu geben, stehen Loisy und nicht wenige moderne Gelehrte den Resultaten der Archäologie oft gleichgültig gegenüber, ja empfinden sie sogar als lästig. Die Entdeckungen dieser Wissenschaft lassen sie kalt: Ein Stein, ein Papyrusfragment gelten viel weniger als die Theorie, die irgendeiner sich zurechtbastelt.
Eine bestürzende Situation für Gelehrte, die sich »Wissenschaftler« nennen. Und doch, unzählige Fälle könnten dafür als Beweis angeführt werden. Im Jahre 1974 publizierte ein angesehener Verleger die Arbeit eines Autors, die schon gleich zu Beginn erkennen läßt, daß dieser keine Ahnung davon hat, daß zwölf Jahre zuvor Ausgrabungen die geschichtliche Existenz des

Dorfes Nazaret bewiesen haben. Was bedeutet denn schon ein Stein, wenn in der eigenen Theorie kein Platz ist für die Echtheit der in den Evangelien festgehaltenen Tradition?
Obwohl der Papyrus Rylands bezeugt, daß das Johannesevangelium schon vor dem Jahre 125 in der gegenwärtigen Form abgefaßt worden ist, gehen auch heute noch viele Fachleute von der Voraussetzung aus, daß dieser Text gegen Ende des 2. Jahrhunderts entstanden sei. Ohne diese falsche Datierung hätten gewisse Theorien gar nicht aufkommen können.
Obwohl die in den Höhlen von Qumran am Toten Meer nach 1947 gemachten Entdeckungen den tiefen Gegensatz zwischen der Lehre der Essener und der ursprünglichen christlichen Lehre bewiesen haben, publiziert man auch heute noch Studien mit der Behauptung, daß Jesus wahrscheinlich ein Essener gewesen sei. Jahrzehntelang hat man hartnäckig die Hypothese aufrechterhalten, die Schrift sei in Palästina gänzlich unbekannt gewesen, und dies auch dann noch, als die Ausgrabungen längst ans Licht gebracht hatten, daß mindestens fünf Arten von Alphabeten damals im Gebrauch waren. Oder wie hat man doch die Theorie bis zum letzten verteidigt, daß das alte Volk Israel in völliger Isolation gelebt hätte, ohne Beziehungen zu seinen Nachbarn, trotz der Entdeckung eines ganzen Archivs von Briefen aus dem 14. Jahrhundert v. Chr., die einen regen Briefwechsel dokumentieren in einer Sprache, die sehr wohl »geeignet« und offen ist für Beziehungen zwischen den Völkern.
Die Beispiele könnte man noch beliebig fortsetzen; wir werden in den folgenden Kapiteln noch manche anführen. Im Augenblick wollen wir vor allem festhalten, daß das Adjektiv »wissenschaftlich«, das so oft für unzählige Hypothesen über die Ursprünge des Christentums verwendet wird, mit äußerster Zurückhaltung gebraucht werden sollte. Vor allem dürfte man nicht von wirklich wissenschaftlichen Schlußfolgerungen sprechen, wenn die Dokumente nicht ausreichen, um eine unanfechtbare Theorie aufzustellen. Selbst Loisy hat erkannt, daß »jede Geschichte der christlichen Anfänge, ob man es will oder nicht, einem nicht sehr soliden Bauwerk gleicht«. Was man höchstens konstruieren könnte, wenn die Voraussetzungen gegeben sind, ist eine Hypothese, die nicht so sehr *wissenschaftlich* als vielmehr einfach *wahrscheinlich* ist. Die jahrhundertelange Abfolge verschiedenster Theorien, die als »endgültig« betrachtet und dann doch

immer wieder im Namen derselben Wissenschaft, die vorher ihre Stütze war, verworfen worden sind, rechtfertigt weitgehend die kluge Vorsicht, zu der sich zuletzt auch Loisy bekennen mußte. Außerdem ist es schwierig, auf der objektiven, unparteiischen Ebene der Wissenschaft zu bleiben, wenn man vor einem Thema steht, das unzählige historische, soziale, wirtschaftliche, politische und auch persönliche Auswirkungen hat. Diese Geschichte Jesu betrifft uns zu sehr, um tiefe Reaktionen ausschließen zu können. Einen Glauben, der seit zweitausend Jahren eine entscheidende Rolle in der Weltgeschichte spielt, in völliger Neutralität und Distanz zu studieren, das ist ein Unterfangen, das erfahrungsgemäß die Fähigkeiten vieler übersteigt.

Bisher ist die »Geschichte der Geschichten über Christus« erwiesenermaßen vor allem eine »Geschichte der Philosophien über das Christentum« gewesen. Jede philosophische und kulturelle Bewegung hat schließlich in der Person des Gelehrten ihre Spuren hinterlassen, der dann den philosophischen Geist einer bestimmten Epoche als wissenschaftliche Wahrheit ausgegeben hat. Christus ist ständig nach der neuesten Mode eingekleidet und unter den verschiedensten Masken verkauft worden. So ist Jesus zur Zeit der Aufklärung ein weiser, aufgeklärter Lehrmeister über Gott und die Tugend. In der Romantik verwandelt er sich in ein aufregendes religiöses Genie. In der Philosophie Kants ist er der Schöpfer einer neuen Ethik, ein Moralist. Für den Sozialismus und Kommunismus ist er der Anführer einer Bewegung der Unterdrückten, eine proletarische Führergestalt, die von den Kirchen vereinnahmt und unschädlich gemacht worden ist. Im Nationalsozialismus verwandelt sich dann Jesus geradezu in den Prototyp des Ariers im unglückseligen Kampf gegen die »jüdische Verschwörung«. Und heutzutage zieht er oft ein existentialistisches Kleid an, wenn man in ihm nicht gar einen Strukturalisten sieht.

Historisch oder nicht?

Zu den Vorurteilen der jeweiligen philosophischen Schulen kommt übrigens bei vielen »Lehrern der Vernunft« noch ein ganz allgemeiner Widerspruch hinzu. Der letzte Schrei der »wissenschaftlichen« Kritik diesbezüglich stammt vom Engländer John

Allegro. Der behauptet nämlich, herausgefunden zu haben, daß »Jesus« der Name eines Pilzes sei, der Halluzinationen hervorruft und der zuerst in Mesopotamien und dann von den Essenern bei gewissen Festmählern verwendet wurde. Aus diesem Jesus-Pilz hätte man in einem Prozeß der Mythologisierung die Idee eines Gottes Jesus geschaffen. Von da sei man in einer weiteren Etappe zum Gottmenschen Jesus gelangt, für den die Gläubigen ein mehr oder minder glaubwürdiges Leben erfunden hätten, das sie in Judäa und Galiläa angesiedelt hätten. Dieser Professor Allegro druckt seine »Werke« bei den angesehensten Verlegern Großbritanniens. Ihm stehen die Pforten jener Akademien offen, die für die Gläubigen voll Verachtung geschlossen sind, weil sie (sogar noch im letzten Viertel des 20. Jahrhunderts!) lieber einem Markus, Lukas und Paulus Glauben schenken.

Worin besteht nun der Widerspruch, in den eine gewisse Kritik seit je verstrickt ist? Einerseits sind die Dokumente des frühen Christentums heruntergespielt und für historisch völlig wertlos erklärt worden, um die absolute Vergeblichkeit und Absurdität des Glaubens aufzuzeigen. Eine Abwertung, die man auch auf die außerchristlichen Zeugnisse ausgedehnt hat: Jeder antike Text zu diesem Thema wird verdächtigt und sehr oft zurückgewiesen. Nachdem man also betont hat, daß wir kein Dokument über die Anfänge besitzen, das wirklich zuverlässig wäre, geht man andererseits daran, beim Neuen Testament eine Auswahl vorzunehmen, indem man zwischen Texten unterscheidet, die man als zuverlässig annehmen kann, und solchen, die man verwerfen muß: »Dieser Vers ist zuverlässig, der ist sicherlich erweitert worden und dieser andere ohne Zweifel ein späterer Einschub.« - Aber aufgrund welcher Kriterien wird diese Auswahl getroffen, die so gerne als wissenschaftlich gelten möchte, wenn alle Dokumente von vornherein der historischen Unzuverlässigkeit verdächtigt werden? E. Trocmé, ein angesehener Vertreter der neueren wissenschaftlichen Exegese, konstatiert mit Verwunderung »die unglaubliche Sicherheit, mit der man über die Echtheit oder Unechtheit der Worte urteilt, welche die Evangelien Jesus in den Mund legen, nachdem man zuvor verkündet hat, daß auf diesem Gebiet überhaupt nichts als sicher angesehen werden kann«. Wenn man also nicht mehr rekonstruieren kann, wie die Dinge wirklich gelaufen sind, was ist dann das *Kriterium,* um einem Ereignis, einem Satz das Zeugnis der Zuverlässigkeit zu geben oder abzusprechen? Auf diese Frage ist noch nie eine befriedigende Antwort gegeben worden. In Wirklichkeit ist es tatsächlich so, daß ein solches Kriterium gar nicht existiert. Oder zumindest bastelt sich jeder Gelehrte eines zurecht aufgrund seiner ideologischen Präferenzen und seines kulturellen Standortes.

Die ganze Art der Nachforschungen über Jesus zeigt deutlich die Vorgangsweise vieler Gelehrter. Nur ein Beispiel unter vielen: Im Namen der »Wissenschaft« erblickt ein Autor in den Passionsberichten der Evangelien das Echo eines wirklichen Geschehens. Und er versucht das aufgrund der schon erwähnten Auswahlmethode zu beweisen. Damit wird er zum Ärgernis und Gespött für die anderen Autoren, die aufgrund ihrer Kriterien leugnen, daß man auch nur sagen könne, Jesus sei am Kreuz gestorben. Er muß vielmehr erdrosselt oder gesteinigt worden sein; er ist bei einem Aufstand ums Leben gekommen, seine Jünger haben ihn getötet, er hat sich selbst das Leben genommen, die Römer haben ihn enthauptet, er ist nach einer Scheinhinrichtung an Altersschwäche gestorben; oder er ist überhaupt nicht gestorben, da er gar nie existiert hat.

Das Fehlen eines zuverlässigen Maßstabes, um festzustellen, wie die Dinge sich wirklich zugetragen haben, beweisen übrigens auch die Sinnesänderungen der einzelnen Gelehrten. Warum behauptet denn Loisy zuerst, daß ein »Narr« sei, wer an der historischen Realität des Zeugnisses von Paulus zweifle, und meint dann, daß »sehr unklug« sei, wer sich jenes Zeugnisses über den historischen Jesus, ja sogar der Existenz des Paulus selbst sicher sei? Warum wirft Loisy im Laufe der Jahre Hunderte von Versen des Evangeliums in den Abfalleimer, die er in früheren Werken als authentisch deklariert hat? In Wirklichkeit hat er sich die Waage, auf die er die Texte legte, selbst konstruiert, auch wenn er das Etikett »Wissenschaft und Vernunft« draufgeklebt hat. Und ganz im Alleingang hat er sie auch geeicht, wobei er die Gewichte immer mehr zugunsten seiner persönlichen Präferenzen verschob. Das Verwirrende an der ganzen Sache ist, daß das Ausgangspostulat für Loisy wie für alle anderen eigentlich darin bestand, daß »man auf Jesus keinen Glauben begründen kann, weil nichts von ihm wirklich beweisbar ist«. Und somit ist es in dieser Logik auch nicht möglich, sich eine solche Waage zu konstruieren. Vielmehr scheint uns das alte Prinzip der klassischen Logik noch gültig zu sein, das hieß: Quod gratis adfirmatur, gratis negatur. Was ohne Beweise behauptet wird, kann auf dieselbe Weise auch geleugnet werden. Oder wie Loisy selbst im Hinblick auf seine mythologischen Gegner sagte: »Die scheinbar endgültigen Schlußfolgerungen dieser Herren sollten auf keinen Fall tragisch genommen werden.«

»Wunder« aller Art

In den Evangelien ist von »Wundern« die Rede, die Jesus vollbracht haben soll: plötzliche Heilungen, Auferweckungen von Toten, Brotvermehrungen. In Wirklichkeit ist die Liste der ihm zugeschriebenen Wunder gar nicht so lang, wenn man sie etwa mit den Texten anderer Religionen vergleicht. Nicht nur die *Quantität* hält sich in Grenzen, auch die *Qualität* jener Berichte gibt Probleme auf, über die viele Gelehrte mit großer Ungeniertheit einfach hinweggehen. Es ist nicht unbedingt so, daß das Vorhandensein von Wundern im Neuen Testament immer das Hauptmotiv gewesen ist, um diese Texte im Namen des »wissenschaftlichen Geistes« als Legenden zu qualifizieren. »Daß die Evangelien zum großen Teil legendär sind, ist evident, denn sie sind voll von Wundern und übernatürlichen Vorkommnissen« (Renan). Wir werden noch Gelegenheit haben, ausführlicher zu prüfen, wie ernst man diese Erklärungen des wissenschaftlichen Geistes nehmen muß. Hier nehmen wir einige andere Überlegungen bezüglich der »Wunder« vorweg, um unsere kluge Vorsicht gegenüber den Thesen, die als definitiv ausgegeben werden, noch einsichtiger zu machen. Der wissenschaftliche Geist, der angeblich gewisse Thesen beseelt, hält einzig und allein solche Phänomene für möglich, die auf der Liste jener Phänomene aufscheinen, für welche die offizielle Wissenschaft bis zu diesem Augenblick eine Erklärung gefunden hat. Alles andere wird als Lüge, als Illusion und Wahnsinn abgetan. So veröffentlichte z. B. Newcomb Simon, ein berühmter Astronom und Mathematiker, im Jahre 1903 eine Studie, in der er die wissenschaftliche Unmöglichkeit des Fliegens »bewies«, weil ja der fliegende Gegenstand schwerer als die Luft sei. Noch im Dezember desselben Jahres flogen die Brüder Wright mit ihrem Doppeldecker 266 Meter weit...

Einer der anerkanntesten und meistzitierten Meister der Evangelienkritik, Ernest Havet, sagt: »Die erste Aufgabe, die uns das rationalistische Prinzip, das die Grundlage jeder Kritik ist, gestellt hat, ist die, aus dem Leben Jesu alles Übernatürliche zu eliminieren. Damit sind mit einem Schlag alle Wunder des Evangeliums weg. Wenn die Kritik es ablehnt, den Wunderberichten zu glauben, braucht sie für ihre Ablehnung keine Beweise mehr anzuführen: Die Berichte sind falsch aus dem einfachen Grund, weil das, was da berichtet wird, nicht geschehen sein konnte.« Diese »Freidenker« folgten — und zum Teil tun sie es heute noch — dem sogenannten Prinzip der *geschlossenen Vernunft,* das sich in unserem Fall in der Behauptung aktualisiert, daß die Evangelien nur in dem Maße wahr sein können, als sie »natürliche« Ereignisse berichten. Daß sie aber notwendigerweise als manipuliert zu betrachten seien, wenn sie ein Faktum bezeugen, für das die Wissenschaft gegenwärtig noch keinen Platz gefunden hat. Es ist unnötig, daran zu erinnern, daß es eine dem echten wissenschaftlichen Geist widersprechende Methode ist, *a priori* die Unmöglichkeit von irgend etwas zu behaupten. Die Wissenschaft schreitet voran, indem sie sich die Erfahrungen aneignet, die zuvor für undenkbar gehalten wurden. Wenn ein Wissenschaftler eine Methode anwendet, mit der er die Fakten gewissermaßen filtert, dann hört er auf, Wissenschaftler zu sein, und wird zum Philosophen.

Man beachte, daß gerade zu der Zeit, als Havet im Namen der Postulate seiner Zeit über das Christentum schrieb, Pasteur und seine Entdeckungen harter Verfolgung ausgesetzt waren von seiten einer offiziellen Wissenschaft, welche die spontane Zeugung verteidigte. Man sollte sich auch daran erinnern, daß im Namen von Wissenschaft und Vernunft mehr als ein Jahrzehnt lang mitten im 20. Jahrhundert Hunderte von Professoren auf den Kathedern der ruhmreichsten Universitäten Deutschlands, der Heimat des modernen wissenschaftlichen Geistes, mit dem Terrorismus einer Pseudo-Wissenschaft die objektive Gültigkeit der Rassentheorien des Dritten Reiches »bewiesen« haben. Und da man mit Verachtung jede Möglichkeit des Übernatürlichen weit von sich weist, erklärt man die Wunder, von denen die Evangelien berichten, mit der Methode (um nur ein bezeichnendes Beispiel zu nennen) etwa eines Strauß, der einer der Väter der »rationalistischen« Christologie ist: Dieser Prophet soll also nach den christlichen Texten mit seinem Wort einen Sturm gestillt haben? Ganz einfach, meint Strauß: Der Meister und seine Jünger hatten in ihren Booten Ölfässer versteckt; man goß das Öl auf die Wogen, und diese glätteten sich, wobei für den, der am Ufer die Szene beobachtete, der Eindruck eines Wunders entstand... Die Evangelisten berichten von Erdbeben, die Passion und Auferstehung Jesu begleitet haben sollen? Die Erklärung dafür liefert Robert Ambelain, der Großmeister der französischen Freimaurer: Das Erdbeben, das von den Bewohnern Jerusalems registriert wurde, gab es wirklich; es wurde durch Explosionen hervorgerufen. Die Jünger hatten nämlich von den Chinesen den Gebrauch des Schwarzpulvers gelernt. Sie ließen eine Ladung davon in die Luft gehen, und die Leute in der Stadt glaubten an ein Erdbeben...

Trotzdem geraten immer noch einige in Zorn darüber, daß sich die Meinung durchzusetzen beginnt, daß viele dieser Studien über die Ursprünge des Christentums unwiderruflich überholt sind. Überholt nicht nur in vielen Schlußfolgerungen durch die Fortschritte der Archäologie und Exegese, sondern auch in dem Geist, von dem sie geprägt sind. Es staut sich da sehr oft eine dicke Luft von Klerikalismus: Er bietet wohl ein gegenteiliges äußeres Bild, ist im Grunde aber gleichen Wesens wie der Klerikalismus, der Dogmatismus und die Arroganz der alten christlichen Apologetik.

Nach dem Gesagten ist es also klar, daß wir sicher nicht versuchen werden, die von den Evangelien Jesus zugeschriebenen Wunder zu »beweisen«. Ob man sie voll Verachtung a priori leugnet oder versucht, sie als »echt« zu beweisen, das scheint uns in gleicher Weise vergebliche Mühe zu sein, ein unnützer Streit von Klerikalen, ob es nun Gläubige oder Ungläubige sind: »Wir dürfen uns nicht von dieser Art Problematik gefangennehmen lassen. Wichtig ist, daß man zur Bedeutung dieser Fakten, zur Herausforderung, die sie enthalten, vorstößt« (Maggioni). Wenn man die Frage nach Jesus auf der Ebene der »Wunder« des Evangeliums stellt, dann macht man es wie Bertrand Russell, der ein ganzes Buch geschrieben hat, um uns mitzuteilen, daß er »kein Christ sein« könne. Warum? Weil der Christus der Evangelien, der einen Gott der Liebe und Barmherzigkeit, aber auch der Gerechtigkeit verkündet, von der Möglichkeit einer Bestrafung spricht. Er führt nämlich den Begriff der *Hölle* ein. Also, sagt der Nobelpreisträger Russell, kann Jesus nicht Gott sein, denn ich glaube nicht an die Hölle... Wer bei der Erklärung der Evangelien von den Wundern oder von einzelnen Punkten der Lehre Jesu ausgeht, endet in einer Sackgasse: Es handelt sich dann um christliche Apologetik oder um atheistische Propaganda. Er folgt nämlich dann der sprichwörtlichen Methode dessen, der versucht, einen Stier zu bändigen, indem er ihn am Schwanz packt. Man muß ihn jedoch, wie bekannt, an den Hörnern packen. In unserem Fall heißt das, daß man sich die Mühe machen muß, alle möglichen Hypothesen über den Ursprung des Christentums ohne Vorurteile oder irgendein starres Schema pseudowissenschaftlicher oder frömmlerischer Art genau abzuwägen.

Wenn man vor der Persönlichkeit Jesu steht, der sogar — was einzigartig ist in der Geschichte — als Gott dargestellt wird und der selbst der Geschichte Gewalt antut, hat man kein Recht, wie Russell und viele andere, die kleinen Seitengäßchen, die Notausgänge zu wählen, um das Problem nicht mit vollem Einsatz anpacken zu müssen. Es ist eine wissenschaftlich und vielleicht auch moralisch nicht korrekte Methode, den Versuch zu unternehmen, der Frage des erschrockenen Pilatus (»Wer bist du?«) auszuweichen und sich in eine Diskussion über die Hölle, die Existenz der Engel oder die Stillung des Seesturmes zu flüchten. Diese und die meisten anderen Fragen sind logischerweise zweitrangig gegenüber der Hauptfrage. Und das ist damals, heute und immer noch die Frage der Jünger, die von Johannes dem Täufer geschickt worden waren, um Jesus zu fragen: »Bist du der, der kommen soll, oder müssen wir auf einen anderen warten?« (Mt 11,3.) »Was bedeuten schon die kleinen Rätsel, über die man ganze Bände von Erläuterungen schreibt? Das Wesentliche besteht in dem Rätsel, das uns dieser Mensch selbst aufgibt, der uns ähnlich ist und in dessen Worten und Taten unbekannte Kräfte wirksam sind: das Geheimnis eines Menschen, der zur Geschichte gehört, sie aber zu übersteigen scheint« (Daniel Rops).

Die Hypothese des Glaubens: eine Geschichte in »Etappen«

Was bedeutet »glauben«? Was ist heute der Inhalt der *Hypothese des Glaubens?* Wir erinnern vor allem daran, daß die tausendjährige Debatte über Jesus im Grunde auf eine einzige fundamentale

Frage zu antworten versucht: Welche Beziehung besteht zwischen den Evangelien und der Geschichte?

Wir haben gesehen, wie für die *kritische Lösung* diese Beziehung von Episode zu Episode, von Vers zu Vers verschieden ist und daß man darin das Echo eines realen Geschehens oder eine Hinzufügung aus dem Glauben der Gemeinde erkennt. Wenn es also eine solche Beziehung überhaupt gibt, dann ist es eine sehr vage Beziehung. Von Jesus kann man demnach gerade noch sagen, daß er existiert und gepredigt hat, auch wenn wir nicht genau wissen, was. Es ist also klar, daß es für die Kritiker (darin sind sich alle einig) dann keine Beziehung zwischen der realen Geschichte und den Evangelien gibt, wenn diese von Wundern sprechen oder auf eine übernatürliche Dimension anspielen.

Für die *mythische Lösung* besteht zwischen dem, was die Evangelien über Jesus berichten, und der realen Geschichte überhaupt keine Verbindung. Man leugnet, mit Sicherheit auch nur die Existenz eines Menschen dieses Namens behaupten zu können. Auf jeden Fall, ob man nun seine Existenz annimmt oder nicht, ist er in keiner Weise der Urheber einer Lehre und Verkünder einer Lebensweise; diese sind ihm vielmehr von obskuren Gruppen von Gläubigen in irgendwelchen Mythen zugeschrieben worden.

Und die *Lösung des Glaubens?* Hier werden wir auf das zurückgreifen, was die älteste und zahlenmäßig weitaus stärkste unter den christlichen Glaubensgemeinschaften, die katholische Kirche, heute zu sagen hat. Die katholische Auffassung zum Problem der Geschichtlichkeit der Evangelien kann als Position der *Mitte* definiert werden. *Rechts* davon (wenn diese Unterscheidungen überhaupt einen Sinn haben) befinden sich die Auffassungen mancher orthodoxer Kirchen. *Links* von ihr die verschiedenen Meinungen der protestantischen Kirchen, die nicht selten die Thesen von Kritikern und Mythologen akzeptieren, obwohl sie behaupten, daß dies nicht die Preisgabe des Glaubens bedeute.

Als Antwort auf die Frage nach der Art der historischen Erkenntnis, die man aus den Evangelien gewinnt, betont die katholische Kirche vor allem, daß jene vier Bücher »keine Biographien sind, sondern Bücher der Kirche und daß sie teilweise das Leben der Urgemeinde widerspiegeln«. Dieses Zitat stammt von einem zeitgenössischen Exegeten, dem Jesuiten De

La Potterie. Die Evangelien sind *gepredigte Geschichte,* sie können nicht als Berichte im bürokratischen Sinne, als Reportagen im modernen Sinn des Wortes betrachtet werden. Sie sind vor allem »engagierte und verpflichtende Glaubenszeugnisse« (H. Küng). Nach nicht geringen Widerständen ist diese Auffassung im Jahre 1964 von der Päpstlichen Bibelkommission in einer Instruktion über die historische Wahrheit der Evangelien approbiert und damit gleichsam offiziell geworden. Viele Resultate der modernen exegetischen Forschung wurden darin aufgenommen. Ein Jahr später wurde der Inhalt dieser Instruktion vom II. Vatikanischen Konzil in die dogmatische Konstitution über die göttliche Offenbarung »Dei Verbum« übernommen und feierlich bestätigt. Die katholische Kirche hat mit diesen Dokumenten ein unter den Gelehrten völlig unbestrittenes Prinzip bekräftigt: daß nämlich die Entstehung der Evangelien, wie wir sie heute besitzen, in »Etappen« erfolgt ist. Es lassen sich wenigstens drei solcher Etappen unterscheiden:
Ganz am Anfang stand selbstverständlich Jesus mit seinem Leben und seiner Predigt. Das ist die *erste Etappe.*
Dann folgte als *zweite Etappe* die mündliche Predigt der Jünger. Der Meister hinterließ keine Schriften: die Apostel verkünden ihn also aufgrund ihrer persönlichen Erinnerungen oder stützen sich auf direkte Zeugen. Wir werden im folgenden sehen, wie die Gewissenhaftigkeit der in der Kirche Verantwortlichen bei der Überwachung der Predigt offensichtlich damit einhergeht. Die Predigt mußte die Approbation derer haben, welche »die ersten Augenzeugen und Diener des Wortes« gewesen sind, wie Lukas am Anfang seines Evangeliums präzisiert. Es ist jedenfalls sicher, daß der Bericht über Leben und Tod, über Wunder und Auferstehung Jesu von den Jüngern nach den Notwendigkeiten der Predigt »geformt« worden ist. Die Botschaft wurde in Formeln *zusammengefaßt,* sie wurde je nach Nützlichkeit und Angemessenheit gestaltet, und es wurde das *hervorgehoben,* was für die Art der Zuhörer, an die sie sich wandte, besonders wichtig erschien. Man darf nicht vergessen, daß die Verkündigung von den ersten Jahren an sich auf fast alle Völker des Mittelmeerraumes erstreckt. Bei dieser »Formung« stand immer die Absicht im Vordergrund, nicht eine Biographie des Messias im modernen Sinne zu verfassen, sondern eine Heilsbotschaft zu verkünden, die man nicht aus dem Munde von Historikern, sondern

vielmehr von Gläubigen hört. »Der Autor des Evangeliums hält keinen Geschichtsunterricht, sondern bietet eine Lehre für das Leben. Was für ihn zählt, ist die Botschaft: Er will seinen Mitmenschen die Zeit und die Geschichte erklären, indem er sie im Glauben interpretiert« (Hinker). Oder wie es die Instruktion der Päpstlichen Bibelkommission vom Jahre 1964 ausdrückt: »Die Worte und Taten Jesu wurden je nach den notwendigen Erfordernissen der Hörer interpretiert.« Die ersten Christen interessierte mehr das *Warum* als das *Wie* im Leben ihres Meisters.

Die *dritte Etappe* ist schließlich die schriftliche Fixierung der Evangelien, die einige Jahrzehnte nach dem Beginn der mündlichen Predigt erfolgte, und zwar auch auf der Basis, wie es scheint, erster summarischer schriftlicher Sammlungen von »Jesusworten«, die somit gewissermaßen eine mittlere Etappe zwischen der mündlichen Verkündigung und der definitiven schriftlichen Fixierung darstellen. Wie geschah nun nach katholischer Auffassung diese Redaktion? Das Konzilsdokument antwortet darauf: »Die biblischen Verfasser haben die vier Evangelien redigiert, indem sie einiges aus dem vielen *auswählten,* das mündlich oder auch schon schriftlich überliefert war, indem sie anderes zu Überblicken *zusammenzogen* oder im Hinblick auf die Lage in den Kirchen *verdeutlichten,* indem sie schließlich die *Form der Verkündigung* beibehielten, doch immer so, daß ihre Mitteilungen über Jesus wahr und ehrlich waren« (Dei Verbum 19). Die Evangelisten hatten also eine Arbeit zu tun, die jener eines modernen Zeitungsredakteurs nicht unähnlich ist, der die einzelnen Berichte der Korrespondenten oder die Meldungen der Nachrichtenagenturen »verarbeitet«, indem er eine Auswahl trifft, die ganze Materie gliedert, zusammenfaßt und manchmal erklärt. Das Resultat ist dann der in der Zeitung gedruckte Artikel, der zwar vom ursprünglichen Nachrichtenkomplex durchaus verschieden ist, aber deshalb mit den wirklichen Tatsachen nicht unbedingt weniger zu tun hat.

Daher betont das Konzilsdokument, daß man nicht *plötzlich* vom historischen Jesus zum Jesus der Evangelien gekommen ist, sondern in sukzessiven Phasen und infolge der »Verarbeitung« durch die Urgemeinde: »Die Kirche hat entschieden und unentwegt daran festgehalten und hält daran fest, daß die vier Evangelien, deren Geschichtlichkeit sie ohne Bedenken bejaht, zuverlässig überliefern, was Jesus, der Sohn Gottes, in seinem Leben unter den Menschen wirklich getan und gelehrt hat« (Dei Verbum 19). Das ist in groben Zügen die Hypothese des (katholischen) Glaubens zum Problem der Beziehung zwischen den Evangelien und der Geschichte.

Es ist überflüssig, hier weiter darzulegen, wie sich innerhalb der beiden letzten Etappen (mündliche Predigt und schriftliche Redaktion) die Arbeit der christlichen Gemeinde im einzelnen abgespielt hat, bis es schließlich zu den vier Evangelien kam, welche die Gemeinde selbst als authentisch anerkannt hat, wobei zirka 80 andere, sogenannte *apokryphe* Evangelien ausgeschieden wurden. Wir erinnern nur daran, daß zwischen den drei ersten Evangelien und dem vierten eine große Differenz besteht. Mattäus, Markus und Lukas stimmen manchmal bis in die Wortwahl überein, obwohl es auch zwischen ihnen bedeutende Unterschiede gibt. Die großen Entwicklungslinien verlaufen bei diesen drei Evangelisten so ähnlich, daß man sie nebeneinander in drei Kolumnen schreiben und parallel mit einem einzigen Blick lesen kann. Deshalb werden sie die *synoptischen* Evangelien genannt, von der griechischen Wurzel »syn-op«, was »zusammenschauen« bedeutet. Die Kritik stellt eine Reihe von Hypothesen auf, um diese gegenseitigen Abhängigkeiten zu erklären, und spricht unter anderem von einem Ur-Mattäus, dessen Text wahrscheinlich in Syrien nach dem Jahre 50 verfaßt wurde, aber leider verlorengegangen ist. Darauf basiere das Markusevangelium, in der uns überlieferten Form das älteste Evangelium. Außer auf diesem Ur-Mattäus beruhe Markus auch noch auf einer Sammlung von Jesusworten, der sogenannten Logienquelle. Lukas sowie unser heutiger Mattäustext hingen ihrerseits wieder über Markus von diesen Texten ab. Komplizierte Probleme, mit denen sich die Spezialisten herumschlagen und die zu unterschiedlichen Resultaten und lebhaften Diskussionen auch unter den Katholiken Anlaß gaben.

Das Johannesevangelium tanzt hingegen aus der Reihe: Sicherlich ist es viel später geschrieben worden, aber auch wenn es die anderen bereits in sich enthält, verfolgt es doch seine eigene unabhängige Linie. Der Darlegung des Lebens und der Lehre Jesu stellt Johannes eine *vierte Etappe* zur Seite: nämlich die *theologische Reflexion,* die in den anderen Evangelien fast völlig fehlt. Jemand hat diesen Text einmal eine »Retrospektive«

genannt. Hier werden die Taten und Worte Jesu verstanden, interpretiert und schließlich erzählt im Lichte des Ostergeheimnisses vom Leiden, dem Tod und der Auferstehung Christi.

Geschuldete Dankbarkeit

In den nächsten beiden Kapiteln werden wir einige der vielen Schwierigkeiten prüfen, mit denen sich sowohl die kritische als auch die mythische Hypothese über die Ursprünge des Christentums auseinandersetzen müssen. Wir verheimlichen hier auch gar nicht unsere Meinung, daß gerade die Kraft der Vernunft dazu führen könnte, die Hypothese des Glaubens nach den vernichtenden Niederlagen des sogenannten »Unglaubens« als eine Zuflucht für die Vernunft selbst zu werten. In aller Bescheidenheit werden wir versuchen, diese Überzeugung auch zu begründen, wobei wir uns bemühen werden, immer auf dem soliden Boden des im Lichte der neuesten Forschungsergebnisse Unanfechtbaren zu bleiben. Vielleicht zeigt sich hier besser als anderswo die Weisheit des Sprichwortes »Lügen haben kurze Beine«. In unserem Fall sind es die kleinen und großen Tricks, die von den verschiedensten Dogmatismen empfohlen werden, in denen nicht nur Gläubige zu erstarren drohen, sondern auch jene angeblich »Ungläubigen«, die sich auch als hoffnungslose Klerikale entpuppen können. Was Jesus betrifft, so ist nach soviel Philosophie über die Geschichte vielleicht der Augenblick gekommen, eine Bestandsaufnahme der Geschichte selbst zu versuchen, indem man ehrlich und mutig *das, was man weiß, von dem, was man glaubt,* trennt. Wenn dieses Unterfangen heute weniger unmöglich ist als noch gestern, dann verdanken es die Gläubigen auch (und vielleicht vor allem) jenen Gelehrten, deren Schlußfolgerungen der Glaube nicht akzeptieren kann. Dieser Dankesschuld gegenüber den sogenannten »Ungläubigen« sind sich die Christen leider nicht immer bewußt gewesen.
Im folgenden Kapitel werden wir speziell die kritische Hypothese ins Auge fassen, um dann im nächsten Kapitel einige Fragen zu prüfen, die direkt die mythische Hypothese betreffen. Man wird jedoch sehen, daß diese Einteilung keineswegs stringent durchgehalten wird. Vor allem, weil wir die Absicht haben, statt einer systematischen und »geschlossenen« Abhandlung einige Gedan-

ken darzulegen, die für eine Entwicklung offen sind. Wir halten uns zwar an ein Schema, wollen uns ihm aber nicht sklavisch unterordnen. Außerdem findet man oft bei ein und demselben Autor beide negativen Hypothesen, wenn auch in einem verschiedenen Mischungsverhältnis. Ein treffendes Beispiel dafür ist Alfred Loisy, diese angesehene Leitfigur der kritischen Schule. Er schreibt in der Einleitung zu seinem berühmten Werk »Die Entstehung des Christentums«, daß er gezwungen sei, »demütig zu bekennen, noch nicht entdeckt zu haben, daß Jesus gar nie existiert hat«. Aber nachdem er sich so über die »lautstarken Vermutungen der Mythologen« mit einiger Ironie geäußert hat, macht Loisy dennoch einige Konzessionen an die Gegenseite. So gibt er zu, daß »der Mythos in der christlichen Tradition so selbstverständlich ist, wie er unvermeidlich war«. Später wird der französische Gelehrte noch weiter gehen und versuchen, eine Art von Synthese zwischen den beiden Positionen herzustellen, wenn er auch weiterhin die kritische Richtung vorzieht: »Weder Jesus ohne den Mythos noch der Mythos ohne Jesus.« So wird sich auch unsere Untersuchung im folgenden Kapitel vor allem mit dem »Kritiker« auseinandersetzen, ohne jedoch den »Mythologen« zu vergessen. Oft handelt es sich dabei um ein und dieselbe Person.

6
Das mehrfache »Kreuz« einer Kritik

Wenn es sich um Fakten, um Geschichte, um Fragen der Existenz handelt, dann gelten die Postulate, die mißbräuchlich als »wissenschaftlich« ausgegeben werden, genausoviel wie die theologischen Postulate. Man muß die einen wie die anderen zurückweisen. Nicht weil sie wissenschaftlich oder theologisch sind, sondern weil es *Postulate, apriorische* Überzeugungen sind.

Niemals werden sich die Intellektuellen vor dem betrügerischen Gebrauch des Wortes »Wissenschaft« und seiner Derivate genug in acht nehmen, so wie er leider seit Beginn des 18. Jahrhunderts üblich geworden ist.

Es gibt keinen Obskurantismus, keinen Fanatismus, keinen Betrug oder schlicht keine Dummheit (von der Arznei gegen Hühneraugen bis zum Rassismus der Nazis), die nicht in irgendeiner Weise unter der Flagge der »Wissenschaft« gesegelt sind.

R. L. Bruckberger

Wieso macht nur er Karriere?

»Dieser Prophet, der bestenfalls bei den Taglöhnern von Galiläa eine seltsame Neugierde und Sympathie erweckt hatte, war einer jener mehr oder auch weniger vertrauenswürdigen Messiasprätendenten, die in Israel von Zeit zu Zeit aufstanden und sich anboten. Seine Niederlage war vollkommen. Er hatte sich also getäuscht. Die Wahrscheinlichkeit und die Logik verlangten, daß sein Name und sein Werk der Vergessenheit anheimfielen, wie es bei so vielen anderen in Israel, die geglaubt hatten, jemand zu sein, der Fall gewesen war.«

So faßt Charles Guignebert, einer der angesehensten Repräsentanten der kritischen Schule, das Leben und Schicksal Jesu zusammen. Er war dreißig Jahre lang Inhaber des Lehrstuhls für Geschichte des Christentums an der Pariser Sorbonne gewesen. Guignebert beginnt sein letztes Werk, das nach seinem Tod herausgegeben wurde, mit dem Eingeständnis: »Die eigentliche Ursache für die Entstehung des Christentums ist die Initiative des Jesus von Nazaret, der zur Zeit des Augustus und Tiberius in Palästina gelebt hat. Die Texte sagen zwar nicht viel über ihn aus, aber wenigstens darüber informieren sie uns, daß er ein wirklicher Mensch war und nicht ein Gemisch aus Mythen und Symbolen.« Eine deutliche Abgrenzung also gegenüber der mythischen Schule. Und doch sind es gerade die ungläubigen Mythologen und nicht die Gläubigen gewesen, die gezeigt haben, in welche Sackgasse Leute wie Guignebert und solche, die seine kritische Position teilen, geraten.

Guignebert hatte erklärt: »Die Wahrscheinlichkeit und die Logik verlangten, daß sein Name und sein Werk der Vergessenheit anheimfielen, wie es bei so vielen anderen in Israel, die geglaubt hatten, jemand zu sein, der Fall gewesen war.« Warum hat aber nun einzig und allein Jesus »blendenden« Erfolg, nicht aber die anderen? Die kritische Schule gibt zu, daß die Verwandlung dieses obskuren Jesus in den Messias eines weltumspannenden Glaubens ein Problem darstellt, das sich bei den anderen Messiasprätendenten nicht stellt. Um diese Operation durchzuführen, müssen die Jünger zunächst eine Reihe von Enttäuschungen überwinden: den schmachvollen Tod ihres Meisters, die Frustration über die erwartete, aber ausbleibende glanzvolle Wiederkunft; sie müssen sich vor allem einer Idee vom Messias

zuwenden, die nicht nur neuartig ist, sondern geradezu einen Skandal darstellt.
Es wäre viel logischer gewesen, daß dieser Glaube, wenn er Boden gewinnen wollte, sich an einen der anderen Prätendenten gehalten hätte. Diese entsprachen viel eher den messianischen Erwartungen! Sie waren zumeist schön von Gestalt, mit Herkuleskräften ausgestattet und hatten Augen, die Energie ausstrahlten. So wird z. B. Bar Kochba beschrieben, jener »Messias«, unter dessen Führung die Juden bereit sind, ganz Israel restlos der Verwüstung preiszugeben. Von ihm sagte der römische Kaiser Hadrian: »Wenn Gott ihn nicht getötet hätte, niemand wäre in der Lage gewesen, ihn auch nur anzutasten.« Die äußere Gestalt Jesu muß nicht sehr beeindruckend gewesen sein, da keiner der Evangelisten darüber auch nur die geringste Andeutung macht. Vielleicht bot er wirklich einen so unscheinbaren und traurigen Anblick, wie Rembrandt ihn in seinem Bild der Jünger von Emmaus darstellt? Vielleicht hinkte er sogar oder hatte einen Buckel, wie es manche uralten orientalischen Traditionen behaupten? Nach dem heiligen Irenäus war er *infirmus, ingloriosus, indecorus* — also direkt »häßlich«. Sicherlich erfüllte keiner restlos die erforderlichen Voraussetzungen und entsprach vollkommen den Erwartungen, welche die Juden des 1. Jahrhunderts an den ersehnten Messias stellten. Und doch gelingt es in der viertausendjährigen Geschichte des Judentums nur Jesus allein, sich durchzusetzen. Er allein unter den zahlreichen religiösen Führergestalten, die mit ganz anderen Mitteln versucht haben, das Abendland geistig zu erobern, erobert es wirklich und scheinbar endgültig. Pontius Pilatus, der Jesus ohne die geringste Gefahr für seine Karriere zum Tode verurteilen konnte, soll angeblich seinen Posten verloren haben und enthauptet worden sein, weil er es gewagt hatte, die Anhänger eines anderen »Messias« zu verfolgen und zu mißhandeln, der für den Prokurator zum Verhängnis wurde. Dieser »Messias« hatte die Region Samaria in Unruhe versetzt und seinen Anhängern versprochen, ihnen auf dem Berg Garizim, dem heiligen Berg der Samariter, die Kleider des Mose zu zeigen. Statt des mystischen Schauspiels erlebten die frommen Anhänger dieses »Messias« aber nur die von Pilatus ausgesandte römische Kavallerie, welche die Menge brutal auseinandertrieb. Die Samariter protestierten daraufhin beim Vorgesetzten des Statthalters von Judäa, Vitellius, dem

römischen Legaten in Syrien, der mit Vollmachten über den ganzen Orient ausgestattet war. Vitellius setzte Pontius Pilatus ab und schickte ihn in die Hauptstadt zurück, wo er vor ein Gericht gestellt werden sollte. Hier verlieren sich dann die historisch zuverlässigen Spuren dieses famosen Bürokraten.
Anatole France schildert ihn in einer Novelle, wie er — schon alt geworden — in den Thermen von Baia seinen Rheumatismus auszuheilen versucht. Und als ihn jemand nach seinem einstigen Untertanen (»ein Galiläer, ein gewisser Jesus, der sich als König der Juden ausgab...«) fragt, gibt er zur Antwort: »Ich kann mich an diesen Fall nicht mehr erinnern, ich habe so viele in den Tod geschickt...«
Die Novelle von Anatole France spiegelt genau eine historische Situation wider: Jesus war für den Repräsentanten Roms ein ganz gewöhnlicher Fall, eine Routineangelegenheit. Diese paar unbeholfenen Leute aus Galiläa, die diesen Jesus ernst nahmen, hatten sicherlich weder genügend Anhänger noch die nötigen Beziehungen, um ihm irgendwelche Schwierigkeiten bereiten zu können; ganz zum Unterschied von den Anhängern des »Messias« aus Samaria, die es gerade darauf angelegt hatten, die Karriere dieses höchsten römischen Machthabers in Palästina zu beenden. Die Geschichte hat jedoch eigenartigerweise den Namen dieses mächtigen Christus aus Samaria in Vergessenheit geraten lassen. Warum konzentriert sich die messianische Hoffnung nicht auf diese »Kirche«, die gezeigt hat, daß man von ihr viel eher erwarten konnte, daß sie die Zukunft für sich gewinnt? Warum verschluckt die Geschichte den Glauben der Samariter, während die Galiläer die Welt für immer verändern?
Bei Jesus werden die historischen Gesetzmäßigkeiten auf den Kopf gestellt, die Regeln, die eigentlich für das menschliche Geschehen Gültigkeit haben müßten, werden ad absurdum geführt: Das Schwache siegt, das Starke geht zugrunde. Couchoud, der berühmte Leugner der historischen Existenz Jesu, sagt: »Nach den Gesetzen, die wir aus der Geschichte kennen, ist die Entstehung des Christentums eine unglaubliche Absurdität und das wunderlichste aller Wunder.«
Aufgrund vieler Indizien scheint auch der in den Evangelien genannte Barabbas ein Messiaskandidat gewesen zu sein. Für Mattäus war er »ein berüchtigter Mann«. Markus fügt hinzu, daß er »mit anderen Aufrührern einen Mord begangen« habe.

Und Lukas führt noch genauer aus, daß er »wegen eines Aufruhrs in der Stadt«, nämlich in Jerusalem, wo alle Messiasprätendenten voll Erwartung zusammengetroffen waren, im Gefängnis saß. Er war also einer von den vielen in Israel, »die geglaubt hatten, jemand zu sein«. Vielleicht gab es sogar eine Gemeinschaft, eine »Kirche« der Barabbiten oder Barabbianer, aber wenn es eine solche gegeben hat, dann kennen wir ihren Gründer nur, weil er ganz kurz in das Geschehen eintritt, von dem die Evangelien berichten. Die Hauptfigur der Evangelien, Jesus, geht den Weg zur Hinrichtung und triumphiert. Der andere erlangt die Freiheit, beginnt vielleicht von neuem mit seiner messianischen Propaganda und verschwindet für immer von der Bildfläche der Geschichte. Am Ende seines Lebens faßt Loisy das, was seiner Ansicht nach der Historiker mit großer Sicherheit über Jesus sagen kann, so zusammen: »Er war ein Wanderprediger und Prophet einer einzigen Weissagung. Seine Lehre, wenn er überhaupt eine hatte, wurde nicht gesammelt. In einem Zustand religiöser Erleuchtung beschloß er, die Botschaft vom Reich nach Jerusalem zu tragen. Sein Auftreten in der Stadt verursachte einen Aufstand. Er wurde verhaftet, durch die römische Obrigkeit kurzerhand verurteilt, unter Umständen, die sich unserer Kenntnis entziehen.« In einem solchen Fall, sagen die Mythologen, sei es notwendig, auch noch die flüchtigen historischen Spuren zu tilgen, an die sich Loisy und seine kritischen Kollegen immer noch anklammerten. Sie betonen mit Recht: *Je mehr man Jesus verkleinert, desto größer wird das Geheimnis.* Je mehr ich ihn für bedeutungslos halte, desto weniger gelingt es mir, jenen Vorgang zu verstehen, durch den er sich in kürzester Zeit in den göttlichen Christus verwandelt. Für die Kritiker kann es geschichtlich keinen Unterschied geben zwischen dem Mann aus Nazaret und dem »Messias« aus Samaria oder Barabbas. Ja nicht einmal zwischen Jesus und einem gewissen Theudas, einem Propheten, der um das Jahr 44 (also etwa zur selben Zeit) das fanatisierte Volk noch einmal zum Marsch nach Jerusalem aufrief. Auf dem Weg dorthin — so versprach er — würden sich die Wasser des Jordan teilen. Die Theudianer oder Theuditer stießen aber, wie schon vor ihnen die Samariter, wiederum auf die vom neuen Prokurator Cuspius Fadus ausgesandte römische Kavallerie. Der Aufstand des Theudas wurde schließlich nach langen Kämpfen niedergeschlagen und sein abgetrennter Kopf als Siegestrophäe nach Jerusalem gebracht. Ein heldenhafter Tod im Kampfgetümmel, dieser Tod des Propheten vom Jordan. Ein Ende, das viel geeigneter schien, den Glauben seiner Jünger zu stimulieren, als es eine schmachvolle Hinrichtung am Kreuz zu tun vermochte. Und doch wissen wir von der Kirche des Theudas, wenn es eine solche jemals gegeben hat, absolut nichts.

Und was ist mit jenem ägyptischen Juden, der wenige Jahre später, etwa um das Jahr 52, die üblichen Volksmassen auf dem Ölberg versammelt und verkündet, daß auf sein Wort hin die Mauern Jerusalems einstürzen würden und das Volk nun an die Errichtung des ersehnten messianischen Reiches gehen könne? Wiederum rückt der turnusmäßige Prokurator, diesmal Felix, an der Spitze seiner Kavallerie aus. Der Zusammenstoß ist entsetzlich; es gibt mehr als 400 Tote, die fanatische Menge wird völlig aufgerieben. Doch (aufgepaßt!) nach Beendigung des Kampfes findet man keine Spur mehr vom Anführer der Rebellen. Der ägyptische Jude ist wie vom Erdboden verschwunden. Zeugen berichten, sie hätten ihn gesehen, wie er unbehelligt, gleichsam von Gott beschützt, durch die Reihen der römischen Soldaten hindurchgeschritten sei. Ein glänzender Ansatzpunkt für das Entstehen eines Mythos, für die Vergöttlichung eines so eindrucksvollen Messiaskandidaten. Aber wenn der ägyptische Jude vom Ölberg Jünger gehabt haben sollte, dann wissen wir nicht, wie sie sich nannten: denn von diesem »Messias« hat uns die Geschichte nicht einmal den Namen überliefert.

Zum Schluß noch ein Wort zu Bar Kochba: Er stellt den Höhepunkt des jüdischen Messianismus dar, nicht nur im chronologischen, sondern auch im idealen Sinne. Er nannte sich Simon, der andere Name wurde ihm in Hinblick auf seine messianische Aufgabe gegeben. Bar Kochba bedeutet nämlich im Aramäischen »Sternensohn«, ein Name, der nur auf den Messias angewandt wurde. Der Berühmteste unter den Rabbinern und Schriftgelehrten, Akiba der Große, anerkennt ihn übrigens öffentlich als den Christus. Auch wenn »die Zeit erfüllt war« und viele Juden in ihrer enttäuschten Erwartung überhaupt nichts mehr erhofften, führten die glänzenden Zeichen, die Simon vollbrachte, und seine offizielle Anerkennung von seiten der Priester schließlich dazu, daß alle von ihm mitgerissen wurden. Im Jahre 132 n. Chr. ging Bar Kochba daran, die Römer aus

Jerusalem zu verjagen. Die Begeisterung griff so unaufhaltsam um sich, daß man sogar Münzen jenes Reiches prägte, das man so lange ersehnt hatte. Diese Münzen trugen die Inschrift: »Im ersten Jahr der Errettung Israels«, d. h. also im ersten Jahr der messianischen Zeit. Es folgten weitere begeisternde Erfolge, die schließlich auch jene Schriftgelehrten überzeugten, die noch unschlüssig waren, ob in seiner Person tatsächlich der Messias gekommen war. Als Rom zum Gegenangriff überging, entbrannte der Kampf mit aller Grausamkeit. Der Widerstand der Juden, in der fanatischen Gewißheit, unter dem Banner des Gesalbten Israels zu kämpfen, »versetzte die ganze Welt in Staunen«, wie der antike Geschichtsschreiber Dio Cassius berichtet. So stark war ihr Glaube, daß die römischen Legionäre unter blutigen Verlusten gut 50 Festungen und 985 Städte und Dörfer erstürmen mußten. Als der unglaubliche Widerstand schließlich mit der zweiten vollständigen Zerstörung Israels endete, stürzte auch der Glaube an jenen »Messias« in sich zusammen. Dieselben Priester, die ihm den Beinamen Bar Kochba (»Sternensohn«) gegeben hatten, änderten nun seinen Namen in Bar Koseba (»Lügensohn«). Der Glaube an jenen Simon, den so enthusiastisch aufgenommenen Messias, überlebte jedoch in keiner Weise seine heldenhafte Niederlage. Jesus, der verleugnete Messias, überlebt hingegen die schmachvolle Niederlage seines Sklaventodes am Kreuz.

Tatsache ist, wie auch immer das Schicksal der verschiedenen Messiaskandidaten in Israel ausgesehen haben mag, daß ein Vorgang, wie er sich um Jesus ereignet hat, einfach allen Erfahrungen widersprach. Der Glaube an ihn, den wir im jüdischen Milieu entstehen sehen und der die Grenze des menschlich Faßbaren überschreitet, stellt ein absolutes Unikum dar, das man vergeblich zu erklären versucht. Ein echtes »Wunder« im kulturellen und historischen Sinne. Auch so gesehen hat Paulus recht, wenn er behauptet, daß der Glaube an jenen gekreuzigten Christus »für Juden ein Anstoß, für Heiden eine Torheit« sei (1 Kor 1,23). Die oft spöttisch abgetane Lösung des Gläubigen, der die Entstehung des Christentums in ein tiefes Geheimnis gehüllt sieht, ist für den, der mit dem Problem vertraut ist, weniger irrational als die absurde Lösung, die uns von der kritischen Schule als »wissenschaftlich« präsentiert wird. Das sagen nicht etwa die Gläubigen, sondern auch jene Gelehrten, die sich der mythischen Schule verschrieben haben, weil sie zur Erkenntnis gelangt sind, daß der Übergang vom historischen Jesus zum Christus des Glaubens ein Vorgang ist, der für die jüdische Welt eine kulturelle Unmöglichkeit darstellt.

Es ist nicht nur zu erklären, *warum* Jesus als einziger unter den vielen Messiasanwärtern Erfolg gehabt hat, sondern auch *wie* dieser Erfolg zustande kommen konnte. Wenn bei der Frage nach dem Warum die Vernunft herumtastet und sich auf die hypothetische Annahme einer Reihe von einzigartigen und logisch nicht erklärbaren Zufällen beschränken muß (Guignebert: »Die Wahrscheinlichkeit und die Logik verlangten, daß sein Name und sein Werk der Vergessenheit anheimfielen ...«), dann streicht die Vernunft, wenn sie sich auf die historische Erkenntnis stützt, bei der Frage nach dem Wie vollends die Segel. Es ist in der Tat nicht möglich, die Ursprünge des Christentums rational zu erklären, indem man wie die Kritiker die Vergöttlichung eines Juden durch die Juden annimmt.

Ein von Juden vergöttlichter Jude?

»Wer versuchen will, die christlichen Anfänge zu klären, wird eine große Entscheidung treffen müssen.« — »Jesus ist ein Problem, das Christentum das andere.« — »Man wird keines der beiden Probleme lösen können, wenn man nicht jeweils das andere für unlösbar hält.« — »Wenn man sich in das Problem Jesu vertieft, wird man die Wege von Renan, von Loisy, von Guignebert (die Wege der kritischen Schule) beschreiten müssen. Man wird mit mehr oder weniger Farbe einen messianischen Agitator malen und ihm solche Züge verleihen, daß er sich in die Geschichte integrieren läßt. Und wenn man sehr geschickt ist, wird man sogar ein recht annehmbares Porträt zustande bringen, das Zustimmung verdient.« — »Doch das Christentum taucht plötzlich auf als ein unerklärliches Faktum.« — »Wieso hat sich dieser kaum bekannte Wanderprediger in den Sohn Gottes verwandelt und wurde als solcher zum Objekt des christlichen Kultes und der Theologie?« — »Hier befinden wir uns abseits der breiten Straßen der Geschichte. Es fehlen die Analogien. Das Christentum ist eine unglaubliche Absurdität und das wunderlichste aller Wunder.«

Von dem Mythologen Couchoud stammen diese eindringlichen und so gut dokumentierten Sätze, daß Alfred Loisy, der »ein recht annehmbares Porträt Jesu« geschaffen hatte, darüber vor Wut ganz aus dem Häuschen geriet. Er konnte eben für die Entstehung des Christentums keine Erklärung finden. In der Tat haben Couchoud und mit ihm die anderen Mythologen schließlich auch die scharfsinnigsten Gelehrten von ihren Gründen zu überzeugen vermocht, und zwar in solchem Maße, daß heute nur noch wenige Experten die Thesen jener Kritiker voll und ganz akzeptieren, die bis vor wenigen Jahrzehnten noch als die unübertroffenen Meister der wissenschaftlichen Methode akklamiert wurden. Seit geraumer Zeit geben viele zu erkennen, daß »in dem geistigen Entwicklungsprozeß vom Judentum zum Christentum, vom gepeinigten Gottesknecht des Jesaja zum Jesus des Paulus kein Platz ist für die göttliche Verehrung eines Menschen«. Zu vermuten, daß im jüdischen Milieu ein Mensch mit Jahwe hätte verwechselt und wie dieser hätte verehrt werden können, und das nicht etwa erst nach einer langen Reihe von Generationen, sondern (wie die rationale Kritik bewiesen hat) schon wenige Jahre nach seinem schmachvollen Tod, dies hieße tatsächlich »nichts von einem Juden zu verstehen und alles zu vergessen«. Das würde bedeuten, wie schon Augustinus sagte, »das größte aller Wunder« zuzulassen, nämlich zuzugeben, daß ein Glaube wie dieser sich in jenem Milieu ohne ein solches »Wunder« am Anfang hätte durchsetzen können.
Achten wir nochmals auf das, was Couchoud sagt: »In vielen Regionen des Reiches konnte die Vergöttlichung einer einzelnen Kreatur eine einfache Sache sein. Nur in einem Volk war das gänzlich unmöglich: bei den Juden. Sie verehrten Jahwe, den einzigen, transzendenten Gott, den Unsagbaren, dessen Gestalt man nicht darstellen durfte, dessen Namen man nicht einmal aussprach, der durch einen unüberbrückbaren Abgrund von jeglicher Kreatur getrennt war. Mit Jahwe einen Menschen in Verbindung zu bringen, wer immer es auch gewesen wäre, war das größte Sakrileg. Die Juden achteten den Kaiser, aber sie waren eher bereit, sich steinigen zu lassen, als mit den Lippen zu bekennen, der Kaiser sei ein Gott. Sie hätten sich wohl auch steinigen lassen, wenn man sie dazu hätte verpflichten wollen, dasselbe von Mose zu behaupten. Und der erste Christ, dessen Stimme wir vernehmen, Paulus, ein Hebräer von Hebräern, sollte

mit der größten Selbstverständlichkeit einen Menschen zur Höhe Jahwes emporheben? Das ist das Wunder, gegen das ich mich wehre.« Und weiter schreibt Couchoud: »Wie kann man behaupten, daß Paulus, ein Jude aus Zilizien und Pharisäer von Erziehung, auf einen anderen Juden aus Galiläa, seinen Zeitgenossen, ohne inneren Widerstand die heiligen Texte hätte anwenden können, die sich auf Jahwe beziehen?« Um eine solche These zu vertreten, wäre es tatsächlich nötig, »nichts von einem Juden zu verstehen und alles zu vergessen«.

Was man alles vergessen müßte...

Man müßte vergessen, daß die Juden sich bis zum kollektiven Martyrium, bis zur totalen Zerstörung ihres Landes einer Vergöttlichung des römischen Kaisers widersetzt haben. Das ging sogar so weit, daß sie nicht einmal die Bilder dieses für sie so abscheulichen »Gottes« auf den Standarten der römischen Legion in Jerusalem duldeten.

Man müßte vergessen, daß in den viertausend Jahren der religiösen Geschichte des Judentums niemals ein solch unerklärlicher Prozeß der Vergöttlichung, wie er bei Jesus erfolgte, geschehen ist. Es ist auch nie vorgekommen, daß die Anhänger eines der vielen Messiaskandidaten, vielleicht in der ersten Begeisterung, daran gedacht hätten, ihren Christus auch nur teilweise, auch nur für einen Augenblick mit Jahwe gleichzusetzen. Im Hinblick auf die vielen anderen Messiasprätendenten ist Jesus tatsächlich nicht nur der einzige, der die Niederlage seines Todes überlebt; er ist vor allem der einzige, bei dem man die Identifikation mit Gott wagt. Jesus ist der einzige Jude, dem Juden jemals göttliche Verehrung zuteil werden ließen.

Man müßte vergessen, daß das Judentum angesichts der göttlichen Verehrung eines Menschen heute wie damals sich entrüstet die Kleider zerreißt. So wie es die Priester taten, als Jesus nicht in Abrede stellte, der »Sohn Gottes« zu sein: »Da zerriß der Hohepriester sein Gewand und rief: Er hat Gott gelästert. Was brauchen wir noch Zeugen? Jetzt habt ihr die Gotteslästerung selbst gehört. Was ist euer Urteil? Sie antworteten: Er hat den Tod verdient« (Mt 26,65—66). Wie schon erwähnt, stellen Mohammed und der Islam die Auflehnung desselben semitischen Blutes gegen den christlichen Anspruch dar, das Unvorstellbare zu wagen und einen Menschen als Gott zu proklamieren. Gegen diesen Skandal verkündet seit ca. 1300 Jahren der Muezzin von der Höhe des Minaretts herab fünfmal am Tag seinen Protest: »Gott ist der Höchste, Gott ist der Unnahbare, Gott ist der Einzige!« Ausgerechnet auf dem Platz, wo einst der Tempel von Jerusalem stand, liegt heute die sogenannte Omar-Moschee, eines der größten Heiligtümer der Mohammedaner. Entlang ihrer mächtigen Kuppel verläuft eine Inschrift, welche die Christen mahnt, nicht das Unmögliche zu verlangen und ihre falschen Vorstellungen aufzugeben: »Jesus ist nichts weiter als der Sohn Mariens, ein Mensch unter Menschen.«

Man müßte vergessen, daß gerade eine Gruppe von Juden bei der kultischen Verehrung Jesu sogar die Heiden weit übertraf, die man sonst verabscheute, weil sie dazu neigten, Mythen und Vergöttlichungen zu erfinden. Es machte nichts aus, ob es im römischen Pantheon einen Gott mehr oder weniger gab. Man war so tolerant, daß man sogar einen eigenen Altar aufstellte, der dem »unbekannten Gott« geweiht war, aus Angst, irgendeinen vergessen zu haben. Und doch ist es diesen Juden, die einen obskuren Wanderprediger in den Rang Jahwes erhoben haben, gelungen, diesen unerhörten Skandal zu verschleiern. Sie haben sich angeblich etwas ausgedacht, was nicht einmal die eingefleischtesten Parteigänger des Kaisers je zu sagen gewagt hätten: daß dieser Jesus »schon vor seiner Geburt« Gott war. Selbst in Rom hätte sich jeder lächerlich gemacht, der es gewagt hätte, dies von einem Kaiser zu behaupten. Und tatsächlich erhebt der heidnische Philosoph Celsus, kaum daß sich das Gerücht von diesem unglaublichen Kult der Christensekte im Reich verbreitet, vehementen Protest im Namen der Vernunft und der Grundprinzipien der klassischen Kultur. Die Anbeter eines Menschen haben selbst für einen Heiden der bereits dekadenten römischen Spätzeit, dem sonst keine Extravaganz fremd ist, das Maß überschritten. »Der Körper eines Gottes kann nicht wie deiner gemacht sein« — erklärt Celsus den Christen —, »er ernährt sich nicht wie deiner, er bedient sich nicht einer Stimme wie der deinen. Das Blut, das durch deinen Körper fließt, ist es etwa jenem ähnlich, das in den Adern eines Gottes pulsiert?«

Man müßte schließlich vergessen, daß man — auch wenn man das Unannehmbare (das Entstehen der Idee einer geschichtlichen Inkarnation Jahwes innerhalb des jüdischen Milieus) einmal

annimmt — wohl nie und nimmer so weit gegangen wäre, den frommen Juden mit der aufs höchste absurden Behauptung zu provozieren, daß diese Inkarnation Gottes ausgerechnet aus dem Schoß einer Frau, durch die Niederkunft eines Weibes, hätte erfolgen können.
Dies alles und noch vieles andere haben die gefeierten Lehrer der Vernunft, die Spezialisten für das alte Israel, vergessen; sie wurden aber gerade auf ihrer wissenschaftlichen Ebene und im Namen des gleichen Unglaubens von den Exponenten der mythischen Schule lächerlich gemacht.

Wer ist eigentlich »bei Verstand«?

Noch im Jahre 1934 schrieb der Philosoph Piero Martinetti, ein Epigone der kritischen Schule, die Hypothese, daß das Christentum aus Halluzinationen der Jünger entstanden sei, die der Meinung gewesen wären, Jesus vor sich zu haben, sei »die einzige, die ein Mensch, der bei Verstand ist, gelten lassen könne«. Und doch sind nicht Gläubige, sondern rationalistische Gelehrte wie er es gewesen, die gezeigt haben, daß die Behauptung, fromme Juden hätten vor irgendeinem Schwärmer, einem ausgeflippten Propheten, ihre Knie gebeugt und ihn zum Gott ausgerufen, keine Hypothese ist, die ein Mensch mit gesundem Menschenverstand gelten lassen kann. Das bestätigt auch Rudolf Augstein, der Begründer und Herausgeber des Nachrichtenmagazins »Der Spiegel«. Augstein hat bei einigen seiner besten Reporter eine Untersuchung über Jesus ausarbeiten lassen. Das Ergebnis mehrjähriger Arbeit ist, daß die Evangelien keine irgendwie erkennbare historische Basis hätten. Jesus ist »Menschensohn« (so lautet der Titel des Buches), die Kirchen können ihren Laden schließen. Augstein und seine Mitarbeiter wiederholen die schon tausendmal wiederaufgewärmten Thesen der Kritiker aller Richtungen. Und doch, die neue Sensibilität, die aus den Einwänden der Mythologen spricht, läßt aufhorchen. So schreibt der Herausgeber des »Spiegel«: »Es ist praktisch auszuschließen, daß eines Tages in Galiläa oder Judäa ein Jude sich für den Sohn Gottes gehalten und sich als solcher ausgegeben hätte. Wenn er das getan hätte, wäre er ein Verrückter gewesen.«
Augstein glaubt jedoch das Problem lösen zu können, indem er es

verschiebt: Jesus hat sich nicht auf die gleiche Stufe mit Jahwe gestellt; er hätte dies auch gar nicht tun können; die diesbezüglichen Behauptungen der Evangelien seien also Hinzufügungen der Jünger. Aber auch die Jünger waren Juden. Warum sollte nicht der Meister selbst zu diesem Wahnsinn fähig sein, wohl aber seine gläubigen Anhänger, die doch derselben Rasse angehörten? Diese Juden hätten sich nicht nur selbst überwinden und bei diesem Werk der Vergöttlichung gegen den Strom einer tausendjährigen Tradition schwimmen müssen. Sie hätten auch (aus welchen Motiven, aufgrund welcher Interessen?) den mächtigen Institutionen des offiziellen Judentums entgegentreten müssen, dessen Gesetze die Folter für jeden vorsahen, der die Einzigkeit, die Transzendenz und absolute Andersartigkeit Gottes in Zweifel gezogen hätte.

Diese unerbittlichen konfessionellen Fangeisen schnappten bei Jesus zu und brachten ihn ans Kreuz. Und wie die Apostelgeschichte berichtet, schnappten sie nochmals zu um den ersten Jünger, der es gewagt hatte, öffentlich die Gleichstellung eines Menschen mit Gott zu verkünden. Dieser Verwegene ist Stephanus, der gerade aus diesem Grunde von der Kirche als ihr erster Martyrer verehrt wird. »Er aber (Stephanus), voll heiligen Geistes, blickte zum Himmel empor, sah die Herrlichkeit Gottes und Jesus zur Rechten Gottes stehen und rief: Ich sehe den Himmel offen und den Menschensohn zur Rechten Gottes stehen! Da erhoben sie ein lautes Geschrei, hielten sich die Ohren zu, stürmten wie ein Mann auf ihn los, trieben ihn zur Stadt hinaus und steinigten ihn« (Apg 7,55—58). Außerhalb der Stadt als Gotteslästerer von Steinen erschlagen — damit symbolisierte man den radikalen Ausschluß aus der Gemeinde der Gläubigen. Es ist dies die leidenschaftliche und historisch aus unzähligen anderen Quellen dokumentierte Reaktion des jüdischen Blutes aller Zeiten. Nur durch eine lautstark vorgetragene und unglaubwürdige Verdrehung konnte die kritische Schule glauben machen, die Jünger Jesu hätten das Werk der Vergöttlichung ganz selbstverständlich unternommen aufgrund von gewissen Gerüchten, die nach dem Begräbnis des Meisters die Runde gemacht hätten, aufgrund von hysterischen Halluzinationen der Frauen bzw. der Verlegung des Leichnams durch einen Gärtner. Oder die Jünger selbst hätten den Leib des Gekreuzigten versteckt, um dann behaupten zu können, er sei auferstanden.

Eine Brücke von Jesus zu Christus

Da ist aber noch etwas anderes, und das fügt ausgerechnet der Kritiker Guignebert hinzu: »Die bejammernswerte und nach der allgemeinen Auffassung demütigende Kreuzigung ihres Meisters hatte die Jünger aus der Begeisterung in tiefste Resignation gestoßen.« Doch diese Gemütsverfassung bessert sich, und zum Unterschied von den Anhängern aller anderen Messiasgestalten, die durch die Schlappe ihres Anführers für immer zerstreut wurden, beschließen die Jünger Jesu, nicht nur den jüdischen und römischen Obrigkeiten, nicht nur der Stimme des Blutes zu trotzen, sondern auch ihrem verängstigten Gewissen, das sehr wohl wußte, daß die Schrift einen schrecklichen Fluch gegen alle Häretiker, Apostaten und Gotteslästerer, gegen sie selbst also, schleudert.

Aber das ist immer noch nicht genug. Der Glaube dieser Männer muß noch eine weitere »bittere Niederlage« einstecken: das Ausbleiben der Wiederkunft ihres Christus, die sie innerhalb kürzester Zeit erhofft hatten. »Das große Wunder ereignet sich nicht, aber der Glaube der Jünger überlebt auch diese zweite Enttäuschung« (Guignebert).

Milan Machovec, der tschechische Marxist und Autor eines Buches »Jesus für Atheisten«, selbst Atheist und Professor in Prag, bis er 1970 als Anhänger Dubceks von seinem Lehrstuhl entfernt wurde, stellt sich die Frage: »Wieso waren die Anhänger Jesu, und speziell die Gruppe um Petrus, in der Lage, die schreckliche Enttäuschung, den Skandal des Kreuzes, zu überwinden und sogar zu einer siegreichen Offensive überzugehen? Wieso konnte ein Prophet, dessen Voraussagen sich nicht erfüllt hatten, der Ausgangspunkt für die größte Religion der Welt werden? Ganze Generationen von Historikern haben sich diese Fragen gestellt und stellen sie weiter...«

Die Brücke zu schlagen, die den Tod Jesu mit der Geburt des Christentums verbindet, ist eine viel schwierigere Aufgabe, als es die »Kritiker« glauben machen wollen. Tatsächlich scheitern alle in dem Augenblick, wo sie diese Brücke zwischen dem obskuren Jesus der Geschichte und dem hell leuchtenden Christus des Glaubens zu schlagen versuchen.

Auf der Suche nach Beweisen

Tatsache ist, daß das Wunder in den Rekonstruktionen jener Professoren, die das Wunderbare eliminieren möchten, erst recht wiederkehrt. Für sie ist die Auferstehung, die für die Gläubigen den unerschütterlichen und sonst unverständlichen Glauben rechtfertigt, aus dem das Christentum hervorgeht, natürlich ein Märchen. Doch um ein Wunder zu leugnen, nehmen die Kritiker eine ganze Reihe davon in Kauf. Manson, ein zeitgenössischer englischer Gelehrter, meint angesichts der Flut von Hypothesen, die jener Geschichte und Vernunft, in deren Namen die Gedankengebäude der Kritiker errichtet worden sind, widersprechen: »Es scheint uns nicht ein Zeichen hoher Kritikfähigkeit, sondern großer Leichtgläubigkeit zu sein, vor jedem Vers des Evangeliums zu zögern und ihn dann aufgrund der eigenen Vorurteile zu verwerfen, gleichzeitig aber ohne Zögern die unbegründetsten Hypothesen über die Psychologie derer zu schlucken, deren Glaube am Anfang des Christentums steht.«

Nach so vielen unwiderlegbaren Behauptungen begann übrigens sogar die Sicherheit von Loisy, dem unbeugsamen Haupt der kritischen Schule, gegen Ende seines Lebens ins Wanken zu geraten. Zeit seines Lebens hatte er sich der Aufgabe gewidmet, die Verse des Neuen Testamentes immer wieder auf die Waage des Exegeten zu legen, um schließlich einem nach dem anderen die Echtheit abzusprechen. 1933 schrieb er in der Einleitung zu seinem letzten Werk über die Entstehung des Christentums: »Jede Geschichte der Anfänge dieses Glaubens gleicht, ob man es will oder nicht, einem nicht sehr soliden Gebäude.« Gerade die Attacken der Mythologen, denen er mit Überheblichkeit geantwortet hatte, machten ihn unschlüssig darüber, wie eigentlich jene Brücke hatte entstehen können, über die hinweg der Weg vom historischen Jesus zum Christus des Glaubens verlief. So schrieb er in bezug auf das Geschehen nach der Kreuzigung: »Der Historiker kann nur wahrscheinliche Antworten geben, die auf einigen Indizien beruhen.« Er war sich der Unmöglichkeit bewußt, erklären zu können, wieso wenige Jahre nach dem Tod eines Juden der Jude Paulus im Philipperbrief schreiben konnte: »Darum hat ihn Gott über alle erhöht und ihm den Namen verliehen, der jeden Namen übertrifft, damit vor dem Namen Jesu alle Mächte im Himmel, auf der Erde und unter der Erde

ihre Knie beugen und jede Zunge bekennt: Herr ist Jesus Christus zur Ehre Gottes, des Vaters« (Phil 2,9—11).
Loisy war also zutiefst überzeugt, daß die Theorie eines von Juden vergöttlichten Juden sich als immer unglaubwürdiger herausstellen würde, und er sah sich zu einem verzweifelten Schritt gezwungen; dem einzig möglichen übrigens, um zu versuchen, ein gefährdetes Gebäude noch zu retten. So begann er, die Echtheit des paulinischen Zeugnisses über die göttliche Verehrung Jesu zu leugnen. Indem er alles, was er bis dahin behauptet hatte, wieder zurücknahm, erklärte der alt gewordene Gelehrte nun, daß die für seine Theorie der Vergöttlichung unangenehmsten Stellen bei Paulus im nachhinein hinzugefügt worden seien. Aber von wem hinzugefügt? »Von einer geheimnisvollen mystischen Sekte gegen Ende des 1. Jahrhunderts«, antwortet Loisy. An diesem Punkt aber widersprechen ihm selbst seine treuesten Schüler. In Italien protestierte enttäuscht Bounaiuti, der sogar exkommuniziert wurde, weil er als Propagandist der Thesen Loisys hervorgetreten war. Bounaiuti schrieb in bezug auf die neuen Hypothesen des bis dahin bewunderten Meisters: »Wenn nun der geschichtliche Paulus, der Paulus der Briefe, in unseren Händen verdunstet und sich in den Nebeln der gnostischen Spekulation des 2. Jahrhunderts verliert, dann ist die Kritik an den Evangelien, denen die Papyrusfunde immer engere zeitliche Grenzen setzen, neu zu fassen; und zwar gegebenenfalls in größerer Konformität mit der orthodoxen Tradition«, d. h. in Konformität mit den Hypothesen der Gläubigen.
Ein anderer versuchte damals, jene absurde Hypothese vom vergöttlichten Juden noch zu retten, indem er die Farben im Bildnis jenes obskuren Wanderpredigers, der am Ursprung des Glaubens stehen sollte, ganz besonders herausstrich. »Der unüberbrückbare Abgrund, der in Israel zwischen Mensch und Gott bestand — so sagte man —, konnte mit einem Schlag überbrückt werden, weil Jesus ein Mensch war, der die Fähigkeiten eines Mediums, eines Heilpraktikers besaß und der durch den erfolgreichen Einsatz seiner parapsychologischen Kräfte, die zwar natürlich, aber äußerst eindrucksvoll waren, bei den Jüngern einen solchen Schock hervorrief, daß daraus der Glaube entstand.« Da gab es damals eine Reihe von Hypothesen über eine angebliche Lehrzeit Jesu im Fernen Osten, vielleicht in Tibet, um die Tricks und die Fertigkeiten eines Medizinmannes

zu erlernen und zu vervollkommnen. Gewiß eine geistreiche Theorie, die jedoch mit den historischen Zeugnissen nicht in Übereinstimmung zu bringen ist. Kein seriöser Gelehrter hat sie tatsächlich jemals akzeptiert. In der jüdischen Welt war man allgemein der Überzeugung, daß Gott den Menschen einen Schimmer seiner Macht mitteilen konnte. Man erzählt nicht nur von biblischen Propheten, sondern auch von einfachen Rabbinern, daß sie unheilbar Kranke geheilt, Tote zum Sprechen gebracht und die Wasser von Flüssen und Seen angehalten hätten. Elija, Elischa und Mose haben nach der Schrift wunderbare Zeichen gewirkt. Es gab sogar echte Wunderspezialisten wie den berühmten Meister Hanina ben Dosa. Kein Jude geriet jedoch angesichts dieser Wunderzeichen je in die Versuchung, den als göttlich zu betrachten, der sie vollbrachte. Zentralfigur blieb immer und überall Jahwe allein. Gott hatte sich einfach herabgelassen, durch einen Menschen ein Zeichen seiner Allmacht zu geben.

Übrigens erzählt man gerade unter den Judenchristen, die (nach den Kritikern) doch so bereit waren, die eigenen Zeitgenossen zu vergöttlichen, in aller Ruhe von den Wundern der Jesusjünger: »Durch die Hand der Apostel geschahen viele Zeichen und Wunder im Volk... Selbst die Kranken trug man auf die Straßen hinaus und legte sie auf Betten und Bahren, damit, wenn Petrus vorüberkomme, wenigstens sein Schatten auf einen von ihnen falle. Auch aus den Nachbarstädten Jerusalems strömte die Menge zusammen und brachte Kranke und von unreinen Geistern Geplagte mit. Und alle wurden geheilt« (Apg 5,15—16). Es sind dieselben Dinge, die von Jesus berichtet werden; es sind jene Heilungen, die nach Meinung mancher den Mechanismus der Vergöttlichung ausgelöst haben sollen. Warum aber wird dieser gleiche Mechanismus nicht durch Petrus oder den Diakon Philippus ausgelöst, der in Samaria »große Freude« erweckte, als er dort massenhaft Leute heilte? Warum reagiert man auf ihre Wunder so, daß man sie (nach der immerwährenden jüdischen Tradition) zwar als »Gottesmänner«, aber sicherlich nicht als »Sohn Gottes« feiert? Man benötigte damals in Israel wohl etwas ganz anderes als einen geheilten Besessenen oder einen auferweckten Toten, um einen sterblichen Menschen mit Jahwe gleichsetzen zu können!

Das Zündholz und die Atombombe

Nun wollen wir noch einige Gründe anführen, die Couchoud zu der Überzeugung gebracht haben, daß es, wenn man das Entstehen des Christentums erklären wolle, notwendig sei, »diesen Menschen aus den Verzeichnissen der Historiker zu tilgen«. Wenn es also unmöglich ist, die Vergöttlichung eines Zeitgenossen, eines Menschen aus Fleisch und Blut, anzunehmen, dann muß man sich mit dem Gedanken vertraut machen, daß am Anfang von allem ein Mythos steht, eine Idee, nicht eine Person: »die Idee eines göttlichen Wesens, das die Menschheit mittels eines Sühnopfers erlöst und das in Kürze erscheinen muß, um die Welt zu richten«.

Darauf antwortet jedoch Loisy gereizt, wenn seine Hypothese in eine Sackgasse führe, dann erweise sich auch der Vorschlag der Mythologen als ausweglos. Er schreibt: »Wir haben Besseres zu tun, als diejenigen zu widerlegen, die glauben, daß es hinter der Geschichte Jesu keine reale Existenz gäbe, sondern bloß einen Mythos. Wenn diese Mythologen weiterhin hartnäckig darauf beharren, müßten wir sie einfach fragen: Wo ist das Zündholz?« Das heißt, wo ist denn der Funke, der den großen christlichen Brand entfacht, wenn es am Anfang keine reale Person, keinen »Gründer«, keinen »Brandstifter« gibt? Auch der marxistische Philosoph Roger Garaudy hat bezüglich des Christentums gemeint: »Wenn ein Ofen entzündet worden ist, so genügt dieser als Beweis für die Existenz eines Funkens, der in ihm das lodernde Feuer entfacht hat.«

Ebenso einfach ist jedoch die neuerliche Replik der Mythologen: »Wo ist denn die Atomexplosion, die notwendig wäre, um den ganzen Haufen von Gründen hinwegzufegen, welche die Vergöttlichung eines Menschen bei den Juden unmöglich machen? Statt jene Explosion zu finden, löscht ihr Kritiker euer Zündholz selber aus, indem ihr Jesus bloß eine schwache und unbestimmte historische Existenz zuerkennt. Man bräuchte eine ganz andere Flamme, um jenen Brand auflodern zu lassen, um jene geschichtliche Absurdität möglich zu machen, die ihr für abgemacht anseht. In eurer Hypothese gibt es keine Beziehung zwischen der gigantischen Wirkung (dem Christentum) und der Ursache (Jesus), ja ihr seid sogar eifrig darum bemüht, diese immer mehr zu verschleiern. Nicht nur in der Physik, sondern auch in der

Geschichte hat das Kausalitätsprinzip seine Bedeutung: Ihr aber ignoriert es einfach.«
Während die Mythologen die Hypothese eines Sonnensystems ohne die zentrale Sonne aufstellen, propagieren die Kritiker ein System, in dem bloß ein kleiner, bleicher, verschwommener Mond im Mittelpunkt steht. Ob es nun Kritiker oder Mythologen sind, jedenfalls kommt den »Ungläubigen« und nicht den Gläubigen das Verdienst zu, den Beweis erbracht zu haben, daß die Vergöttlichung Jesu nicht das Ergebnis eines langwierigen Prozesses ist, sondern ein Faktum, das noch auf die erste christliche Generation zurückgeht. So haben die beiden »negativen« Hypothesen unversehens ihre sowieso schon gewaltigen eigenen Schwierigkeiten noch vermehrt.

Mit Jahwe gleichgestellt

Seit Beginn der wissenschaftlichen Erforschung des Neuen Testamentes hat sich die Kritik immer bemüht, in den Berichten der Evangelien die ältesten Teile festzustellen. Dies unter der Voraussetzung, je älter der Bericht von einem Ereignis oder die Darlegung einer Lehre sei, desto größer sei auch die Garantie für die Echtheit dieser Verse. Zu den heute unbestrittenen Ergebnissen der Arbeit von Generationen von Gelehrten zählt die zeitliche Priorität des Markusevangeliums. Es ist jenes Evangelium, das die Predigt des Petrus widerspiegeln soll. Von diesem Text, der als erster schriftlich niedergelegt wurde, hängen in verschiedener Weise Mattäus und Lukas ab. Es ist nun die Meinung auch der strengsten Kritik, daß die Redaktion des Markusevangeliums schon vor dem Jahre 70, dem Jahr der Zerstörung Jerusalems, erfolgt sein könnte. In diesem schon so alten Text hat man außerdem noch viel ältere »Schichten« festgestellt, nämlich Ereignisse, die der Verfasser des Markusevangeliums direkt von der ersten mündlichen Predigt über Jesus bezogen hat. Drei dieser Ereignisse sind es wert, genauer unter die Lupe genommen zu werden. Sie werden uns im 2. und 3. Kapitel des Markusevangeliums berichtet.
1. In Kafarnaum wird ein Gelähmter durch das abgedeckte Dach eines Hauses zu Jesus hinuntergelassen. Die Volksmenge, die zusammengelaufen ist, ist nämlich so groß, daß es unmöglich ist,

den Kranken durch die Tür hineinzubringen. Der Text sagt: »Als Jesus ihren Glauben sah, sagte er zu dem Gelähmten: Mein Sohn, deine Sünden sind dir vergeben.« Dieser unerhörte Satz provoziert die spontane Reaktion einiger anwesender Schriftgelehrter: »Wie kann dieser Mensch so reden? Er lästert Gott. Wer kann Sünden vergeben außer Gott?« Jesus heilt den Gelähmten, um ihnen zu zeigen, daß »der Menschensohn die Vollmacht hat, auf der Erde Sünden zu vergeben«. Und der Gelähmte nimmt seine Tragbahre und geht zur Tür hinaus, während das Volk sagt: »So etwas haben wir noch nie gesehen.«
2. Den Pharisäern, die sich darüber entrüsten, weil seine Jünger am Sabbat, wo jede Arbeit verboten ist, Ähren abreißen, um ihren Hunger zu stillen, erwidert Jesus, daß »der Menschensohn Herr auch über den Sabbat ist«.
3. Ebenfalls an einem Sabbat betritt ein Mann, dessen Arm gelähmt ist, die Synagoge, und die Pharisäer beobachten Jesus genau, »ob er ihn am Sabbat heilen werde, denn sie wollten einen Grund zur Anklage gegen ihn finden«. Jesus heilt den Kranken und ist »voll Zorn und Trauer über die Verhärtung ihres Herzens«. Und Markus schließt: »Da gingen die Pharisäer hinaus und faßten zusammen mit den Anhängern des Herodes den Beschluß, Jesus umzubringen.«
Das sind drei Episoden, die — und das ist völlig unbestritten — die erste Predigt über Jesus widerspiegeln. Nun, schon in dieser ersten Verkündigung ist also der Prozeß der Gleichstellung eines Menschen mit Jahwe bereits abgeschlossen. Nur ganz wenige Jahre nach seinem Tod, jedenfalls noch vor dem Ablauf einer Generation, schreibt eine Gruppe von Juden dem Menschen Jesus eine Vollmacht zu, die nur Gott allein innehat: die Vergebung der Sünden, die Verfügungsgewalt über den Sabbat. Und der Verfasser des Markusevangeliums, sicher ein palästinensischer Jude, gibt mit natürlicher Unbefangenheit diese unerhörten und skandalösen Erzählungen über einen Gottmenschen wieder. Eine Sache, die nach dem Zeugnis dieses Evangelisten selbst nicht ungestraft bleiben kann, weil sie für das Judentum so ungeheuerlich ist. Und in der Tat, angesichts der Verletzung des Sabbats, auch wenn sie zu humanitären Zwecken erfolgt ist, halten Schriftgelehrte, Pharisäer und Herodianer (also das ganze Judentum von Bedeutung) Rat, um diesen Gotteslästerer möglichst schnell zu töten. Die Gottlosigkeit eines

Menschen, der sich Rechte anmaßt, die nur Jahwe allein zustehen, provoziert die unverzügliche Solidarität aller jener jüdischen Gruppen, die sich sonst gegenseitig mit äußerstem Mißtrauen begegneten.

Wir haben also in diesen drei ältesten Berichten des Markusevangeliums eine weitere Bestätigung für die kulturelle Unmöglichkeit der Vergöttlichung eines Menschen innerhalb jener Gesellschaft. Aber auch eine Bestätigung, daß diese beispiellose Vergöttlichung, die es weder vorher noch nachher gegeben hat, *plötzlich* geschehen ist. Sie ist nicht das Resultat der Machenschaften einiger Generationen. Es handelt sich um die unmittelbare Verkündigung von Juden, die derselben Generation angehören wie der obskure Wanderprediger Jesus. Der in Tausenden von Jahren nicht überbrückte Abgrund zwischen Jahwe und einem Sterblichen ist mit einem Schlag überbrückt. Und durch was für einen Menschen! Einen gescheiterten Prediger, der vom höchsten religiösen Gremium Israels verurteilt worden ist und der nach seinem Tod nicht, wie er es versprochen hatte, wiederkommt, um sich zu rächen. Die kritische Schule hat also bei ihrem bohrenden Suchen nach den ursprünglichsten Inhalten der christlichen Predigt ihre eigene Hypothese über die Ursprünge des Christentums noch unhaltbarer gemacht. Aber diese Kritik hat zum Schaden ihrer sowieso schon problematischen »Wissenschaftlichkeit« noch mehr getan, sie konnte noch mit einem anderen hervorstechenden Ergebnis aufwarten, das übrigens auch die gegnerischen Mythologen in eine Krise gestürzt hat. Auch ihnen ist nämlich mit der Entdeckung des *Kerygmas* die Glaubwürdigkeit entzogen worden.

Das Kerygma

Um diesem gewissen Jesus die mythologischen Kleider »eines göttlichen Wesens, das die Menschheit mittels eines Sühnopfers erlöst«, überzustreifen, braucht es Zeit, sehr viel Zeit sogar. Ein solcher Mythos, wie er in den Evangelien angeblich vorliegt, würde eine lange Reihe von Generationen benötigen, um sich mit jener aufreizenden Klarheit herauszubilden, wie sie von den Glaubenstexten bezeugt wird. Hier hätte sich jedoch der Mythos in einem unerhörten Vorgang gleichsam mit einem Schlag um die

Schultern eines gewissen Nazareners gelegt. Wir haben das schon bei den drei Episoden des Markusevangeliums gesehen, wo ein Mensch derselben Generation von den Predigern des Evangeliums bereits mit Jahwe gleichgestellt wird. Wir sehen es nun mit noch größerem Gewicht in der wissenschaftlichen Entdeckung des Kerygmas.

Kerygma ist ein griechisches Wort und bedeutet »den lauten Ruf eines Herolds«. Tatsächlich ist dieser Terminus seit langem von den Gelehrten verwendet worden, um die erste, in Kurzform gehaltene Verkündigung der »guten Botschaft« durch die Apostel, die ersten Prediger, zu bezeichnen. Ein an die Menge gerichteter Ruf zur Bekehrung. Eine zusammenfassende Kurzformel, ein Slogan, um in wenigen Worten »Leben, Tod, Auferstehung und glorreiche Wiederkunft« des Jesus von Nazaret zu verkünden. Im Kerygma bekommen wir den Anfang der christlichen Predigt zu fassen. Man hat solche »kerygmatischen Formeln« im Neuen Testament entdeckt, weil man feststellte, daß ihre Sprache und ihr Stil vom Kontext verschieden waren. Diese urtümlichen Predigtformeln finden sich teils in den Paulusbriefen, teils in der Apostelgeschichte. Von den jeweiligen Autoren gesammelt, sind sie so, wie sie waren, in ihre Texte eingegangen und bis zu uns gelangt. Die Entdeckung des Kerygmas, dieser große Erfolg der Gelehrten, die das Neue Testament einer immer sorgfältigeren Autopsie unterworfen haben, hat schließlich dazu geführt, daß man die wunderbarerweise unversehrt gebliebene mündliche Tradition über Jesus wiederfand, so wie sie noch vor der schriftlichen Fixierung des Evangeliums aussah.

Wir finden Beispiele dieses Kerygmas schon in jenem Dokument, das nach einhelliger Auffassung mit größter Sicherheit als das älteste schriftliche Dokument des Christentums gelten kann. Es ist der erste Brief des Apostels Paulus an die Thessalonicher, der nicht lange nach dem Jahre 52 verfaßt worden sein dürfte. Die Stücke, die Paulus in diesem Brief aus einer schon bestehenden mündlichen Tradition und einer christlichen Liturgie entnimmt, reichen demnach äußerst nahe an das vermutliche Datum (zwischen den Jahren 30 und 36) des Todes Jesu heran. Die Formeln, die in den ersten Thessalonicherbrief eingegangen sind, könnten sogar auf fünf bis zehn Jahre nach dem Tod des Nazareners zurückgehen. Hier liegt nun die entscheidende

Bedeutung des Kerygmas: Dank seiner ist man in der Lage, wissenschaftlich festzustellen, daß nur wenige Jahre nach dem Tod Jesu der *ganze* wesentliche Inhalt der christlichen Botschaft schon gegeben war, so wie wir ihn kennen. Im Kerygma sind nämlich die historischen Daten über die Person Jesu und die Heilsbedeutung, die seinem Tod und seiner Auferstehung zugeschrieben wurden, untrennbar miteinander verbunden. Vielleicht zehn Jahre nach seinem Tod ist der historische Jesus bezeugt, aber es ist auch bezeugt, daß er bereits zum Christus des Glaubens geworden ist. Die kritische und die mythologische Schule, deren Vertreter die kerygmatischen Formeln herausgeschält haben, haben somit ganz unerwartet ihre eigenen Schwierigkeiten noch vergrößert.

Die *Kritiker* müssen nämlich mit einem neuen, entscheidenden Beweis dafür rechnen, daß die Vergöttlichung Jesu mit einem Schlag geschehen ist. Wie es übrigens ja auch die ältesten Stücke bei Markus bewiesen haben. Und sie ist *im jüdischen Milieu* erfolgt. Nicht etwa in der griechischen Welt, wie diejenigen annahmen, die das Hindernis der Unmöglichkeit eines Gottmenschen in Israel zu umgehen versuchten, indem sie den Ursprung des Glaubens an irgendeinen unbestimmten Ort des Orients verlegten.

Den *Mythologen* ist durch das Kerygma jene für ihre These unverzichtbare Voraussetzung entzogen worden, wonach die Herausbildung des Glaubens den Zeitraum einiger Generationen beansprucht habe: Jesus ist für sie ein Gott, der *langsam* vermenschlicht worden ist. Das Kerygma hat hingegen gezeigt, wenn es am Anfang des Christentums den Mythos eines Heilsgottes gibt, dann wird dieser Mythos plötzlich in der historischen Realität des Jesus von Nazaret verankert, eines Galiläers, von dem die erste Verkündigung plötzlich biographische Angaben macht. Der Christus des Glaubens hat seine Wurzeln im historischen Jesus: Das ist die unmißverständliche Bedeutung des Kerygmas.

Der erste Korintherbrief

Wir versuchen nun, das näher zu erklären, indem wir ein berühmtes und unbestrittenes Beispiel von Kerygma, das aus einem der ältesten Texte des Neuen Testamentes stammt, genauer prüfen. Es handelt sich um den ersten Brief des Apostels Paulus an die Korinther, über den es gar keine Diskussionen mehr gibt: Die Kritik ist einhellig der Auffassung, daß er kurz nach dem Jahre 57 verfaßt worden ist. Paulus leitet im 15. Kapitel das Stück ein, das aus der vorhergehenden Tradition, nämlich dem Kerygma, entnommen ist, indem er ausdrücklich betont: »Vor allem habe ich euch überliefert, was auch ich empfangen habe.« So die äußerst kurze Einleitung, auf die dann die »Kurzformeln« folgen, die wörtlich aus der mündlichen Tradition gesammelt worden sind: »Christus starb für unsere Sünden, wie es die Schriften gesagt haben, und wurde begraben. Er ist am dritten Tag auferweckt worden, wie es die Schriften gesagt haben, und erschien dem Kefas, dann den Zwölf. Danach erschien er mehr als fünfhundert Brüdern zugleich; die meisten von ihnen sind noch am Leben, einige sind entschlafen. Danach erschien er dem Jakobus, dann allen Aposteln...« (1 Kor 15, 3—7). Wir stehen hier offensichtlich vor der Zusammenfassung des Glaubens, so wie er vor dem Jahre 57 dargestellt worden ist. Wir sind also ganz nahe beim Datum des Todes Jesu. Die Verkündigung des Paulus geht vielleicht auf die vierziger Jahre zurück. Wenn es so ist (und die Kritik selbst bestätigt es), dann wissen wir heute, wie der christliche Glaube von Anfang an verkündet worden ist.

Von allem Anfang an — so stellen wir fest — sind die historischen Daten über Jesus an die Daten des Glaubens, an die theologische Heilsbotschaft, gekoppelt: »Christus starb« (historisches Faktum); »für unsere Sünden, wie es die Schriften gesagt haben« (Glaubensdatum); »er wurde begraben« (historisches Faktum); »er ist am dritten Tag auferweckt worden, wie es die Schriften gesagt haben« (historisches Faktum und Glaubensdatum zugleich). Es folgt dann noch eine Reihe von historischen Daten: Kefas, die Zwölf, die fünfhundert Brüder, Jakobus, die Apostel... Der Jude Paulus verkündet also den Korinthern eine Botschaft, in der einem Menschen, den man als historisch ausgibt, das zugeschrieben wird, was eigentlich nur Gott allein zukommt: »Er starb für unsere Sünden.« Sündenvergebung — das haben wir schon bei Markus gesehen — war aber eifersüchtig gehütetes Vorrecht Jahwes. In der Ankündigung dieses Stückes aus dem Kerygma hat Paulus dessen Heilswert erklärt: »Ich erinnere euch, Brüder, an das Evangelium, das ich euch verkündigt habe. Ihr habt es angenommen und steht fest darin. Durch dieses Evangelium werdet ihr gerettet« (1 Kor 15,1—2). Retten — das kann nur Gott allein. Dieser rigorose Ex-Pharisäer verkündet aber mit natürlicher Unbefangenheit, daß auch der Glaube an Jesus retten kann.

Wenn noch ein Beweis notwendig war, daß der Prozeß der Vergöttlichung eines Zeitgenossen schlagartig und in historisch unerklärlicher Weise geschehen ist, dieser Beweis ist im Kerygma gegeben. Nicht nur im ersten Korintherbrief, sondern auch in vielen anderen Stücken dieser Art, die im Neuen Testament verstreut sind und die Kritikern und Mythologen gleichermaßen arge Schwierigkeiten bereiten; vor allem aber den letzteren. Die vage präexistente Idee eines Erlösergottes, die dem Christentum zugrunde liegen soll, ist plötzlich und in fast provokanter Weise in einem präzisen chronikartigen Bericht verankert. Wir haben hier genau das Gegenteil jenes Gesetzes, das alle anderen Mythen beherrscht: Deren Helden sind an den äußersten Grenzen der Geschichte angesiedelt, sie haben unscharfe Konturen, man kann nicht genau erkennen, wo und wann sie gelebt haben. Wenn man, wie gesagt wird, bei der »Erfindung« des Christentums auch auf die heidnischen Traditionen zurückgegriffen hat, dann denke man vergleichsweise nur an die chronologischen und topographischen Ungenauigkeiten der griechischen Mythologie. Hier hingegen ist das Kerygma, nachdem es zwei erste historische Angaben (»Christus starb...und wurde begraben«) gebracht hat, voll mit geradezu chronikartig genauen Nachrichten: »Er erschien dem Kefas, dann den Zwölf. Danach erschien er mehr als fünfhundert Brüdern zugleich; die meisten von ihnen sind noch am Leben, einige sind entschlafen. Danach erschien er dem Jakobus, dann allen Aposteln...« (1 Kor 15,5—7). Die theologische Botschaft, in die sich der vermeintliche Mythos der christlichen Anfänge (»Christus starb für unsere Sünden, wie es die Schriften gesagt haben«) eingenistet haben soll, ist verflochten mit einer Reihe von Ereignissen, deren Protagonisten, wie es eine Chronik verlangt, mit ihren Namen (»Kefas«, »Jakobus«) und der genauen Zahl (»zwölf«, »fünfhundert«) angegeben sind. Ja es gibt sogar den standesamtlichen Vermerk: »Die meisten von ihnen sind noch am Leben, einige sind entschlafen.« Und um die Chronik zu vervollständigen, werden auch die Umstände genannt, unter denen die Erscheinung des Auferstandenen vor

den fünfhundert Brüdern geschehen sein soll: nämlich vor allen »zugleich«.
Die Anklage, welche die Mythologen gegen Loisy und die Kritiker erhoben haben, gilt also vielmehr für beide Schulen. Man erinnere sich an Couchoud: »Im Falle Jesu fehlen die Analogien. Nach den Gesetzen, die wir aus der Geschichte kennen, ist die Entstehung des Christentums eine unglaubliche Absurdität und das wunderlichste aller Wunder.« Auch die mythologische Hypothese verläßt also »die breiten Straßen der Geschichte«, genauso wie die kritische Hypothese. Wie soll man denn angesichts des Kerygmas noch daran festhalten, daß am Anfang ein Mythos war, der sich dann nach und nach materialisiert und verdichtet haben soll in der obskuren oder vielleicht völlig legendären Gestalt Jesu? Wie kann man nach der Feststellung des Inhaltes der christlichen Predigt in den vierziger Jahren des 1. Jahrhunderts noch akzeptieren, was die Mythologen behaupten, daß nämlich Jesus nach dem Jahre 100 in Rom »erfunden« worden sei, um einen Mythos zu rechtfertigen? Wie kann man im Ernst die mythologische Position vertreten, die Couchoud so zusammenfaßt: »Es ist eine künstliche Legende, die behauptet, daß sich das alles in Palästina etwa vierzig Jahre vor der Zerstörung Jerusalems abgespielt habe. Der geheimnisvolle Gottesknecht wird ein Opfer des Pontius Pilatus und der Juden. Das heroische und zu Herzen gehende Vorbild der christlichen Martyrer«?

Weitere Beweise

Übrigens hat nicht nur die Exegese, sondern auch die Archäologie zu einem weiteren Schlag gegen die Hypothese über Jesus ausgeholt, die schon im 2. Jahrhundert aufgestellt worden ist, um einen Mythos mit einem Namen und einer Geschichte zu versehen.
Im Jahre 1935 (kurz nach dem Erscheinen des Buches von Couchoud, das die mythische These so populär gemacht hat) veröffentlichte der Engländer Roberts einen Papyrus (P. 52 oder »Rylands«), den er im Sand Mittelägyptens entdeckt hatte. Ein einfaches Fragment, aber von entscheidender Bedeutung: Es handelt sich um 114 griechische Buchstaben des Johannesevan-

geliums. Es steht außer Diskussion, daß dieses Fragment etwa um das Jahr 125 oder kurz danach zu datieren ist. Das Johannesevangelium ist nach allgemeiner Auffassung das letzte im chronologischen Sinn. Hauptargument der Mythologen, aber auch vieler Kritiker war bisher, daß dieses Evangelium zwischen 150 und 200 verfaßt worden sei. Nur mit dieser Datierung erhielt man die nötige Zeit für die Ausbildung eines Mythos. Der Papyrus »Rylands« hat ihnen diese Möglichkeit genommen. Es hat sich herausgestellt, daß das in Ägypten gefundene Fragment die Kopie eines Originals ist, das in Ephesus geschrieben wurde: Also hatte dieses letzte Evangelium schon um das Jahr 100 seine endgültige Form erhalten. Während nach den Mythologen Jesus erst *nach* dem Jahre 100 erfunden worden sein soll...
Hinsichtlich der Papyri und überhaupt der ältesten Texte des Neuen Testamentes ist festzuhalten, daß nach dem einstimmigen Urteil der Fachleute »kein Buch der Antike mit solcher Sorgfalt und einer solchen Fülle von ältesten Handschriften überliefert worden ist wie das Neue Testament« (Thiel). Es sind gegenwärtig gut 4680 antike neutestamentliche Texte bekannt, davon etwa 70 Papyri. Außer den Fragmenten (die von entscheidender Bedeutung sind, allen voran der P. 52) ist auch noch der P. 66 veröffentlicht worden: Er enthält das vollständige Johannesevangelium. Die Datierung ist um das Jahr 150 anzunehmen. Ein großer Teil des Neuen Testamentes findet sich im P. 45, der 1930 im Sand Ägyptens aufgefunden worden ist: Er dürfte ebenfalls noch vor dem Jahr 200 entstanden sein. Um zu verstehen, mit welch unerhörter Autorität der Text des Neuen Testamentes ausgestattet ist, braucht man nur in Betracht zu ziehen, daß bei den griechischen Schriftstellern die Zeit, die zwischen dem Original und der ersten in unserem Besitz befindlichen Handschrift liegt, wenigstens 1200 Jahre beträgt. Die erste Handschrift einer Tragödie des Äschylus (525—456 v. Chr.) stammt aus dem 11. Jahrhundert n. Chr. Zwischen Abfassung und Abschrift liegt ein Intervall von etwa 1500 Jahren. Trotz dieser Situation hat man beim kritischen Studium der klassischen Autoren nie daran gedacht, die Echtheit der Texte oder sogar die historische Existenz des Verfassers zu leugnen. Die Verachtung, die Leugnung und Zurückweisung scheinen von seiten einer gewissen Kritik nur Jesus von Nazaret vorbehalten zu sein. So schreibt etwa Donini, ohne sich auf einen Vergleich mit den anderen

antiken Texten einzulassen, nur um im Leser das Mißtrauen in die Geschichtlichkeit der Evangelien wachzuhalten, daß diese Texte »in einer sehr späten handschriftlichen Überlieferung zu uns gelangt sind« und daß »die ältesten von ihnen eine beträchtliche Distanz zur ersten Redaktion aufweisen«. Man fragt sich, was man dann z. B. von einem Forscher sagen müßte, der sich mit Plato beschäftigt und auf Handschriften angewiesen ist, deren zeitlicher Abstand vom Original 1300 Jahre beträgt.

Im Jahre 1939 entdeckte man bei Ausgrabungen in Herculaneum an einer Mauer in dem Teil einer Patriziervilla, der den Sklaven vorbehalten war, den sehr klaren Abdruck eines Kreuzes. Um das Kreuz herum fand man noch die Nägel zur Befestigung des Verschlages oder Vorhangs, hinter dem das Symbol des christlichen Kultes offenbar versteckt war. Das Haus wurde mit der ganzen Stadt beim berühmten Ausbruch des Vesuvs im Jahre 79 n. Chr. von der Lava verschüttet. Damals hatte das Christentum also bereits Zeit gehabt, bis nach Italien vorzudringen und dort seinen Kult zu verbreiten.

Im Jahre 1968 wurden in Kafarnaum, nach den Evangelien die Stadt, aus der Simon Petrus stammte, unter dem Fußboden einer Kirche (der ältesten in Palästina), die seit dem 5. Jahrhundert dem Apostel geweiht war, die Überreste eines Hauses gefunden, das die Archäologen als das Haus des Petrus identifiziert haben. Es ist eine ärmliche Wohnstätte, in allem außer in einem Punkt den anderen ringsum ähnlich: Die Wände dieses Hauses sind mit Fresken und Inschriften (in Griechisch, Syrisch, Aramäisch und Lateinisch) bedeckt, die Anrufungen zu Petrus um seine Fürsprache enthalten. Mit Sicherheit ist dieses Haus nach dem 1. Jahrhundert in eine heilige Stätte umgewandelt worden: Es ist also die älteste bekannte christliche »Kirche«. Und es ist ein Beweis dafür, daß schon vor dem Jahre 100, also noch bevor sich die Tradition vollständig und endgültig in schriftlichen Texten niedergeschlagen hatte, nicht nur der Kult Jesu bereits stark verbreitet war, sondern auch die »Kanonisation« seiner Jünger schon so weit fortgeschritten war, daß sie als »heilige« Fürsprecher angerufen wurden.

Doch um wieder zum Kerygma zurückzukommen: Man hätte also eine Person erfunden, und diese sei sechzig Jahre vor ihrer eigenen »Erfindung« von der von Paulus gesammelten Tradition mit einer Reihe ganz präziser Daten verknüpft worden unter

Hinweis auf noch lebende und identifizierbare Zeugen? Das Kerygma hat mit den unglaubwürdigen Theorien der Mythologen gründlich aufgeräumt, so wie es zusammen mit der Kenntnis des jüdischen Milieus des 1. Jahrhunderts die noch unglaubwürdigeren Theorien der Kritiker zerzaust hat. »Am Anfang war das Kerygma« (Dibelius), und dieses Kerygma zeigt uns, wie die ganze christliche Botschaft seit Anbeginn ausgesehen hat. Der historische Jesus und der Christus des Glaubens sind seit den allerersten Jahren untrennbar miteinander verbunden. Das ist eine Tatsache, die von »Ungläubigen« geschichtlich nachgewiesen wurde, und nicht ein frommer Wunsch der in ihren Gewohnheiten ahnungslos dahinlebenden Gläubigen.

Vom Mythos zur Kritik

In einigen Fällen hat die erwähnte Priorität der Philosophie vor der Geschichte bei der Interpretation des Christentums samt den damit verbundenen pseudowissenschaftlichen Voraussetzungen unvorhersehbare Folgen in der Geschichte der modernen Welt gezeitigt. Zu diesen Fällen gehört auch die Theorie des Marxismus über die Ursprünge des christlichen Glaubens, die in der Sowjetunion zur offiziellen Doktrin geworden ist. Man muß leider sagen, daß bei diesem so entscheidenden Thema der sonst so messerscharfe Geist von Friedrich Engels ins Rutschen und Schleudern geraten ist und sich auf Theorien eingelassen hat, die eher eines Dilettanten als eines Gelehrten seines Formats würdig sind. Und weil der sowjetische Marxismus bei der Weiterentwicklung dieser Theorien so außergewöhnlich erfolglos war, verlegte er sich auf andere Gebiete der Kultur. Dies ist ein Faktum, das einigermaßen seltsam erscheint in einem Land, das seinem Erziehungswesen den »wissenschaftlichen« Atheismus zugrunde gelegt hat. Aber was noch schwerer wiegt: Um den Texten von Engels nicht widersprechen zu müssen, weisen die sowjetischen Gelehrten seit Jahrzehnten hartnäckig die Schlußfolgerungen zurück, zu denen selbst die antikirchliche Kritik des Westens gelangt ist. In der UdSSR greifen ernsthafte Gelehrte zu allen möglichen Ausflüchten, und zwar im Namen einer sogenannten »sozialistischen Vernunft«, und bringen damit nicht nur sich selbst, sondern eine ganze Schule in Mißkredit. Bis sie schließlich doch dann und wann, aber auch erst in jüngster Zeit, zu einer freiwilligen, wenn auch nur teilweisen und ein wenig zurückhaltenden Selbstkritik gezwungen sind. Anfang der sechziger Jahre veröffentlichte der Verleger Feltrinelli unter dem Titel »Die Religion in der UdSSR« eine Sammlung von Studien sowjetischer Autoren über verschiedene religiöse Themen und speziell über unser Problem: die Ursprünge des Christentums. Ein großer Teil dieser Dokumentation war einem »offiziellen« Text, nämlich der »Großen Sowjetischen Enzyklopädie«, entnommen. Das Urteil der westlichen Experten über die Qualität dieser Studien fällt vernichtend aus. Bereits in der Einleitung zum Buch von Feltrinelli macht sich ein Gelehrter, der sicher nicht eines »christlichen« apologetischen Geistes verdächtigt werden kann, Ernesto De Martino, zu ihrem Sprecher, wenn er bemerkt: »Die erste Reaktion des westlichen Lesers ist ein wirklicher und echter Schock.« Wie die Eroberung des Weltraums »den hohen Grad des in der UdSSR erreichten technischen Fortschritts bezeugt«, so offenbaren die sowjetischen Stimmen über die Ursprünge des Christentums »einen nicht zu übersehenden Grad an Rückständigkeit... Auf diesem Gebiet erreicht die sowjetische Kultur einen der größten Tiefpunkte in ihrer mannigfaltigen Landschaft«. Nach De Martino, der damit die negativen Reaktionen aller Rezensenten schon vorwegnahm, verlangt »gerade die Hochschätzung, die alle Demokraten dem politischen und sozialen Experiment, das mit der Oktoberrevolution eingeleitet wurde, entgegenbringen«, nach einer Klärung, »wieso in der UdSSR auf dem Sektor der Religionswissenschaft ein so radikales Mißverständnis der marxistischen Methodik möglich gewesen ist«. Und er schließt mit den Worten: »Die westliche Kultur kann mit den einzelnen Ergebnissen der Religionswissenschaft in der UdSSR keinen fruchtbaren Dialog aufrechterhalten. Und zwar nicht deswegen, weil sie von einer marxistischen Methodik inspiriert ist, sondern weil sie sich an gar keine Methode des menschlichen Wissens hält und weil sich ihre Vertreter bloß als Kampfhähne, Kriegshetzer und unmittelbare Instrumente der Propaganda gebärden.« Selbst Donini, der orthodoxe marxistische Experte für die Geschichte des Christentums, mußte später ehrlich zugeben: »Die Polemiken und Vorbehalte, die durch die Übersetzung einiger Stimmen der ›Großen Sowjetischen Enzyklopädie‹ ausgelöst worden sind, haben die Dringlichkeit verstärkt, die marxistische Interpretation der Religion zu vertiefen...«

In diesen Studien des russischen Marxismus über Jesus fehlen auch nicht groteske Episoden. Es sei nur eine von vielen erwähnt. Bis 1962 mußten die überraschend wenigen sowjetischen Experten für die Ursprünge des Christentums die offiziellen Texte des Marxismus in dieser Materie berücksichtigen. Es handelt sich im Grunde um drei Artikel von Engels, die dieser in den Jahren 1882, 1883 und 1885 veröffentlicht hatte. Diese Texte gaben aber nicht nur immer schwerere Probleme bezüglich ihrer historischen Glaubwürdigkeit auf, sondern sie enthielten in der offiziellen sowjetischen Ausgabe auch einen Übersetzungsfehler, der es noch schwieriger machte, sie wissenschaftlich zu verteidigen. So hieß die offizielle russische Übersetzung einer Stelle des deutschen Originals von Engels: »Das Christentum hatte seinen Ursprungsort in Kleinasien.« Dazu meint Craveri: »Das Bestreben, der Autorität von Engels absolut treu zu bleiben, stürzte die sowjetischen Gelehrten in Verlegenheit, denn in seinen Aufsätzen fanden sie widersprüchliche Ansichten über den Ursprungsort des Christentums: einmal Palästina, dann wieder Alexandria in Ägypten und schließlich sogar irgendein Ort in der jüdischen Diaspora.« Was tun? »Die Gelehrten der jüngeren sowjetischen Schule überwanden das Hindernis, indem sie ganz allgemein behaupteten, das Christentum habe sich in der Diaspora entwickelt, den jüdischen Gemeinden, die in verschiedenen Ländern im Exil entstanden sind« (Craveri). Diese Formel (»in verschiedenen Ländern«) war die Hintertür, durch die man eigentlich die Widersprüche bei Engels und den orthodoxen sowjetischen Gelehrten hätte umgehen können. Schließlich entdeckte im Jahre 1962 der Historiker A. P. Kasdàn, daß in der russischen Übersetzung ein Fehler war: Der deutsche Originaltext gab Kleinasien als »Hauptsitz« des Christentums an und nicht als dessen einzigen »Ursprungsort«. Auf den ersten Blick vielleicht eine Spitzfindigkeit, aber für den, der mit der Materie vertraut ist, doch eine Unterscheidung, welche die Untersuchungen in eine ganz andere Richtung weisen kann.

Die sowjetischen Gelehrten stießen einen Seufzer der Erleichterung aus, als sie wenigstens in einem Punkt von der Notwendigkeit befreit waren, sich in verbalen Kunststücken zu ergehen. Trotzdem waren ihre Probleme alles andere als gelöst. Erst nach

1958 hat es ein sowjetischer Gelehrter zögernd gewagt, sich klugerweise von den Thesen Friedrich Engels' zu distanzieren, die mittlerweile völlig unhaltbar geworden waren. Engels sah in der Entstehung des Christentums ein typisches Beispiel einer revolutionären Lösung im Klassenkampf: die Sklavenhalter auf der einen Seite, die Unterdrückten auf der anderen. Deshalb erscheint für Engels der neu in die Geschichte eintretende Glaube als »eine Religion der Sklaven und Freigelassenen, der Armen und Rechtlosen, der von Rom unterjochten und vertriebenen Völker«, kurz »eine Bewegung der Unterdrückten, die an ihrer wirklichen Befreiung verzweifelten und daher als Ersatz eine spirituelle Erlösung suchten«. Der Glaube an einen Christus als Erlöser sei als Ergebnis eines natürlichen Gärungsprozesses im proletarischen Milieu des alten Orients entstanden; und zwar ohne einen eigentlichen »Gründer«, der am Anfang steht. »Das Christentum« — so hat Karl Kautsky zusammenfassend gemeint — »ist nichts anderes als der mythische Ausdruck einer kollektiven Kraft.« Ein typisches Beispiel also für eine mythologische Lösung. Um diese Theorie von einer spontanen, aus Protest erfolgten Entstehung des Christentums zu rechtfertigen, behauptet Engels, daß das Johannesevangelium und die Apokalypse, die letzten Bücher des Neuen Testamentes, in Wirklichkeit als erste schriftlich niedergelegt worden seien. Vor allem in der Apokalypse wehe ein Wind der Rebellion und des Protestes gegen das Römische Reich. Für die sowjetischen Gelehrten wurde es von Jahr zu Jahr schwieriger, diese These zu vertreten: Die westliche Kritik hatte seit langem bewiesen, daß die Apokalypse und das Johannesevangelium in Wirklichkeit die letzten schriftlich niedergelegten Bücher des Neuen Testamentes sind. Gerade das Gegenteil also jener fundamentalen Voraussetzung, die Engels zum Angelpunkt seiner Theorie gemacht hatte, indem er gewisse, schon uralte und bereits zu seiner Zeit widerlegte Hypothesen wieder neu aufwärmte.

Eindeutig unhaltbar war auch eine andere entscheidende These von Engels. Nämlich daß »der wahre Lehrvater des Christentums« Philon von Alexandria gewesen sei, ein jüdischer Philosoph des 1. Jahrhunderts, der in seinen Werken eine Synthese zwischen Judentum und griechischer, vor allem stoischer Weisheit versucht hatte. Craveri bemerkt dazu, daß »Engels in keiner Weise aufzeigen konnte, wie und warum die Schriften Philons zu dieser den Gelehrten völlig unbekannten Popularität gelangt sein sollten«. Engels setzte nämlich voraus, daß die Philosophie Philons in populärer Form in den armen Volksschichten des Mittelmeerraumes verbreitet gewesen sei: eine völlig unbewiesene Hypothese, da es keinerlei Zeugnisse für eine solche Verbreitung gibt. So mußte Engels selbst zugestehen, daß es angesichts dessen, daß das Christentum sich aus den Schriften Philons herleite, äußerst schwer zu verstehen sei, warum »das Neue Testament die wesentlichen Teile dieser Schriften fast vollständig außer acht läßt«.

Die modernen wissenschaftlichen Ergebnisse widersprachen in der Folge in immer evidenterer Weise der Überzeugung Engels', daß der berühmte »Hauptsitz« für die Entstehung des Glaubens nicht das Judentum in Palästina gewesen sei. Aufgrund der Fortschritte der Forschung konnte auch niemand mehr für eine andere seiner Hypothesen eintreten: daß nämlich der überwältigende Anklang, den das frühe Christentum beim Volk fand, sich daraus erkläre, daß es eine »Religion ohne Riten und Zeremonien« war. Es gab fast keinen Punkt in der Interpretation Engels', der nicht in radikaler Weise vom Fortschritt der Kritik im Westen zerpflückt worden wäre. Ein weiteres Beispiel: Es wird heute allgemein angenommen, daß das frühe Christentum keineswegs nur als ein Glaube für die Proletarier erschien, wie es die »revolutionäre« Hypothese gerne wahrhaben möchte. Schon im Jahre 112 sagt Plinius der Jüngere in einem Schreiben an Kaiser Trajan über die Christen in Bithynien, daß es Leute »omnis ordinis« seien, also jeder sozialen Klasse. Und er fügt hinzu, daß »von diesem Aberglauben nicht nur die Städte, sondern auch die Dörfer und Landgemeinden angesteckt worden sind«. Die Listen der Martyrer der ersten Jahrhunderte weisen Namen von Kaufleuten, Handwerkern, Intellektuellen und nicht selten vornehmen Großgrundbesitzern auf. Und doch, bis 1958 »sind die Gelehrten der UdSSR an das Problem der Ursprünge des Christentums eher mit der Einstellung herangegangen, die diesbezüglichen Meinungen des Freundes und Mitarbeiters von Karl Marx zu bestätigen, als die neuen Ergebnisse der neutestamentlichen Exegese, der archäologischen Entdeckungen und der Erforschung der Geschichte des Altertums einer objektiven kritischen Prüfung zu unterziehen« (Craveri).

Erst seit 1958, dem Jahr der Veröffentlichung einer Studie von

Kowaljew, die »in perfekter Anlehnung an den marxistischen Gedanken, aber ohne außergewöhnliche Treue zu den Meinungen von Engels ausgeführt ist«, und dann seit 1962, als der besagte Übersetzungsfehler bemerkt wurde, entwickelt sich die sowjetische Kritik mit einer gewissen wissenschaftlichen Glaubwürdigkeit. Bis man dann im Jahre 1968 schließlich bei der Selbstkritik landet. Das Verdienst kommt dem Historiker Kublanow zu, der ein Buch veröffentlicht mit dem Titel: »Das Neue Testament — Forschungen und Entdeckungen«. Die bekannte Moskauer Zeitschrift »Novy Mir« widmet ihm 1969 eine ausführliche positive Rezension, die anerkennt, daß »die historische Existenz Jesu ein Faktum ist, mit dem sich der sowjetische Atheismus nunmehr auseinandersetzen wird müssen«, und die etwas eigenartig endet: »Die atheistische Propaganda der Jahre 1920—1940 ist den falschen Weg gegangen, indem sie sklavisch die Thesen des bürgerlichen Antiklerikalismus gegen die Existenz Jesu übernahm.«

Man kreidet also den Verirrungen der Stalinära Vorraussetzungen an, denen Engels selbst verhaftet war (er hat sie über Bauer dem »bürgerlichen Antiklerikalismus« entlehnt) und die gegenüber allem und allen vehement verteidigt worden waren.

Das Werk Kublanows eröffnet jedenfalls einen neuen Kurs in den sowjetischen Stellungnahmen zur Frage nach Jesus: Die Hypothesen Engels', auch wenn sie mit Thesen des bürgerlichen Antiklerikalismus getarnt sind, werden aufgegeben, und es wird ihre wissenschaftliche Unhaltbarkeit im Lichte der modernen Forschung aufgezeigt. So gibt man z. B. zu, daß die Apokalypse zu den letzten Büchern des Neuen Testamentes gehört; man anerkennt sogar, daß die Berichte der Evangelien »ein gewisses Vertrauen verdienen«; man weist entschieden die Ableitung des Christentums von irgendwelchen hypothetischen orientalischen Mythen einer sozialen Befreiung zurück. Die Wahrheit erfordert aber, daß man auch darauf hinweist, daß die »Große Sowjetische Enzyklopädie« noch in ihrer letzten Auflage der alten offiziellen Doktrin folgt, die behauptet, daß Jesus nie existiert habe. Man hat also über siebzig Jahre gebraucht, um sich wenigstens zum Teil von philosophischen Vorurteilen zu lösen und die Ergebnisse der modernen Forschung zu akzeptieren. Auch wenn man in der UdSSR, anders als im Westen, von den mythologischen zu den kritischen Thesen übergegangen ist, wobei man mit dem ganzen

Komplex von Schwierigkeiten zu rechnen hatte, die diese Thesen mit sich bringen. Die russischen Fachleute stoßen heute auf dieselben Probleme, die sich schon in den ersten Jahrzehnten des 20. Jahrhunderts den deutschen und französischen Kritikern in den Weg gelegt haben.

Diese Geschichte der sowjetischen Studien über die Ursprünge des Christentums ist geradezu exemplarisch. Man darf aber nicht vergessen, daß man dieselbe marxistische Verschließung vor den objektiven Daten des Problems zur gleichen Zeit auch in gewissen christlichen Kreisen antreffen konnte. Die brutale und blasphemische Vereinnahmung Jesu im Westen, wo man ihn oft zu einem Instrument der antikommunistischen Propaganda gemacht hat, erklärt vielleicht ein wenig die hartnäckige Sturheit der Russen. Eine Bestätigung mehr für die extreme Schwierigkeit, dieses Problem in wirklich objektiver Weise zu behandeln. Auf der Linie von Kublanow und »Novy Mir« anerkennt man, daß man heute mit wissenschaftlichen Argumenten über die Frage nach Jesus diskutieren kann. Der Marxismus (oder vielleicht besser der Neo-Marxismus) verzichtet also darauf, ein ideologisches Präventivurteil über die Gestalt Jesu Christi abzugeben: Er gibt zu, daß es nicht seine Aufgabe ist, über die »kritische Wissenschaft der Revolution« hinauszugehen. Nach dem Beispiel der sowjetischen Kommunisten beschuldigt auch der italienische Kommunist Ingrao die »stalinistischen Verirrungen«, für die Grenzüberschreitung in das Gebiet der Metaphysik mit wissenschaftlich nicht vertretbaren Resultaten verantwortlich zu sein. Die marxistische Selbstkritik ist jedenfalls mutig und verlangt unseren Respekt; denn sie beginnt mit einem säkularen Mißverständnis aufzuräumen. Die Hoffnung geht dahin, daß man auch von christlicher Seite die Notwendigkeit erkennt, die oft abwegigen Verkrustungen politischer, ökonomischer und sozialer Art aufzubrechen, die sich um den Glauben an Jesus herum gebildet haben. Die Hoffnung geht dahin, daß die christliche Botschaft, eine Botschaft der Befreiung, wie es keine zweite je gab, endlich »befreit wird von der schändlichen Verpflichtung, den herrschenden Klassen als Instrument zu dienen, damit die große Mehrheit des Volkes unterdrückt bleibt« (A. Donini).

Widersprüche in den Evangelien

Es ist sicherlich nicht das besondere Kennzeichen einer einzigen Schule, daß in ihren Reihen die bewundernswertesten und leuchtendsten Geistesgrößen stehen, die aber, wenn sie vor die Frage nach Jesus gestellt sind, zeigen, daß sie zwar »logisch denken, aber eben nur bis zu einem gewissen Punkt«, wie Pascal gesagt hat. Im folgenden nun ein weiterer bezeichnender Beweis dafür, wie selbst sehr anerkannte Geister ins Schleudern geraten, wenn sie besessen sind von der »voluptas negandi«, von der Sucht, alles zu verneinen — immer und auf jeden Fall. Nach Engels, einer Symbolfigur der sozialistischen Rationalität, nun das Symbol des bürgerlichen Rationalismus: François Marie Arouet, genannt Voltaire. Ein Meister der Logik, in vorderster Front im Kampf gegen die christliche Unwahrheit, Verfechter des Lichtes der Vernunft gegenüber einem biblischen Obskurantismus. Das ist im allgemeinen der Ruf, der ihm vorausgeht. Aber schauen wir uns einmal ein Beispiel dieser Logik an, und zwar aus seinem Hauptwerk, dem »Philosophischen Wörterbuch«. Dort verhöhnt Voltaire jene einfachen Gläubigen, die neben tausend anderen Absurditäten auch das Mattäus- und Lukasevangelium für echt halten. Diese beiden Texte berichten die Genealogie von »Josef, dem Mann Marias; von ihr wurde Jesus geboren, den man Christus nennt«. Aber während Mattäus nur 42 Vorfahren aufzählt, nennt Lukas 56. Außerdem stimmen die Namen in den beiden Listen einmal überein und dann wieder nicht. Doch die Schwierigkeit wird noch größer, denn Lukas geht bis auf Adam zurück, während Mattäus mit Abraham beginnt. Kurzum, einen größeren Pfusch konnte man gar nicht machen, bemerkt sarkastisch der französische Philosoph. Wie kann man solchen Texten auch nur ein Minimum an Glaubwürdigkeit zubilligen?

Wir müssen sofort klarstellen, daß nicht einmal die konservativsten christlichen Gelehrten zu beweisen versuchen würden, daß diese »Genealogien« nach unserem heutigen Verständnis von Geschichte zu bewerten seien. Sie haben vielmehr eine literarische, eine symbolische und außerdem eine theologische Funktion. Wir werden also nicht den absurden Versuch unternehmen, den Beweis antreten zu wollen, daß sie »wahr« sind in unserem historischen Sinn. Es soll hier bloß aufgezeigt werden, nach

welcher Art von Logik jemand vorgeht, der wie Voltaire sich an diese Seiten des Evangeliums klammert, um zu beweisen, daß die Tradition über Jesus von den Gläubigen nach Belieben manipuliert oder geradezu »ex novo« geschaffen worden sei. Wir stellen vor allem fest, daß Voltaire noch sehr nachsichtig gewesen ist, wenn er sich darauf beschränkt, die Evangelien bloß hinsichtlich der Genealogien des Mattäus und Lukas gewissermaßen zu blamieren. Er hätte den Spott noch viel weiter treiben können. Er hätte z. B. nur auf jene Inschrift hinweisen brauchen, die Pilatus am Kreuz Jesu anbringen ließ und die den Grund der Verurteilung angab. Alle vier Evangelien sprechen von dieser Inschrift, aber jede der vier Versionen lautet anders, wenn auch nur in kleinen Details. Oder ein anderes Beispiel: Die sogenannte »Bergpredigt« ist nur für Mattäus eine solche: »Als Jesus die vielen Menschen sah, stieg er auf einen Berg« (Mt 5,1). Nach Lukas ist dieselbe Rede in der Ebene gehalten worden: »Jesus stieg mit ihnen den Berg hinab. In der Ebene blieb er mit einer großen Schar seiner Jünger stehen« (Lk 6,17).
Man könnte die Liste von Ungereimtheiten zwischen den Evangelien beliebig fortsetzen. Obwohl sie fast nie wesentliche Punkte des Lebens Jesu betreffen, sind sie doch so zahlreich, daß die Gläubigen sicher nicht erst auf Voltaire warten mußten, um das Unbehagen darüber zu entdecken und wahrzunehmen. Schon um das Jahr 150 schrieb ein Unbekannter in Syrien das sogenannte »Petrusevangelium«, das die Kirche jedoch als apokryph abgelehnt hat. Es unternahm schon damals den Versuch, die vier Evangelien zu harmonisieren, indem es die peinlichen Unterschiede zwischen ihnen eliminierte. Um 170 hielt es ein anderer christlicher Schriftsteller, Tatian, für notwendig, die nicht ganz übereinstimmenden Berichte von Mattäus, Markus, Lukas und Johannes zu vereinheitlichen, indem er einen Einheitstext schuf, der als »Diatessaron« (wörtlich: »quer durch die vier«) bekannt ist. Dieses Problem der Nichtübereinstimmung der Evangelien stürzt die frühe Kirche in eine äußerst schwere Krise. Sie wurde von Marcion hervorgerufen: »Da die Texte unterschiedlich sind« — sagte er —, »muß man einen auswählen.« Er für seinen Teil entschied sich für Lukas. Die Kirche aber nahm eher ein Schisma in Kauf, als daß sie den Standpunkt der Marcioniten, der doch so logisch erschien, akzeptiert hätte.

Das Unbehagen über diese uneinheitlichen Texte hat sich bis heute erhalten; ebenso auch der Spott der Kritiker à la Voltaire. Die Reaktion der christlichen Apologeten ist zumeist ziemlich ungeschickt gewesen. Man glaubte, die Situation retten zu können, indem man eine Art Seiltänzerakrobatik betrieb. Ein Beispiel: Bei der Antwort auf die übrigens eher banale Frage, ob die »Bergpredigt« in der Ebene oder auf einem Berg gehalten worden sei, beschreitet man den goldenen Mittelweg: »Es gibt keinen Widerspruch zwischen Mattäus und Lukas; diese Worte sind weder in der Ebene noch auf einem Berg gesprochen worden, sondern vielmehr an beiden Orten zugleich: Es geschah nämlich auf einer Hochebene...«

Tatsächlich ist die Argumentationsweise von Voltaire seltsam. Auf der einen Seite hält er mit allen »wissenschaftlichen« Leugnern der Geschichtlichkeit der Evangelien daran fest, daß diese Texte nichts weiter sind als phantastische Kreationen, legendenhafte Erweiterungen seitens einer Gemeinschaft von Gläubigen, die danach strebten, sich einen Gott nach ihren Erwartungen, ihren Hoffnungen, nach ihrem Glauben zu schaffen. Auf der anderen Seite glauben Voltaire und seine Anhänger, daß jene legendenbildende Gemeinde diese Texte, die so offensichtlich nicht miteinander übereinstimmen, zuerst geschaffen und dann auch noch sorgfältig bewahrt hätte. Aus lauter Lust, sich so peinliche Schwierigkeiten aufzuhalsen, die von Anfang den Ungläubigen eine Angriffsfläche boten, hätte also die Kirche nicht zueinanderpassende Texte erfunden, verbreitet und um jeden Preis bewahrt... Voltaire bemerkt nicht einmal, daß ein solches Verhalten der Kirche völlig absurd wäre, wenn am Anfang der Geschichte Jesu wirklich, wie er annimmt, nichts ist als bloß ein formloses »Material«, das sich nach Belieben manipulieren läßt.

Die ersten Einwände bezüglich der Unstimmigkeiten zwischen den Evangelien tauchen tatsächlich um die Mitte des 2. Jahrhunderts auf, in jenen dunklen Jahren der Kirche, als die Tradition über Jesus gerade dabei war, sich endgültig zu konsolidieren. Warum sind angesichts dieser Einwände die Unterschiede und mangelnden Übereinstimmungen zwischen den vier Evangelien, welche die Kirche gerade in jenen Jahren als einzige unter vielen in ihren offiziellen Kanon der heiligen Bücher aufnimmt, nicht sofort applaniert worden? Es war noch Zeit und auch die

Möglichkeit dazu: Wir wissen heute mit Sicherheit, daß die Evangelien eine Reihe von Etappen durchlaufen haben, bevor sie die gegenwärtige Form gefunden haben. Warum konnten diese Texte, zumal ja Jesus nichts Schriftliches, also kein verpflichtendes Dokument hinterlassen hatte, nicht auch noch die letzte Etappe hinter sich bringen und eine vollständige Einheitlichkeit erreichen? Aber nein. Die Kirche weist jeden streng zurecht, welcher der Versuchung, die in der Gemeinde äußerst stark ist, nachgibt, diesen Texten mit sanfter Gewalt etwas nachzuhelfen. Obwohl sie sich der Peinlichkeit bewußt ist und weiß, daß sie ihre eigene missionarische Tätigkeit kompromittiert, will diese Gemeinde, die angeblich alles erfunden hat, diese Erfindung nicht bis zur letzten Vollendung führen, sondern konserviert und behütet gegen alle Logik Texte, die voller peinlicher Varianten sind. Dieses sonst völlig absurde Verhalten ist nur erklärlich, wenn man eine Hypothese annimmt, die als einzige plausibel zu sein scheint. Nämlich die Hypothese von einer ersten Gemeinde, die *verpflichtet* war, nur diese vier Texte zu akzeptieren, auch wenn sie für sie peinlich und unbequem waren. Eine Verpflichtung, die sich nur aus der begründeten Überzeugung herleiten konnte, daß in diesen Texten die Erinnerungen der zuverlässigsten Zeugen aufbewahrt waren. Erinnerungen, die manchmal stark differieren, ja in vielen Punkten sogar verwirrend sind (Geschah die Heilung der zwei Besessenen bei der Stadt Gadara, wie Mattäus berichtet, oder bei Gerasa, wie Lukas und Markus schreiben?), die aber doch einem Geschehen am nächsten kommen, von dem es viele Zeugen gegeben hat. Wir sind gegenteiliger Meinung als Voltaire, der offenbar weder etwas vom Petrusevangelium noch vom Diatessaron Tatians weiß, weder von der marcionitischen Häresie noch vom tausendfachen Unbehagen der Gläubigen über jene Unstimmigkeiten, die der brillante Philosoph der Aufklärung als erster zu bemerken glaubt. Es sind nämlich gerade die Unterschiede in den vier »offiziellen« Berichten über Jesus, die den Gedanken nahelegen, daß es am Anfang eine Geschichte geben muß, die wirklich stattgefunden hat. Um sie zu rekonstruieren, mußte man die zuverlässigsten Zeugnisse suchen und verteidigen, die möglichst nahe an die Fakten selbst heranreichten. Und diese Zeugnisse wurden klarerweise als unantastbar betrachtet. Wenn es am Anfang keine wirkliche Geschichte gibt, sondern bloß ein

gestaltloses und noch zu formendes »Material«, dann bleibt das Verhalten der frühen Kirche unerklärlich. Wenn sie nicht einmal imstande war, zuverlässige Legenden zu bilden, dann fehlten dieser Gemeinschaft alle Voraussetzungen, um erfolgreich sein zu können.
Die Absurdität, sich dem Urteil der ganzen Welt auszusetzen mit Texten, die den Gegnern solche direkten Angriffsflächen bieten, ist nur zu erklären, wenn man am Anfang eine Botschaft annimmt, die durch die Urgemeinde nicht nach Belieben manipuliert werden konnte, wie es die Kritiker und Mythologen so gerne glauben. Die Gemeinde scheint im Gegenteil verpflichtet gewesen zu sein, so gut wie möglich das zu sichern, was wirklich geschehen ist, die Botschaft also möglichst *unversehrt* zu sammeln, zu verkünden und zu bewahren.

Die »Vorfahren« des Messias

Gehen wir nun aber jenen Genealogien Jesu, durch welche die Evangelien nach Voltaire von Anfang an ihre absolute historische Unzuverlässigkeit beweisen würden, noch mehr auf den Grund. Der brillanten Intelligenz Voltaires ist etwas entgangen, worauf ein heutiger Landsmann von ihm, R. L. Bruckberger, hingewiesen hat. Er stellt fest, daß Mattäus, der sein Evangelium ja für die Juden schreibt, die semitische Tradition respektiert, für seine Hauptfigur ein kompliziertes genealogisches Gebäude zu konstruieren. Aber dieser Respekt vor der Tradition ist hier nur scheinbar. In Wirklichkeit tut dieses Evangelium fast verstohlen etwas, was für die jüdische Kultur absolut unverständlich ist. Mattäus zerbricht nämlich bewußt die Harmonie seiner Liste von Vorfahren Jesu, indem er in diese lange Reihe männlicher Namen außer Maria auch noch vier Namen von anderen Frauen einfügt. Eine Absurdität, denn für die Juden zählte ein Frau innerhalb einer Genealogie überhaupt nicht; daher war die auf solche Weise für Jesus konstruierte Genealogie in ihren Augen ungültig. Als ein Geschöpf, dem mit Mißtrauen zu begegnen ist und das sehr oft als »unrein« angesehen wurde, paßte das Weib jedenfalls nicht in eine feierliche Genealogie.
Aber der Skandal wird für den frommen Juden ganz unerträglich, wenn man sieht, wem jene vier Frauennamen gehören, die

aus den alten Schriften Israels entnommen sind. Es sind *Tamar,* die Schwiegertochter von Juda, dem Sohn Jakobs, die sich ihm zum Beischlaf anbot; *Rehab,* eine Dirne aus Jericho, die ihre Stadt verraten hat; *Rut,* eine Heidin, die sich dem Boas anbot und ihn zwang, sie zu heiraten; und schließlich *Batseba,* die Frau des Urija, eine Ehebrecherin, welche die Geliebte Davids wurde, der ihretwegen heimtückisch ihren Mann töten ließ, der ihm treu gedient hatte. Und dann wird noch *Maria* genannt, die Mutter Jesu. Inzest, Geheimprostitution und Verrat, Ehebruch, der im Mord an einem treuen Diener gipfelt — aus diesem niedrigen Geschmeiß soll sich Maria erhoben haben, die selbst für den Verfasser dieser absurden Genealogie die Jungfrau ist, von der Christus geboren werden mußte. Dazu bemerkt Bruckberger: »Gerade an diesen Einzelheiten, die nur bei einer vertieften Reflexion auffallen, können wir die Wahrheitsliebe des biblischen Zeugnisses lebendig erkennen. Erfundene Texte könnten niemals ausgerechnet so beginnen« — mit einer so offensichtlichen Herausforderung alles dessen, was einer bestimmten Kultur, die man doch bekehren möchte, heilig ist.

Dieses Einsickern von Frauen in die Genealogie ist selbst für Craveri »eine wahrlich außergewöhnliche Sache«, und er weiß dafür natürlich keine Erklärung. So spricht er von »Irrtümern« des Mattäus und Lukas, womit er seine eigene Hypothese Lügen straft, daß nämlich gar nicht Mattäus und Lukas, sondern die Gemeinde die Evangelien und somit auch die Genealogien geschaffen hätte. Nun ist es aber undenkbar, daß die Gemeinde nicht dafür gesorgt hätte — und sie hätte Jahrhunderte dazu Zeit gehabt —, einen so offensichtlichen Irrtum in Texten zu korrigieren, die tagtäglich die Feuerprobe der öffentlichen Verkündigung zu bestehen hatten. Eine weitere schwerwiegende »Ungebührlichkeit« besteht darin, daß von Josef gesagt wird, er stamme aus königlichem Blut, während von Maria keine Genealogie geboten wird; einzig Mattäus beschränkt sich darauf, sie als »Braut« Josefs zu nennen. Auch hierin stellen diese Namenslisten ein Problem dar, das in der Kirche sofort sehr akut wird, so daß die Christen von Anbeginn an nach Lösungen Ausschau halten, um auch Maria eine »anständige« Geburt zu sichern. Man ging sogar so weit, die Hypothese aufzustellen, daß ihr Urgroßvater und der Großvater Josefs Brüder gewesen seien. Daher »gleiches Blut«, daher königliche Abstammung auch für Maria... Hypothesen von Exegeten, die sich wie Schlangenmenschen gebärden. Trotzdem haben sie ihre Bedeutung: Sie bestätigen nämlich, daß die Kirche trotz unmittelbaren und ständigen Drängens von Anfang an die Evangelien als unantastbar betrachtet hat. Sie läßt wohl Interpretationen zu, aber die Texte selbst tastet sie nicht an.

Aus einer dekadenten Familie

Diese genealogischen Namenslisten sind von den Verfassern in die Evangelien aufgenommen worden, um zu beweisen, daß Jesus in direkter Linie von David abstammt und daß die Weissagungen über die davidische Herkunft des Messias sich in ihm erfüllt haben. Dieselben Leute aber, die von dieser königlichen Abstammung überzeugen wollen, weisen jedoch nach, daß die vermeintliche göttliche Knospe auf einem degenerierten Zweig erblüht ist. Wozu diese Erfindung? fragen wir uns auch hier. Für die Juden war die Tatsache, von vornehmer, aber degenerierter Abkunft zu sein, viel anstößiger als eine ehrenhafte, aber niedrige Herkunft. Der Arme »aus gutem Hause« trug zum Unterschied vom Armen, der von vornherein aus niedrigen Verhältnissen stammt, einen Makel an sich, den Religion, Aberglaube und soziale Konventionen noch verstärkten. Wenn in den Evangelien alles Erfindung oder fideistische Erweiterung ist, warum erfand man dann für Jesus eine so peinliche degenerierte Herkunftslinie und nicht eine voll intakte königliche Abstammung?
Nun, Voltaire und die Seinen müssen nicht nur erklären, warum die erste christliche Gemeinde entgegen allen ihren Interessen zwei so gravierend unterschiedliche Genealogien schafft und verteidigt, sondern auch, warum sie ausgerechnet zwei Listen erfindet, in denen sich Skandal an Skandal reiht: Namen von Frauen, welche die Abstammung ungültig machen und die außerdem das Stigma von Sex und Blut an sich tragen. Und sie müssen weiter erklären, warum man eine Genealogie zum Beweis dafür erstellt, daß jener Messias peinlicherweise aus einem dekadenten Geschlecht stammt; warum man z. B. die Mutter vergißt und noch viele andere Einzelheiten. Man beachte auch, daß man Jesus nicht von einem Priestergeschlecht abstammen ließ, also nicht vom Stamme Levi. Doch wenn die Evangelien schon durch so viele phantastische Erweiterungen entstanden

sein sollen, warum fehlen dann ausgerechnet diese? Und so könnte man beliebig fortfahren. Warum wird ihm z. B. der Name *Jesus* gegeben, ein ziemlich unpassender Name für einen Messias? In allen religiösen Mythologien hat der Held nicht nur einen feierlichen, sondern auch einen einzigartigen Namen. In der jüdischen Welt jener Zeit gehörte der Name Jesus aber zu den gebräuchlichsten und nicht besonders geschätzten Namen. Flavius Josephus zählt wenigstens an die zwanzig Personen dieses Namens auf, und Ausgrabungen haben eine Unzahl von Gräbern armer und reicher Leute zutage gefördert, in denen Menschen namens Jesus begraben worden sind. Da keine einzige dieser Erweiterungen erfolgt ist, scheint sich die Hypothese zu bestätigen, daß die Predigt über diesen Messias in keiner Weise frei erfunden sein konnte. Und zwar aus dem einfachen Grund, weil Jesus in einer feindseligen Umgebung (in Palästina, wo die Dinge sich zugetragen hatten, oder in weit entfernten jüdischen Gemeinden, die aber im ständigen Kontakt mit dem Mutterland standen) *gleich nach seinem Tod und öffentlich* als Auferstandener und Messias verkündet worden ist. Dies ist eine ganz entscheidende Beobachtung, aus der bestimmte Konsequenzen gezogen werden müßten, die aber von vielen Kritikern tatsächlich nicht gezogen werden.

Ein »Zuviel« und ein »Zuwenig« in den Evangelien

Werfen wir unseren Blick weiter auf die Evangelien, die für die Gläubigen die Grundlage ihres Glaubens sind, weil sie eine präzise, wenn auch besondere Beziehung zur Geschichte haben. Für den Ungläubigen steht am Anfang nichts weiter als ein knet- und formbarer »Teig«, ein noch formloses »Material«, das nach Belieben gestaltet werden kann. Hauptperson dieser Legende ist ein gewisser Jesus, eine Marionettenfigur, deren Fäden von der Gemeinde gezogen werden, die ihn nach ihrem Bild und Gleichnis sich zurechtmacht, indem sie ihn das sagen und tun läßt, was für sie am bequemsten ist. Man muß jedoch die gesamten Dokumente des Neuen Testamentes vor Augen haben, man muß sich in den historischen Kontext vertiefen, aus dem sie hervorgegangen sind, und darf sich nicht darauf beschränken — wie es sehr oft geschehen ist —, sie in kleine Stücke zu zerlegen, um sie so gesondert auf dem Seziertisch zu untersuchen. Ganz allgemein läßt sich sagen, daß die den Kritikern und Mythologen gemeinsame Voraussetzung (»Am Ursprung des Christentums steht eine sehr erfinderische Gemeinde«) auf beachtliche historische und logische Schwierigkeiten stößt. Man muß nämlich feststellen, daß diese Texte in allen ihren Teilen sich jenen Netzen entziehen, die jede Schulrichtung über sie zu werfen versucht. In der Tat sagen sie einmal unerklärlicherweise *zuviel* und ein andermal wieder *zuwenig* aus.

Die vier Evangelien sagen *zuviel* aus: Sie schweigen nicht, wo sie logischerweise eigentlich schweigen müßten. Und doch stehen hinter diesen Texten Missionare eines unerhörten Glaubens, die verlangen, daß man auf ihr Wort hin an das Unglaubliche glauben soll. Trotzdem tun diese Prediger, die vielleicht mehr als jeder andere in der Geschichte auf Vertrauen angewiesen sind, alles, um sich als Menschen zu präsentieren, unter denen es selbst zu Lebzeiten ihres Meisters andauernd Intrigen, Eifersucht, Neid, außerdem noch Unglaubwürdigkeit, Trägheit, Angst und Abstumpfung gegeben hat. Spiegeln die Evangelien wirklich die erste Predigt der Kirche wider? Nun, das ist wohl eines der unumstrittensten Resultate der kritischen Forschung. Aber gerade weil sie aus der öffentlichen Predigt entstanden sind, müßten diese Texte anders aussehen: Sie müßten dort schweigen, wo sie hingegen reden. Eine Gemeinde, die eine so extrem schwierige missionarische Aufgabe übernommen hat, stellt plötzlich ihre Glaubwürdigkeit selbst in Frage. Man fordert den schwierigen Glauben an das Zeugnis von Jüngern, die ausdrücklich daran erinnern, daß sie nicht einmal eine Stunde mit ihrem Meister wachen konnten; die ihn in äußerster Verlassenheit und Einsamkeit haben sterben lassen. Jünger, die eingestehen, daß sie mehrmals von ihrem Meister getadelt wurden, weil sie die tiefe Bedeutung seiner Lehre nicht verstanden oder sie verdreht haben. Jünger, die zwar von anderen einen starken Glauben fordern, sich selbst aber als glaubensschwach darstellen.

Das unerklärliche, unlogische negative Licht, das die erste christliche Gemeinde freiwillig auf sich selbst wirft, nimmt vor allem die Gestalt des Petrus in den Blick. Unbeschadet aller Diskussionen unter Christen über die Bedeutung des Primates, der ihm von Jesus übertragen worden ist, besteht kein Zweifel, daß die entstehende Kirche sich um Petrus zusammenschließt.

Für das Neue Testament ist Simon Petrus ohne Zweifel eine Führergestalt, eine »Säule des Glaubens«, wie geschrieben steht. Nun wird aber gerade diese entscheidende Figur als glaubensschwach und nicht vertrauenswürdig dargestellt, indem man ihn seinen Meister verleugnen läßt. Nicht etwa im strengen Verhör vor dem höchsten Gericht Israels, sondern vor einer Gruppe von Dienern, die sich in der Nacht am Feuer wärmen, während der Meister seiner Passion entgegengeht. Nicht genug damit: Die Evangelisten fügen auch noch hinzu, um den Verrat besonders herauszustreichen, daß er dies dreimal wiederholt habe. Gleichzeitig erinnern sie an sein vorausgehendes feierliches Versprechen, Jesus bis in den Tod treu zu bleiben. Es sind ganze Bücher geschrieben worden, um zu beweisen, daß diese Episode der dreifachen Verleugnung, die sich am frühen Morgen, beim Hahnenschrei, zugetragen haben soll, nicht historisch, sondern von den Jüngern hinzugefügt worden sei, denn damals sei in Jerusalem die Hühnerzucht verboten gewesen... Dies ist eines von vielen Beispielen, wie die verdienstvolle und notwendige Anatomie einer Episode, eines Verses, eines einzelnen Wortes oft dazu führt, daß man die Probleme, die der Gesamttext aufgibt, aus dem Auge verliert. Statt über die Hähne nachzubrüten, wäre es vielleicht fruchtbarer gewesen zu erklären, wieso eine solche Episode überhaupt hätte hinzugefügt werden müssen. Man hätte also erklären müssen, warum diese Gemeinde, die ja die Welt von ihrem Glauben überzeugen will, den Bekehrungswilligen zunächst einmal einredet, daß nicht einmal die angesehenen Leitbilder der Prediger selbst vertrauenswürdig sind. Ist also die Verleugnung des Petrus bloß eine fromme Erfindung zu dem Zweck, die Barmherzigkeit Jesu gegenüber den Sündern zu demonstrieren? Das ist eine Hypothese, die jedoch eine wichtige Besonderheit vergißt: Die drei ersten Evangelien sagen nichts über eine Vergebung für diesen Verrat. Nur das Johannesevangelium enthält die drei aufeinanderfolgenden Fragen am See von Tiberias (»Simon, Sohn des Johannes, liebst du mich mehr, als diese mich lieben?«), die auf eine Rehabilitation schließen lassen. Wie immer man auch die Sache drehen und wenden mag, es bestätigt sich die Hypothese als sehr zuverlässig, daß die erste Verkündigung, die dann später zu den Evangelien geführt hat, *gezwungen* war, auch von den eher peinlichen Vorkommnissen zu berichten. Gezwungen durch die Tatsache, daß sie Ereignisse verkündete, die erst kurz zuvor in einer feindseligen Umwelt geschehen waren, wo es viele Leute gab, die sofort Einspruch erhoben hätten, wenn man vom wirklichen Geschehen abgewichen wäre. Wie wir gesehen haben, vergessen manche Kritiker oft, die Schlußfolgerungen aus der heute unbestreitbaren Tatsache zu ziehen, daß Jesus als Messias in Palästina dargestellt wird, wo er unter den aufmerksamen Blicken Tausender Menschen gelebt hat und wo außerdem die ihm feindselig gesinnte Koalition der jüdischen und römischen Führungsschicht ein wachsames Auge auf ihn hatte. Er muß von allem Anfang an als Christus verkündet worden sein, wenn es schon um das Jahr 50, wie die ältesten Paulusbriefe bezeugen, eine Theologie über ihn gab und man ihm zu Ehren eine Liturgie mit Hymnen und Gebeten geschaffen hatte.

Pilatus selbst bleibt bis zum Jahre 36 zur Überwachung Judäas im Lande, also vielleicht noch sechs Jahre nach der Verurteilung Jesu. Jesus ist also in aller Öffentlichkeit als Auferstandener proklamiert worden zu einer Zeit, als der römische Prokurator, der ihn zum Tode verurteilt hatte, wahrscheinlich noch im Amt war. Ganz gleich aber, ob Pilatus selbst Zeuge dieser ersten Predigt gewesen ist oder nicht, es gab jedenfalls noch genug andere Zeugen, die voll Mißgunst waren und bereit, sofort einzuschreiten. Renan weiß zu berichten, daß »die sadduzäische Familie des Hannas, die bei der Verurteilung Jesu eine entscheidende Rolle gespielt hatte, noch lange Zeit das Hohepriesteramt behielt, mächtiger war als je zuvor und nicht aufhörte, gegen die Familie und die Jünger Jesu einen erbarmungslosen Krieg zu führen«. Die Situation, in der die Evangelien entstanden sind, wird von Alfred Läpple so zusammengefaßt: »Wenn die Apostel und mit ihnen die ersten Gemeinden in ihrer Lehre und in ihren Schriften sich auch nur ein wenig von der Wahrheit entfernt hätten, dann hätten sie der jungen Kirche mit ihren eigenen Händen das Grab geschaufelt. Denn in Palästina lebten damals noch viele, die Jesus selbst gesehen hatten und die irgendwelche Fälschungen sofort entlarvt hätten. Vor allem aber zwang sie die Feindschaft der Gegner, sich nicht von den Tatsachen zu entfernen, wie sie sich zugetragen hatten...«

Ob es den Leuten nun gefällt oder nicht, dies ist die historisch weitgehend gesicherte Situation, in der die Evangelien entstanden sind. Nun muß man darangehen, Schlußfolgerungen aus dieser Tatsache zu ziehen. Eine der Schlußfolgerungen ist die Erkenntnis, daß der Inhalt der Predigt, die sich in den Evangelien niedergeschlagen hat, von Kritikern überprüft worden ist, die sehr viel strenger waren als die modernen kritischen Schulen: der Hohe Rat der Juden oder die unzähligen Augenzeugen. Also kann die Hypothese des Glaubens doch nicht ganz grundlos sein, die besagt, daß jene Texte, obwohl es keine Tatsachenberichte im modernen Sinn des Wortes sind, eine »wahre« Geschichte enthalten, die nicht nach Belieben manipuliert werden konnte. Welche anderen Nachrichten, die uns von antiken Geschichtsschreibern überliefert werden, sind so wie diese unter der strengen Aufsicht von erbitterten und mächtigen Feinden weitergegeben worden? Hat etwa ein Cäsar, als er seinen »Gallischen Krieg« schrieb, eine Gegendarstellung seiner geschlagenen Feinde zu fürchten gehabt? Sicherlich nicht. Und doch, obwohl bei Cäsar objektiv viel weniger Garantien gegeben sind als bei den Verfassern der Evangelien, hat man nie daran gezweifelt, daß die Darstellung des »Gallischen Krieges« als historisch zuverlässig zu betrachten sei.

Nur die Hypothese der Geschichtlichkeit vermag übrigens zu erklären, warum die Evangelien einmal *zuviel* und dann wieder *zuwenig* aussagen. Wenden wir uns noch einmal der Verleugnung des Petrus zu. Wenn diese, wie berichtet wird, in aller Öffentlichkeit geschehen ist, dann war es wohl eher opportun, davon zu reden, als sie zu verschweigen. Der Schaden, wenn man es den Zuhörern offen eingestand, schien vielleicht weniger schwer zu sein als die Gefahr, daß einer aufsteht und sich erinnert: »Schaut einmal her, wer der Anführer dieser Galiläer ist, die von uns einen Glauben verlangen, den sie selbst nicht aufzubringen imstande waren!« Diejenigen, welche Petrus leugnen gehört hatten, ein Jünger des zum Tode Verurteilten zu sein, waren ausgerechnet die Diener des Hohenpriesters, des Hauptfeindes Jesu, und die hätten es ihm sicher hinterbracht. Diese Hypothese scheint eine weitere Bestätigung in der Tatsache zu finden, daß die für die Apostel peinlichsten Details in den ersten drei Evangelien berichtet werden, welche die älteste Predigt wiedergeben. Diese allererste Verkündigung geschah ja an jenen Orten, wo eine falsche Angabe oder ein absichtliches Verschweigen am gefährlichsten gewesen wäre: in Palästina oder in den jüdischen Gemeinden in der Diaspora, die in ständiger Verbindung mit

Jerusalem standen. Und sie erfolgte zu einer Zeit, als jedenfalls die politische und soziale Situation sich noch nicht verändert hatte, der Tempel noch nicht zerstört war und die Augenzeugen noch lebten. Die Inhalte der christlichen Verkündigung sind also einer strengen Kontrolle unterworfen. Im Johannesevangelium, das erst nach der Katastrophe, die das alte Israel hinwegfegte, zu seiner endgültigen Fassung gelangt, werden die Apostel in einem viel günstigeren Licht dargestellt. Es fehlen dort jene Episoden der Synoptiker sogar vollständig, aus denen eine gewisse Abstumpfung oder mangelnder Glaube bei den Jüngern durchschimmert.

Wie läßt sich denn ohne die Hypothese der Geschichtlichkeit erklären, warum die Evangelien Sätze und Verhaltensweisen Jesu berichten, die seine messianische Glaubwürdigkeit auf eine so harte Probe stellen konnten? Man läßt diesen Christus z. B. sagen, daß er nicht wisse, wann das »Ende der Welt« und seine eigene Wiederkunft erfolgen würden. Ein seltsames Eingeständnis der »Unwissenheit«, das für die gesamte nachfolgende Theologie noch ein großes Problem darstellen sollte. Die Evangelien sind in der Tat reich an solchen Stellen, die sich von Anfang an für die christlichen Theologen als ein Kreuz erwiesen haben; aber sie sind heute kostbare Lichter in der Nacht für den, der den historischen Jesus sucht. Im 10. Kapitel des Mattäusevangeliums schickt Jesus seine zwölf Jünger aus zur Mission und gibt ihnen folgende Empfehlung mit auf den Weg: »Geht nicht zu den Heiden und betretet keine Stadt der Samariter, sondern geht zu den verlorenen Schafen des Hauses Israel« (Mt 10,5—6). Diese Stelle möchten wir gerne Engels sowie allen anderen Verfechtern der Hypothese, daß die Evangelien in nichtjüdischer Umwelt entstanden seien, ans Herz legen. Aber auch allen jenen, die an sehr späte Texte denken, die geschaffen worden seien, als das Christentum bereits einen universalen Charakter angenommen hätte. In Wirklichkeit liest man hier ein Verbot, zu den Heiden zu gehen... Im Markusevangelium nennt ein junger Mann Jesus »guter Meister«, und dieser erwidert ihm: »Warum nennst du mich gut? Niemand ist gut außer dem einen Gott!« (Mk 10,18.) Auch diese Antwort Jesu ist nicht ohne Gewicht für den, der überzeugt ist, daß der ganze Text mit der Absicht verfaßt worden sei, einen Menschen für Gott auszugeben.

Es wäre auch zu erklären, warum die Verkündigung zugibt —

und sie tut es offenbar nur mit knirschenden Zähnen —, daß die erste Erscheinung des auferstandenen Jesus den Frauen vorbehalten war. Was für ein Beweis war dies, wenn niemand in Israel, von den Richtern des Tribunals bis hinunter zum ärmsten Bauern, dem Zeugnis einer Frau auch nur die geringste Gültigkeit zuerkannte? Ausgerechnet bei dem entscheidenden Geschehen des Glaubens, der Auferstehung von den Toten, an die zu glauben am schwersten fällt, soll die Gemeinde eine so peinliche Angabe gemacht haben? Das Evangelium selbst läßt noch eine Spur dieses Unbehagens bei den Jüngern durchblicken: »Auch die anderen Frauen, die bei ihnen waren, erzählten es den Aposteln. Doch die Apostel hielten das alles für Geschwätz und glaubten den Frauen nicht« (Lk 24,10—11). Das nachsichtige Lächeln, mit dem die damaligen Hörer dieses »Weiberwunder« aufnehmen mußten, hat sich über die Jahrhunderte erhalten. Für Renan wie für die Mehrheit seiner kritischen Kollegen entsteht der Glaube an die Auferstehung gerade aus den Halluzinationen einiger hysterischer Weiber.
Und noch etwas: Warum wird der schmachvolle Tod Jesu in die grelle Öffentlichkeit gerückt, sogar an einen Ort verlegt, der ganz im Blickpunkt der Stadt Jerusalem stand, die zu Ostern mit Pilgern überfüllt war, während der Moment der glorreichen Auferstehung in das Dunkel und Schweigen eines nächtlichen Grabes gehüllt ist? Schon Celsus und Porphyrius, die Gegner des Christentums im 2. und 3. Jahrhundert, denen bis in unsere Tage zahlreiche Kritiker gefolgt sind, bemerken mit Spott, daß keiner seiner Gegner ihn je als Auferstandenen gesehen habe. Dieser Spott ist aber wie ein Bumerang: Wie soll man denn das Fehlen einer wunderbaren Erscheinung des Auferstandenen, vielleicht sogar mit der Standarte in der Hand, wie er von vielen Künstlern dargestellt wird, vor dem Hohen Rat oder vor Pilatus erklären? Viele apokryphe Evangelien erzählen tatsächlich von einem Jesus, der nach der Überwindung des Todes kommt, um den Richtern, die ihn verurteilt haben, Angst einzujagen. Gerade die Tatsache aber, daß die kanonischen Evangelien den Weg der Diskretion wählen, indem Jesus nur seinen Freunden erscheint, scheint eher dafür zu sprechen, daß ihre Darstellung der Wahrheit entspricht.
Wirklich eine seltsame Fälschung, dieser Jesus von Nazaret! Aus missionarischer Absicht hätte man also eine phantastische

Geschichte erfunden, die immer unverständlicher wird, je mehr man sich in sie vertieft. Eigenartige Fälscher müssen da am Werk gewesen sein, um eine solche Menge von Mythen und Entstellungen zu schaffen. Wenn man das Ergebnis betrachtet, dann scheinen diese Sektierer, die eine Geschichte erfinden, welche die Geschichte verändert, nicht nur Schwindler und zur Erfindung eines glaubwürdigen Geschehens unfähig gewesen zu sein, sie müssen auch von einer masochistischen Manie befallen gewesen sein. Denn sie lieben es geradezu, in ihren Text, für dessen Verbreitung sie sorgen sollen, Episoden, Worte und Einzelheiten einzuschleusen, die sie sofort in Verlegenheit bringen. Und sie verschweigen mit Genuß andere Dinge, die ihnen dramatische Krisen erspart hätten.

Ein mangelhaftes »Drehbuch«

Wenn die missionarische Ausbreitung der ersten Gemeinde dadurch schwieriger geworden ist, daß die Evangelien *zuviel* berichten, so ist das Überleben der Kirche selbst dadurch bedroht, daß diese Texte *zuwenig* aussagen. Wir wissen mit Sicherheit, daß die Gruppe derer, die Jesus als Auferstandenen verkünden, kaum daß sie in die Öffentlichkeit getreten ist, mit dramatischen Problemen zu ringen hat. Sollte man die Praktiken des Judentums beibehalten? Ist es notwendig, daß sich die nichtjüdischen Konvertiten beschneiden lassen? Darf sich die Verkündigung auch an Menschen außerhalb des Volkes Israel wenden? Ist die Sabbatruhe weiterhin einzuhalten? Welche Autorität ist den Vorstehern der Gemeinde zuzubilligen? Wie soll man den Kult gestalten?

Drängende Fragen, die unmittelbare und klare Antworten erfordern für das Leben und die Organisation dieser kleinen Gruppe, welche die ganze Welt verändern will. Statt dessen sind diese Fragen jedoch Ursache von dramatischen inneren Auseinandersetzungen. Seit seinen ersten Anfängen kennt das Christentum Schismen und Häresien: Sie entstehen gerade aus dem Ungenügen oder aus der mangelnden Klarheit der Lehre Jesu, so wie sie gepredigt und schließlich in den Evangelien festgehalten wurde. Aber wenn diese Lehre die freie Erfindung einer Gemeinde ist, warum läßt man dann den Meister gerade über entscheidende Themen schweigen? Ein Wort, ein Satz etwa über die Beschneidung, eingefügt von der führenden Gruppe in der Kirche, und ein dramatischer Streit, der die ganze Gemeinde beunruhigt, wäre endgültig beseitigt gewesen. Doch nichts dergleichen geschieht: Die Texte werden durch die inneren Spaltungen ebensowenig »beeinflußt«, wie sie unter den äußeren Angriffen gelitten haben.

In der Apostelgeschichte, in den Briefen des Paulus, Petrus, Jakobus, Johannes und Judas treten die polemischen Auseinandersetzungen, die gewaltigen Streitigkeiten zwischen verschiedenen theologischen Strömungen offen zutage. Und doch zeigen diese Texte selbst, daß man die Probleme zu lösen versucht, indem man die eigene Ansicht auf die verfügbaren Worte Jesu stützt. Auch wenn sie nicht immer eindeutig sind und in der Praxis jedenfalls meist ungenügend, um den vielen Fragen ein Ende zu bereiten. Wäre es nicht viel einfacher und vor allem wichtiger gewesen, sich auf ein präzises Wort für genau umrissene Probleme zu stützen? Wenn der ganze Text der Phantasie entspringt, warum hat man dann nicht auch jene Worte erfunden, die geeignet gewesen wären, alle Schismen und Häresien zu verhindern? Man hat darauf hingewiesen, wie Plato, gewissermaßen der »Evangelist« des Sokrates, auf alles eine Antwort des Meisters weiß: Der Schüler behandelt die Lehre des Meisters wie ein gefügiges und formbares Material. Das Gegenteil ist in der christlichen Kirche der Anfangszeit der Fall. Alle Dokumente bezeugen, daß die Apostel die Lehre über Jesus als ein für allemal festgelegt und unveränderlich betrachten. Dieses Verhalten, das umso absurder ist, je mehr es den Glauben und die Kirche selbst gefährdet, erfordert eine Erklärung.

Wir haben die brennende Frage der Beschneidung schon erwähnt. Wenn die Botschaft auch den Nichtjuden verkündet werden mußte (auch dies war Ursache heftigster Polemik), mußten sich diese dann beim Eintritt in die Kirche beschneiden lassen oder nicht? Diese Frage drohte das Christentum bereits in der Wiege zu ersticken. Von einer positiven oder negativen Antwort schien die Zukunft, das Leben der Kirche selbst abzuhängen. Das ging so weit, daß dieses Problem, das »große Aufregung und heftige Auseinandersetzungen« verursacht hat, wie es in der Apostelgeschichte (15,2) heißt, die Einberufung des ersten Konzils in Jerusalem notwendig macht. Der Brief des

Apostels Paulus an die Galater ist ein beredtes Zeugnis dieser Krise. Er ist vom Apostel in wilder Polemik geschrieben gegen »einige Leute, die von Judäa herabkamen und die Brüder lehrten: Wenn ihr euch nicht nach dem Brauch des Mose beschneiden laßt, könnt ihr nicht gerettet werden«. Die Prediger und anonymen Verfasser der Evangelien, die angeblich Jesus und seine Lehre manipuliert haben, sollten es gerade hier verabsäumt haben, einen Vers, zwei Worte einzufügen, von denen ein einziges den Disput beendet hätte? Sie suchen vielmehr nach Lösungen, indem sie nicht an den Buchstaben (den es nicht gibt), sondern an den Geist der Lehre des Meisters appellieren. Man versucht das, was in seinen Gedanken enthalten ist, angesichts immer neuer und unvorhergesehener Umstände weiterzuentwickeln. Was durch die Beschneidung ausgedrückt wird, kann auf unendlich viele andere Probleme des werdenden Christentums angewandt werden.

Dieses unbeugsame Festhalten am Geist der Lehre Jesu scheint Guitton recht zu geben, wenn er sagt: »Ein solches Verhalten beweist, daß ein von Jesus Überliefertes da war und als ein Samenkorn betrachtet wurde, das zwar der Entwicklung fähig, aber schon voll und ganz vorhanden und abgeschlossen war.« Diesen Messias, der so scharf und entschieden für viele allgemeine Prinzipien eintritt, läßt man gerade dort keine klare Stellung beziehen, wo es am nötigsten gewesen wäre: nämlich in den drängendsten Fragen für das konkrete Leben und die Entwicklung der Gemeinde, die ihn doch erfunden haben soll. Die Realität der Texte und die Erfahrung der jungen Kirche gehen auch hier in die entgegengesetzte Richtung als die apriorischen Voraussetzungen vieler »rationaler« Interpretationen des Christentums. Die Gemeinde läßt diese ihre Hauptfigur sprechen und handeln, als ob es nicht darum ginge, ihre unmittelbaren Probleme zu lösen, sondern darum, für die Reflexionen eines Thomas von Aquin, eines Bellarmin, eines Teilhard de Chardin und der Theologen aller Zeiten die passenden Stichworte zu liefern.

Die Erklärung scheint uns weniger in der Kontrolle zu liegen, welche die feindselige Umwelt, in der die Verkündigung geschah, ausübte. Wenn es tatsächlich schwierig war, Ereignisse an bestimmten Orten und zu gewissen Zeiten zu erfinden oder zu verschweigen, so durfte es hingegen keine Schwierigkeit bereiten,

Jesus eine bestimmte Lehre in den Mund zu legen. Man konnte ja immer behaupten, ohne Angst haben zu müssen, der Lüge überführt zu werden, daß diese Worte den Aposteln oder auch nur einem einzigen von ihnen ganz im geheimen anvertraut worden seien. Die Lösung des Rätsels scheint uns hier ähnlich zu sein wie bei den Genealogien. Wir sehen also auch hier die Gewissenhaftigkeit der Gemeinde, nur jenen Zeugen Vertrauen zu schenken, die sie als zuverlässig beurteilt. Sie allein sind glaubwürdig, weil sie persönlich Augen- oder Ohrenzeugen gewesen sind oder die Aussagen von solchen direkten Zeugen gesammelt haben. Und was diese »Superzeugen« aus ihrer Erinnerung erzählen, wird geradezu als unveränderlich und ein für allemal festgelegt betrachtet.
Die Beobachtungen, die wir bisher gemacht haben und im folgenden noch machen werden, scheinen unsere Hypothese zu bestätigen und das Vorurteil eines Donini sehr fragwürdig zu machen, der kategorisch feststellt: »Unsere Evangelien sind maßlos manipuliert worden.« Das hat schon Celsus 1700 Jahre früher gesagt, aber weder er noch ein anderer haben bisher den Beweis dafür erbringen können.

Ein unerklärliches Schweigen

Es gibt noch etwas anderes, worüber die Evangelien schweigen. Und diese Art des Schweigens läßt sich weder durch irgendeine religiöse Mythologie noch durch die Psychologie des Christentums, zumindest wie sie sich im Lauf der Jahrhunderte dargestellt hat, erklären. Wir beschränken uns auf drei Beispiele.
Erstes Beispiel: die äußere Gestalt Jesu. Neben dem seltsamen Fall des Turiner Leichentuches, das viele nichtgläubige Wissenschaftler für echt halten, während manche Katholiken eher zur Vorsicht mahnen, neben diesem rätselhaften Linnen also, das sich mit dem Fortschreiten der Forschung als immer faszinierender herausstellt, gibt es noch 39 andere verschiedenartige Tücher auf der Welt, die als das »wahre Abbild des Antlitzes (oder Körpers) Jesu« verehrt werden. Es ist sicher, daß sie allesamt fromme Fälschungen sind. Man braucht gar nicht erst zu erwähnen, daß die gesamte westliche (und auch ein großer Teil der afrikanischen und orientalischen) Kunst seit zwei Jahrtau-

senden vom äußeren Anblick Jesu wie gebannt ist. Man war bestrebt, ihn in jeder möglichen Weise darzustellen. Seit den allerersten Anfängen hat der Glaube der Christen versucht, die Gesichtszüge Jesu zu rekonstruieren: Die apokryphen Evangelien, manche sehr alte Briefsammlungen und falsche Offenbarungen enthalten phantasievolle Beschreibungen; doch um das Verlangen, zu wissen, »wie er wirklich aussah«, zu befriedigen, hat man nicht gezögert, auf Fälschungen zurückzugreifen. In den von der Kirche approbierten Evangelien findet sich aber kein einziges Wort über das äußere Aussehen Jesu, an das sich die Frömmigkeit oder die Neugierde klammern könnte. Absolut nichts. Auch diese Nüchternheit ist unerklärlich, wenn die Evangelien tatsächlich eine phantastische Erfindung wären, eine manipulierte Mischung von einigen wahren Nachrichten und vielen legendenhaften Erweiterungen. Es gibt keine Mythologie und kein religiöses Epos, für welche die genaue Beschreibung ihrer Heldengestalt nicht ein ständiges Anliegen wäre. Warum sind nur die Evangelien in ihrer Aussage so lakonisch?

Zweites Beispiel: Es ist nur nebenbei überliefert, daß Jesus des Lesens kundig war. Es steht nämlich geschrieben, daß er in der Synagoge von Kafarnaum mit lauter Stimme aus der Schrift vorgelesen habe. Es ist hingegen nicht dokumentiert, daß er auch schreiben konnte. Die einzige vage Andeutung in dieser Hinsicht findet sich in der Episode mit der Ehebrecherin: Während die rückständig denkenden Menschen ihre Steinigung fordern, heißt es, daß Jesus in den Sand »schrieb«. Es dürfte sich, wie manche Exegeten meinen, dabei nicht um Worte, sondern um ein Gekritzel, um symbolische Zeichen gehandelt haben. Auch hier stoßen wir also auf ein völlig unverständliches Schweigen. Man schweigt doch nicht über die Schulbildung eines Menschen, für dessen Anerkennung als Messias man gerade in der jüdischen Welt eintrat, wo nur Kultur und Bildung Ansehen verliehen. Noch einmal sei es gesagt: So sieht kein religiöser Text aus, der durch eine fideistische Entstellung oder aus einem Mythos entstanden wäre.

Drittes Beispiel: Die vier Evangelien schweigen über wenigstens neun Zehntel des Lebens Jesu. In der Zeit zwischen seiner Geburt und dem Beginn seiner Predigttätigkeit ist nur eine einzige Episode erwähnt. Und es ist unverständlich, warum gerade diese, wenn man den Evangelisten nicht jenen Willen zur Selbstbestrafung zuschreiben will, den eine gewisse Kritik, welche die Hypothese von beliebig manipulierten Texten annimmt, für eindeutig erkennbar ansieht. Es ist die Episode, wo der zwölfjährige Jesus von seinen Eltern ausreißt, um mit den Gesetzeslehrern im Tempel von Jerusalem zu diskutieren. In der antiken Gesellschaft, ob heidnisch oder jüdisch, in der die Familie und der kindliche Gehorsam heilige Werte waren, bedeutet eine Erfindung wie diese einen totalen Fehlgriff. In dieser Episode machen nach allgemeiner Auffassung sowohl Jesus, der gegen die Autorität der Familie rebelliert, als auch seine Eltern, die sich nicht genügend um ihn kümmern, eine äußerst schlechte Figur. Steht vielleicht nicht geschrieben, um die Sache noch zu erschweren, daß Maria und Josef das Verschwinden ihres Sohnes erst am nächsten Tag bemerkt haben? Die apokryphen Evangelisten erweisen sich auch hier als erfolgreicher, als bessere Kenner der Herzenswünsche ihrer Zuhörer. Sie füllen diese im Dunkel liegenden Jahre Jesu mit vielen Wundergeschichten und sind verständlicherweise ständig darum bemüht, ihren Christus eine möglichst gute Figur machen zu lassen.

Tatsache ist, daß die Apokryphen genau auf derselben Linie liegen wie die religiöse Mythologie aller Zeiten und Länder. Nur die vier Evangelien der Kirche präsentieren sich sowohl für den Vertreter der kritischen als auch für den der mythischen Hypothese als unerklärliche Außenseiter. Auch hier aber bringt die dritte Hypothese (jene des Glaubens) ihre eigene Erklärung zur Geltung: Die Evangelien entstehen aus dem dringlichen Verlangen, eine Nachricht, die *gute Nachricht* schlechthin, weiterzugeben: »Deinen Tod, o Herr, verkünden wir, und deine Auferstehung preisen wir, bis du kommst in Herrlichkeit!« Das ist es, was die Apostel vor allem kundtun wollen. Sie sind daran interessiert, den Ruf des Herolds zu verbreiten, das *Kerygma:* Leiden, Tod und Auferstehung des so sehnlichst erwarteten Messias. Alles andere ist für die Verkünder des Glaubens und somit für die Evangelien, die ihre Predigt enthalten, nebensächlich und völlig sekundär. Was bedeuten schon die einzelnen Details, wenn man nur eine Sorge kennt, nämlich die Menschen wissen zu lassen, daß er gelitten, schließlich aber doch den Tod und mit ihm die Welt und die Sünde überwunden hat, und daß somit auch wir gerettet sind? Die Farbe der Augen, die Form des Bartes, Diplome und Titel, handwerkliche Fähigkeiten dieses Menschen,

in dem Gott sich als unser Heil geoffenbart hat, haben unter diesem Gesichtspunkt keinerlei Bedeutung.
Weitschweifig, reich an Ausschmückungen und voll barocker Arabesken ist der Stil volkstümlicher historischer Romane oder mythischer Dichtungen. Trocken und knapp hingegen die Art des Chronisten, der einfach Fakten berichtet, von denen er weiß, daß sie wahr und so bedeutsam sind, daß sie es nicht notwendig haben, durch literarische Kunstgriffe aufbereitet zu werden. Auch durch ihren sonst unerklärlichen Mangel an Detailschilderungen, welche die Neugierde befriedigen, scheinen die Evangelien ihre Wahrheitsliebe unter Beweis zu stellen. Wer behauptet, diese Texte seien eine Anhäufung von Mythen, muß gleichzeitig zugeben, daß hier alle Gesetze der religiösen Weltliteratur wieder einmal über den Haufen geworfen sind. Und zwar nicht nur die literarischen, sondern (was noch viel wichtiger und noch unerklärlicher ist) auch die psychologischen Gesetze. Man kann nämlich immer die Beobachtung machen, daß der Mensch beim Erzählen umso wortreicher, übertriebener und farbiger ist, je weniger er dessen sicher ist, was er sagt. Das Gegenteil trifft zu, wenn er seiner Sache absolut sicher ist: Wozu sich dann noch in langen Reden verbreiten?
Daraus, daß man die Botschaft ständig im Auge behielt und sich somit auf festem Boden befand (nämlich auf dem Boden der Verkündigung des Ostergeheimnisses: Leiden, Tod und Auferstehung), lassen sich auch die berühmten »Unstimmigkeiten«, die »Widersprüche« zwischen den einzelnen Evangelien erklären, die Voltaire mit solchem Genuß entdeckt zu haben glaubte. Die Evangelien entstehen zu dem einen Zweck, den Glauben an einen Messias zu verbreiten, den die Menschen zwar abgelehnt haben, den Gott aber erhöht hat. Geographie, Topographie, Landschaften, Fauna und Flora, die politische und soziale Situation interessieren die Prediger nur insofern, als sie ein notwendiger Rahmen für die Tätigkeit und Lehre dieses auferstandenen Christus sind.

Der Glaube der Apostel

Von Paulus kommt uns ein weiterer Beweis für die Existenz einer *ursprünglichen Botschaft* über Jesus, die als unveränderlich angesehen wird. Es handelt sich um einen kompakten Block von

Zeugnissen und Erinnerungen, denen gegenüber sich die frühe Kirche nicht als Herrin, sondern als eifersüchtige Hüterin und treue Verwalterin betrachtet. Man kann mit großer Sicherheit annehmen, daß Paulus Jesus zu seinen Lebzeiten nicht persönlich begegnet ist, daß er also weder Augenzeuge seines Lebens war noch seine Predigt gehört hatte. Obwohl er sich als Empfänger einer besonderen Offenbarung auf seinem Weg nach Damaskus fühlt, betont Paulus immer wieder mit großem Nachdruck, daß seine Predigt mit der Verkündigung derer, die nach seinen eigenen Worten »Zeugen dem Fleische nach« gewesen sind, vollkommen übereinstimme. Und so sehen wir auch, wie er in leidenschaftlicher Weise reagiert, als er feststellen muß, daß gewisse »falsche Brüder« Zweifel über seine Verkündigung unter den Galatern säen, denen er das Evangelium gepredigt hat. »Das Evangelium des Paulus ist unvollständig und muß ergänzt werden. Die Galater sollen nicht auf ihn hören, sondern auf die wahren Apostel, auf die Zwölf, die mit Jesus gelebt haben und von ihm gesandt worden sind, der Welt seine Lehre zu verkünden.« Das ist im wesentlichen die Forderung jener »falschen Brüder«, sicherlich Judenchristen, welche die absolute Notwendigkeit der Beschneidung propagierten: Wir befinden uns hier also mitten in dieser schweren Auseinandersetzung. Sofort richtet Paulus an die Galater einen flammenden Brief. Er beklagt sich über diese Angriffe gegen ihn und ist gerade über die Tatsache zutiefst betroffen, die von entscheidender Bedeutung zu sein schien, daß man ihm entgegenhält, er selbst sei ja gar nicht Augen- und Ohrenzeuge Jesu gewesen. Das ist wahr, sagt er zu den Galatern, ich bin nicht Zeuge des sterblichen Lebens Jesu gewesen, aber mein Evangelium hat die volle Zustimmung jener gefunden, die selbst Zeugen gewesen sind. Er schreibt: »Drei Jahre später ging ich hinauf nach Jerusalem, um Kefas kennenzulernen, und blieb vierzehn Tage bei ihm... Vierzehn Jahre später ging ich wieder hinauf nach Jerusalem, zusammen mit Barnabas; ich nahm auch Titus mit. Ich ging aufgrund einer Offenbarung hinauf, legte der Gemeinde und, in einem besonderen Gespräch, den ›Angesehenen‹ das Evangelium vor, das ich unter den Heiden verkündige; ich wollte sicher sein, daß ich nicht vergeblich arbeite oder gearbeitet habe« (Gal 1,18; 2,1—2).
Auch für Paulus, der sich seiner privilegierten Stellung voll bewußt ist, hängt also die Autorität der Verkündigung von der

Approbation jener ab, die aufgrund ihrer eigenen Erinnerungen als Zeugen auftreten können. Diese direkten Erinnerungen sind also das Kriterium, um zu beurteilen, ob die Predigt als »authentisch« gelten kann oder nicht. Man beachte, daß der Brief an die Galater nach allgemeiner Ansicht kurz nach dem Jahre 57 verfaßt worden ist. Die erste »Konfrontation mit den Vorstehern« in Jerusalem hat also 17 Jahre vorher stattgefunden, das wäre im Jahre 40. Es ist dies eine neuerliche und vielleicht entscheidende Bestätigung dafür, daß es einen festgefügten Block von Nachrichten über Jesus gibt, der von allem Anfang an feststellbar und anerkannt ist. Die Verkündigung dieser Botschaft wird streng kontrolliert: Der Prediger kann ohne das Einverständnis der »Vorsteher« in Jerusalem weder etwas hinzufügen noch etwas weglassen: »Wer euch aber ein anderes Evangelium verkündigt, als wir euch verkündigt haben, der sei verflucht, auch wenn wir selbst oder ein Engel vom Himmel es wären« (Gal 1,8).
Die Sorge um die Treue zu einer Botschaft, die ein für allemal durch die Erinnerungen der Zeugen festgelegt ist, drängt Paulus dazu, mit aller Sorgfalt zwischen dem erklärten Willen seines Herrn und seiner eigenen persönlichen Meinung zu unterscheiden. Ein Beispiel aus dem 7. Kapitel des ersten Korintherbriefes: »Den Verheirateten aber sage nicht ich, sondern der Herr: Die Frau soll sich vom Mann nicht trennen« (1 Kor 7,10). Bis dahin hatte der Apostel in seinen Ausführungen über die Ehe bloß »Ratschläge« erteilt, die seinem eigenen religiösen Empfinden entstammten. Nun aber sagt er, er beziehe sich auf ein ausdrückliches Wort Jesu, an das sich diejenigen erinnern könnten, die es gehört haben: »Den Verheirateten sage nicht ich, sondern der Herr.«
Kurz danach behandelt er in diesem Brief den Fall einer Witwe und meint: »Doch ist sie glücklich zu preisen, wenn sie nach meinem Rat unverheiratet bleibt.« Es handelt sich hier also um »seinen Rat«: Wer Jesus gehört hat, kann sich an kein Wort von ihm über dieses Thema erinnern. Diese sorgfältige Unterscheidung zwischen dem, was persönliche Meinung, und dem, was unveränderliches Wort des Herrn ist, findet man sehr oft in den Briefen des Paulus, aber auch der anderen Apostel. Man mag selbst beurteilen, wie dieses Verhalten sich mit der Voraussetzung eines unbestimmten und formlosen »Materials«, das nach An-

sicht vieler Gelehrter den Evangelien zugrunde liegen soll, vereinbaren läßt.

Abgesehen von allen Hypothesen, bei denen ein philosophisches Vorurteil zu einer Verdrehung der dokumentierten historischen Realität führt, ist es einfach eine Tatsache, daß die Kirche in die Geschichte eintritt als eine Gruppe von Menschen, in der eine straffe Hierarchie herrscht. Es handelt sich in keiner Weise (eine Bestätigung dafür ist gerade Paulus, der periodisch nach Jerusalem kommt, um den »Vorstehern« zu berichten) um eine anarchische, geschwätzige, unlenkbare und nur von Emotionen beherrschte Gruppe. Kritiker und Mythologen freilich möchten es gerne so darstellen, um ihre eigenen Theorien über den Weg vom historischen Jesus zum Glauben an Christus bestätigt zu sehen. Aber sie verdrängen dabei die präzise historische Realität. Die Entstehung der Evangelien steht im diametralen Gegensatz zur vermutlichen Entstehung jener Dichtungen beispielsweise, die unter dem Namen Homers bekannt sind. Etwa seit den vierziger Jahren des 1. Jahrhunderts stößt die Geschichtsforschung auf die Gruppe von Christen in Gestalt einer kleinen, aber durchorganisierten Gemeinde, die von »Vorstehern«, den Aposteln, geleitet wird. Diese ihrerseits unterstellen sich einem Oberhaupt, dem »Fels« Kefas, der ihr Verhalten und ihr Wort der Verkündigung kontrolliert.

Die Geschichte dieser Gemeinde begann mit dem Problem, für Judas in der Führungsgruppe Ersatz zu schaffen. Welches ist nun das Kriterium, um unter den Jüngern einen auszuwählen, der als Mitglied des »Komitees« der Zwölf über die Verkündigung wachen soll? Dieses Kriterium wird in der Rede des Petrus, wie sie von der Apostelgeschichte berichtet wird, deutlich: »Es muß also von den Männern, die mit uns zusammen waren in der ganzen Zeit, als der Herr Jesus bei uns ein- und ausging, angefangen von der Taufe des Johannes bis zu dem Tag, als er von uns weg aufgenommen wurde —, von diesen muß einer zusammen mit uns Zeuge seiner Auferstehung sein« (Apg 1,21f). Es wurde Mattias gewählt, und »er wurde den elf Aposteln zugerechnet«, weil er während der ganzen Zeit mit Jesus zusammen gewesen war. Mattias ersetzt Judas in der Führungsgruppe also nicht, weil er sich besonders hervorgetan hätte bei der Kundgabe von Prophezeiungen im Zustand der Entrückung oder beim ekstatischen Sprechen in fremden Sprachen. Doch wenn man auf diejenigen hört, die ihre Vorurteile für die geschichtliche Realität halten, dann hätte gerade dies das Kriterium sein müssen, um in jener Gruppe von fanatischen Anarchisten Karriere machen zu können. Als solche wird ja die Gemeinde, die hinter den Evangelien steht, immer beschrieben. Doch ganz im Gegenteil: Die Voraussetzung für die Wahl ist einzig und allein, daß man an einem wirklichen Geschehen beteiligt gewesen und daher auch in der Lage ist, ruhig und exakt darüber zu berichten.

Im Ton sachlich-kühler Berichterstatter

Kritiker und Mythologen müssen nicht nur erklären, warum die Evangelien oft *zuviel* und dann wieder *zuwenig* berichten, sie müssen auch erklären, warum es in diesen Texten keine Entsprechung zwischen *Inhalt* und *Form* gibt. Diese Texte, die aus einer fideistischen Überspanntheit entstanden sein sollen, die sogar so weit ging, einen Menschen für Gott auszugeben und einen Komplex von Mythen in einen Erlösergott zu verwandeln, zeigen nämlich in Wirklichkeit einen dieser Hypothese völlig widersprechenden Stil. Der schon einmal zitierte Martinetti spricht wie sehr viele andere von hysterischen Halluzinationen, um das Entstehen dieses unerschütterlichen Glaubens an die Auferstehung zu erklären. Und so beschreibt dieser Kritiker die Umstände, unter denen sich diese Halluzinationen ereignet haben sollen: »Die erste christliche Gemeinde war eine Gemeinschaft von Enthusiasten, die ihre vom Geist Besessenen, ihre Propheten hatte. Bei ihren Zusammenkünften war die ekstatische Rede, die Glossolalie, ein häufiges Phänomen, und zur Glossolalie gesellten sich normalerweise noch Visionen, Prophezeiungen und Wunder.« Diese Gruppe von Phantasten hätte nun ihren Glauben in den kanonischen Evangelien zum Ausdruck gebracht, deren Stil so gar nicht diesem Befund entspricht. Sie haben nämlich durchwegs den Charakter kühler Sachlichkeit. Weder im »Inhalt« und schon gar nicht im »Stil« gibt es hier etwas, was auf das Pathos von Fälschern oder den Wahn von Besessenen hindeuten würde. Vielmehr trifft das Gegenteil zu. Wir haben es mit Schriftstellern zu tun, die weder in Jubel ausbrechen über die Geburt ihres Messias noch von Schmerz und Bitterkeit über seinen Tod überwältigt sind. Man kann vielmehr immer eine gewisse Distanz des Berichterstatters beobachten: Nur die nackten Tatsachen werden berichtet, fast nie begleitet sie ein unterstreichender Kommentar. Auch so gesehen haben wir es mit Texten zu tun, die in keiner Weise den Eindruck des Legendenhaften erwecken, sondern vielmehr den kühler und nüchterner Berichterstattung. Was neben dieser Distanziertheit auf den ersten Blick noch auffällt, ist gerade die Spontaneität des Berichtes. Es fehlt jede Überschwenglichkeit. Dieser Mensch, von dem so unerhörte Dinge berichtet werden, wird mit der Sprache und den Bildern des Alltags beschrieben. Es entstehen so die Konturen einer »wirklichen« Person, die nur ein hartnäckiges Vorurteil für das verschwommene Trugbild eines Mythos halten könnte. Dieser Stil wird sogar bis über seinen Tod hinaus beibehalten, er prägt auch die Verkündigung seiner Auferstehung. Das Johannesevangelium präsentiert den Menschen, der gekreuzigt worden ist, aber nun den Tod besiegt hat, wie er im Nebel des ersten Morgens am Ufer des Sees Fische brät. »Wir würden erwarten, daß Jesus nach seiner Auferstehung und am Vorabend seiner Himmelfahrt auf ganz andere Weise die letzte Begegnung mit seinen Jüngern vorbereitet« (Tournier). »Wir würden erwarten« — wie man es eben von jedem Mythos erwartet. Aber dieser Mythos, wenn es einer sein sollte, wirft immer wieder unsere Erwartungen über den Haufen.

Hier hat man den Eindruck von Erinnerungen an einen wirklichen Menschen, den man gesehen hat, wie er Brot und Oliven ißt, wie er das Feuer anfacht, wie er in Zorn gerät und sich freut, den man weinen und lachen gesehen, ja den man sogar des Nachts schnarchen gehört hat. Der Bericht ist flüssig geschrieben, vor einem Hintergrund, der nicht im Unbestimmten verschwimmt. Er »läßt einen Winkel Palästinas vor uns lebendig werden: Abschied und Heimkehr, Fischzüge, Ernten, Begräbnisse und Hochzeiten, Kinder, Freunde und Feinde, die Wiederkehr der Jahreszeiten« (K. Barth). Die Banalität des Tones ist so, daß man durchaus verstehen kann, weshalb Arius, der Häretiker des 4. Jahrhunderts, in diesen Texten nichts gefunden hat, womit er den Glauben an die Göttlichkeit jenes Menschen, der da beschrieben ist, verbinden konnte. Jeder, der vor allem die drei Synoptiker zur Hand nimmt, wird sich selbst davon überzeugen können, ob diese Feststellungen wirklich begründet sind. Er wird unter anderem auch bemerken, daß selbst die aufsehenerregendsten Wunder ohne irgendein Pathos, in der üblichen Schlichtheit berichtet werden. Sie scheinen in keiner Weise nachträgliche, erst vom Glauben diktierte Zusätze zu sein: »Man hat versucht, die Wunder aus den Evangelien zu eliminieren, und hat gesehen, daß die Texte dann zutiefst zerrissen blieben, der Fluß der Erzählung brach auseinander, die Rede hatte keinen Sinn mehr« (Albanese). Wunderbares und Alltägliches sind so eng miteinander verbunden, daß die Reaktion dessen, der voll Ungeduld an die Wurzel des Problems herangeht, durchaus verständlich ist, wenn er betont, daß es angesichts der Rätselhaftigkeit dieser Texte, bei denen es keine Möglichkeit gibt, Form und Inhalt miteinander in Einklang zu bringen, nur zwei vernünftige Alternativen gibt: *Entweder man akzeptiert sie im ganzen, oder man lehnt alle zusammen ab.* Der »Felsblock« der Evangelien ist so kompakt, daß eine Unterscheidung von »authentischen« Ereignissen und »Zusätzen« aus dem Glauben fast unmöglich ist.

Auch in diesem Fall ist übrigens der Vergleich mit den apokryphen Evangelien von entscheidender Bedeutung. Dort sehen wir wirklich den unverkennbaren Stil einer mythischen Kreation. Nicht zufällig bezeichnete schon der heilige Hieronymus die Apokryphen als »deliramenta«, als Wahnvorstellungen. Hier gibt es alles. Es gibt vor allem das, was es in den Evangelien, welche die Kirche als solche anerkannt hat, überhaupt nicht gibt: das grundlose und nutzlose Wunder, das nur erzählt wird, um zu verblüffen. Es gibt hier, in übertriebener Sprache beschrieben, ein Jesuskind, das aus Schlamm kleine Vöglein formt, sie in die Luft bläst, ihnen auf diese Weise Leben gibt und sie fliegen läßt; oder es nimmt der Mutter Maria die Plage der Arbeit ab, indem es mit seiner Allmacht einen Motor herbeizaubert, der ihr das Wasser aus dem Brunnen pumpt. Es ist dies der unverkennbare Stil der Legende. Die Apokryphen verraten sich, indem sie zu sehr an solchen Darstellungen hängen. Sie verwechseln das Übernatürliche mit dem Wunderbaren. Die kanonischen Evangelien erliegen niemals dieser Versuchung: Für sie sind die Wunder einfache *Zeichen*, um die Wahrheit der Lehre zu stützen und zu bestätigen. Aber es ist noch mehr zu sagen: Die nüchternsten Evangelien sind gerade die ältesten, das trockenste, knappste und sachlichste von allen ist das erste Evangelium, jenes von Markus. Das ist keine unwichtige Beobachtung. Wenn nämlich am Anfang des Glaubens gewissermaßen eine religiöse Explosion stünde, die einen obskuren Wanderprediger zum Gott gemacht hätte, dann müßte gerade das älteste Evangelium am meisten legendenhafte Züge aufweisen, weil es aus größter Nähe die erste Begeisterung widerspiegelt. Die späteren Texte müßten hingegen von einem Reinigungsprozeß zeugen, von einem Prozeß der Klärung der ursprünglichen Übertreibungen. Doch wieder einmal sind die normalen Gesetze hier völlig umgestoßen. Wenn Markus die knappste Darstellung bietet, so ist das viel spätere Johannesevangelium damit nicht zufrieden und versieht die anfänglichen nüchternen Daten des Berichtes mit theologischen Reflexionen. Man beachte, daß nicht einmal die Institution des großen Kultaktes des Glaubens — das Abendmahl, die Eucharistie — der strengen Selbstkontrolle der Berichterstatter entgeht. Die Einsetzung dieser Institution wird im Rahmen einer gemeinsamen Mahlzeit rund um einen Tisch beschrieben. Sogar hier, im Herzen des sakralen Mysteriums, eine Atmosphäre von absoluter Normalität; ohne irgendwelche Visionen oder mysteriöse Phänomene. Selbst der Eckpfeiler des Glaubens, die Auferstehung, wird von Markus in wenigen trockenen Absätzen abgehandelt. Und doch, »die Einbildungskraft könnte dies Wunder vervielfachen, ohne befürchten zu müssen, den Glauben zu gefährden, der sich im Wahrscheinlichen immer angleicht. Wenn man zugegeben hat, daß Jesus Gott ist, kann man sich gestatten, ihn alles vollbringen zu lassen. Ich finde nun in den Evangelien nichts, was diesen Wünschen entgegenkäme. Wenn man die drei ersten Evangelien also unvoreingenommen liest, dann vermitteln sie nicht den Eindruck, einen menschgewordenen Gott zu beschreiben, sondern nur einen außergewöhnlichen Propheten«, meint Jean Guitton.

7
Mythos und Geschichte

Wenn die Historiker in dreitausend Jahren in den Besitz einer kurzen Biographie Napoleons gelangen, die zufällig eine atomare Katastrophe überdauert hat, und dann dieselbe Methode wie bei Jesus anwenden, dann werden sie beweisen, daß die napoleonische Zeit nichts weiter war als ein Mythos. Eine Legende, in der die Menschen des fernen 19. Jahrhunderts die präexistente Idee eines »Großen Feldherrn« inkarniert haben.
Seine Feldzüge in die Wüste und in das Eis, seine Geburt und sein Tod auf einer Insel, sein Name, der Verrat, sein Fall, die Auferstehung und der neuerliche, diesmal endgültige Fall unter den Schlägen des Neides und der Reaktion, das Exil mitten im Ozean — aus alldem geht klar hervor, daß Napoleon nie existiert hat; es handelt sich vielmehr um den ewigen Mythos des Herrschers, es ist vielleicht bloß die Idee eines Frankreich, der irgendeine obskure Gruppe von besessenen Patrioten am Beginn des 19. Jahrhunderts einen Namen gegeben sowie Existenz und fingierte Unternehmungen zugeschrieben hat. So werden unzählige Experten sagen, die Nachfolger jener Gelehrten, die diese Methode auf das Problem des Jesus von Nazaret anwenden.

Jean Guitton

Ein echter Rahmen für ein falsches Bild?

Wir haben nun einige der evidentesten Widersprüche und schwerwiegendsten Einwände geprüft, in die sowohl die kritische als auch die mythologische Hypothese über die Ursprünge des Christentums verfallen bzw. mit denen sie rechnen müssen. Wie schon erwähnt, finden sich bei verschiedenen Gelehrten diese beiden Hypothesen gleichzeitig vermischt wie in einem Cocktail. Obwohl wir auch bisher schon der Prüfung der mythologischen Interpretationen Raum gegeben haben, haben wir doch den kritischen Theorien den Vorzug gegeben. Jetzt werden wir einige Probleme ins Auge fassen, die besonders die Mythologen angehen.

Erinnern wir uns zunächst daran, daß alle kritischen Hypothesen auf jene Fülle von Schwierigkeiten stoßen, auf die wir bereits hingewiesen haben, speziell aber auf ein Problem, das als immer unlösbarer erschienen ist: *Wie konnte ein Mensch im jüdischen Milieu vergöttlicht werden?* Die mythischen Hypothesen aber müssen ebenfalls mit einem beachtlichen Komplex von Fragen rechnen. Die allergrößte davon lautet: *Wieso sollen Episoden und Lehren in den Evangelien legendenhaft sein, wenn der Rahmen zu dieser Legende sich immer mehr als genau und historisch gesichert erwiesen hat?* Dieses Problem hat sich in den letzten Jahrzehnten mit dem Fortschritt unseres Wissens über das alte Israel in gigantischem Ausmaß verstärkt. Und gleichzeitig hat dieselbe Wissenschaft die Zeit, in der sich ein solcher Mythos gebildet haben könnte, erheblich eingeschränkt, weshalb die Theorie der Mythologen nur sehr wenig Glaubwürdigkeit besitzt.

Wenn die Verfasser der Evangelien Fälscher sind, dann muß es sich um ganz einzigartige Fälscher handeln. Nur moderne historische Romanschriftsteller könnten es ihnen gleichtun. Vielleicht ein Flaubert mit seiner Rekonstruktion von Karthago in »Salammbô«; oder Manzoni, wenn er das Bild der lombardischen Gesellschaft des 17. Jahrhunderts malt; wohl auch Sienkiewicz mit seinem Buch »Quo vadis?«. Und doch kann kein Gelehrter der verschiedenen mythologischen Schulen offensichtlich von der Voraussetzung ausgehen, daß am Ursprung der Evangelien eine Gruppe von Experten stünde, die am grünen Tisch ein so genaues historisches Bild der Abenteuer ihrer »Romanfigur« entworfen hätten. Ganz im Gegenteil. Indem sie die historische Realität der frühen Kirche verfälschen, nehmen alle eine anonyme und kollektive Verfasserschaft als gegeben an: Gruppen von begeisterten Fanatikern, Gemeinden, die von einem hysterischen Glauben besessen gewesen seien. Diese obskuren schöpferischen Kräfte seien außerdem über den gesamten Mittelmeerraum zerstreut gewesen, und aus ihrer chaotischen Vereinigung seien dann unsere Texte hervorgegangen. Wie diese als »wissenschaftlich« verkaufte Hypothese sich mit Form und Inhalt der Evangelien in Einklang bringen läßt, haben wir bereits gesehen. Nun wollen wir feststellen, wie sie sich mit dem historischen Bild, das den Hintergrund der Evangelien ausmacht, verträgt.

Pater Lagrange bekannte mit 80 Jahren, nachdem er 50 Jahre lang in Palästina geforscht hatte und streng darauf bedacht war, jede von den Evangelien berichtete Einzelheit mit der Realität der Sitten und Gebräuche, der Geschichte, der Archäologie, ja überhaupt des Landes selbst zu konfrontieren: »Das Ergebnis meiner Arbeit sieht so aus, daß es keine ›technischen‹ Einwände gegen die Wahrhaftigkeit der Evangelien gibt. Alles, was sie berichten, findet bis in die kleinsten Details genaue wissenschaftliche Bestätigung.« Das sind keine Worte leerer Apologetik. Die vielen hundert Faszikel der streng wissenschaftlichen »Revue Biblique« bestätigen dies. Und der berühmte englische Orientalist Sir Rawlinson hat gemeint: »Das Christentum unterscheidet sich von den anderen Weltreligionen gerade durch seinen historischen Charakter. Die Religionen Griechenlands und Roms, Ägyptens, Indiens, Persiens, des Ostens im allgemeinen, waren spekulative Systeme, die nie versucht haben, sich ein historisches Fundament zu geben. Ganz im Gegensatz zum Christentum.«

Wir werden später noch an einigen Beispielen sehen, wie aufschlußreich ein Vergleich zwischen dem Neuen Testament und der Antike ist. Für jetzt mag es genügen, darauf hinzuweisen, daß es z. B. mit Hilfe dieser vier kleinen Bücher (den Evangelien), von denen man angeblich nicht weiß, wo, wann und von wem sie verfaßt worden seien, durchaus möglich ist, das botanische Bild des alten Palästina zu einem großen Teil zu rekonstruieren, einschließlich einiger Arten, die heute dort völlig ausgestorben sind. Es ist auch möglich, eine Art »Reliefkarte« Israels anzufertigen: Von Jerusalem nach Jericho geht man hinab (Lk 10,30),

aber nach Jerusalem zieht man hinauf (Lk 19,28), von Nazaret nach Kafarnaum kommt man wieder hinab (Lk 4,31). Damit stoßen wir nun zum soundsovielten Male auf die Tatsache, daß sich viele »Lehrer der Vernunft« immer wieder in Widersprüche verwickeln. Die Evangelien entstammen nach einhelliger Auffassung der Predigt von »Herolden des Glaubens«, denen vor allem daran lag, Leben, Tod und Auferstehung Jesu zu verkünden. Alles andere wurde von jenen Verkündern des Heils als zweitrangig angesehen. Nun aber weisen die Gelehrten voll Spott das *Wesentliche* dieser Texte, nämlich die Proklamation der Göttlichkeit Christi, zurück, aber gleichzeitig sagen sie in seltsamem Widerspruch dazu, daß das *Nebensächliche* volles Vertrauen verdiene. Sie behaupten nämlich, daß jene Gemeinden, denen man den Glauben verdanke, mit Sicherheit nicht ernst zu nehmen seien, wenn sie von Jesus, seinen Wundern, seinem Leben und seiner Lehre sprechen. Sie seien aber voll zuverlässig, wenn sie bei ihrer Darstellung den historischen, sozialen und geographischen Rahmen berühren; wenn sie also Orte, Zeiten, Gebräuche und Personen beschreiben.
Tatsächlich würden die Mythologen und auch ihre kritischen Kollegen diese Erkenntnis der Zuverlässigkeit, die außerdem auf den Rahmen beschränkt wird, ganz gerne entbehren. Sie werden jedoch zu diesem Zugeständnis durch die Resultate von Studien, Forschungen und Ausgrabungen gezwungen. Niemand kann heute mehr bestreiten, daß die Evangelien eine perfekte Beschreibung der jüdisch-römischen Welt vor der Zerstörung des Tempels in Jerusalem im Jahre 70 beinhalten. Wer an den großen mythologischen »Dampfkessel« glaubt, in dem die Texte des Glaubens »ausgekocht« worden seien, muß erst einmal erklären, wie aus diesem Mischmasch von Mythen mit solcher Präzision gerade jene Wirklichkeit hervorgehen konnte, die so schwierig zu rekonstruieren ist. Nämlich die Wirklichkeit eines besetzten Landes mit dem Durcheinander von Kompetenzen, von Institutionen und juridischen Spitzfindigkeiten. Die Suppe, die in diesem »Topf« angeblich gekocht wurde, verwundert immer wieder, weil sie so sehr nach Geschichte schmeckt.
Ohne auch nur einen falschen Schritt zu machen, werden die politischen und sozialen Zustände in dieser Ecke der Welt genau rekonstruiert, die überdies zu der Zeit, als die Evangelien ihre endgültige Fassung erhielten, längst andere geworden waren:

Judäa, das zuerst von Archelaus, einem Sohn des Herodes, regiert wurde, wird in der Folge von einem römischen Statthalter verwaltet, der wiederum vom kaiserlichen Legaten in Syrien abhängig ist, während Galiläa unter der Herrschaft des Herodes Antipas steht, des Tetrarch-Vasallen Roms... In den ersten Kapiteln des Lukasevangeliums, welche die Aufgabe haben, den Beginn der Predigt Jesu in Raum und Zeit hineinzustellen, werden an einer Stelle sieben verschiedene religiöse und politische Führergestalten aufgezählt, und zwar genau mit ihren Namen und Titeln, die alle ganz exakt mit der historischen Realität übereinstimmen: »Es war im fünfzehnten Jahr der Regierung des Kaisers Tiberius; Pontius Pilatus war Statthalter von Judäa, Herodes Tetrarch von Galiläa, sein Bruder Philippus Tetrarch von Ituräa und Trachonitis und Lysanias Tetrarch von Abilene; Hohepriester waren Hannas und Kajafas. Da erging der Ruf Gottes an Johannes, des Zacharias Sohn, der in der Wüste lebte...« (Lk 3,1—2). Auf dieser äußerst verzwickten politischen Szenerie bewegen sich und bekämpfen einander die Herodianer, die Sadduzäer, die Pharisäer, die Schriftgelehrten, die Johannesjünger usw. Alle werden sie mit wenigen, aber präzisen Strichen gezeichnet. Irwin Linton, ein Richter des Obersten Gerichtshofes der Vereinigten Staaten und Autor einer Studie über das Neue Testament vom Gesichtspunkt des Juristen, betont, daß die Art des Zeugnisses, wie es von den Evangelien geliefert wird, genau den Normen entspricht, an die sich auch ein modernes Gericht hält. Es ist ein Zeugnis, so meint er, das für jeden Richter annehmbar ist: »Es gibt nämlich genau die Namen, die Orte und die Zeit an.«
Wenn Couchoud und mit ihm alle Mythologen nicht ganz zu Unrecht mit der Geschichte in der Hand ihre kritischen Freunde bzw. Feinde lächerlich machten, so sind diese letzteren ebenfalls berechtigt, den Spieß umzudrehen. Ist es denn tatsächlich logisch, einerseits an das spontane Entstehen der Evangelien unter Gruppen von Fanatikern zu glauben und gleichzeitig zuzugeben, daß diese Besessenen mit pedantischer Genauigkeit eine komplexe, längst vergangene und ihnen völlig fremde Welt rekonstruiert hätten? Man beachte auch, wie der Mythologe selbst seine Schwierigkeiten noch vergrößert. Er unterstellt nämlich, daß diese Rekonstruktion erfolgt sei, nachdem Israel schon seit Jahrzehnten zerstört war, mit allen seinen Institutio-

nen, ja sogar mit seinen geographischen Namen, die durch neue ersetzt wurden, um damit eine auch territorial neue Realität zu bezeichnen. Zu einer Zeit also, da nicht einmal mehr Jerusalem so hieß, sondern den Namen Aelia Capitolina angenommen hatte und kein Jude die Stadt mehr betreten durfte.

Trotz allem ist es für bestimmte »Wissenschaftler« wieder einmal klar, daß die Gläubigen die Naiven sind, weil sie angesichts solcher Schwierigkeiten die Ansicht für logischer halten, daß das Neue Testament die genauen Erinnerungen von Zeugen wiedergibt, die das, wovon sie sprechen, auch erlebt haben. Hat etwa nicht Hans Conzelmann geschrieben, daß »die Kirche praktisch von der Tatsache lebt, daß die Ergebnisse der wissenschaftlichen Forschung über das Leben Jesu in ihrem ganzen Umfang noch nicht Allgemeingut geworden sind«? Es ist aber »wissenschaftlich«, daran zu glauben, daß syrische, alexandrinische, zyprische und antiochenische Wahnsinnige einige Jahrzehnte nach der Zerstörung Jerusalems imstande gewesen seien, das äußerst komplizierte Spiel von Kompetenzen und Beziehungen zwischen dem Prokurator Pontius Pilatus und dem jüdischen Hohen Rat im Falle des außerdem noch »falschen« Todesurteils über Jesus mit solcher Genauigkeit zu rekonstruieren. Es ist ausgerechnet der Marxist A. Donini gewesen, der in bezug auf Pilatus darauf hingewiesen hat, welche Ungenauigkeiten sich sogar bei den griechischen und lateinischen Schriftstellern finden: »Nicht einmal die klassischen Schriftsteller der Kaiserzeit waren, weniger als ein Jahrhundert später, in der Lage, die genaue Stellung von Pontius Pilatus anzugeben.« Was Donini selbst jedoch nicht daran hindert, in seltsamer Logik zu behaupten, daß die Evangelien »von den vorhergehenden Ereignissen nur eine konfuse und fragmentarische Erinnerung bewahren«.

Die Frau des Statthalters von Judäa

Was nun Pontius Pilatus betrifft, so teilt uns Mattäus mit, daß der Prokurator in Judäa seine Frau bei sich hatte. Eine äußerst umstrittene Angabe, bis man unlängst entdeckt hat, daß auch sie eine genaue historische Realität wiedergibt. Kurz vor der Zeit Jesu hatte Rom seine Repräsentanten ermächtigt, ihre Familien in die Provinzen nachkommen zu lassen, was vorher verboten gewesen war.

Und da wir schon einmal bei den kaiserlichen Funktionären sind, gleich noch ein anderes Faktum, das die Apostelgeschichte betrifft: Der Verfasser der Apostelgeschichte (nach einer Tradition, die bis in die apostolischen Zeiten zurückreicht, soll es Lukas sein) spricht im Kapitel 13 vom römischen Prokonsul in Zypern, Sergius Paulus. »Falsch! Falsch!« riefen überglücklich die Mythologen. Nach den kaiserlichen Gepflogenheiten hätte nämlich der römische Repräsentant auf Zypern das Recht auf den Titel »Proprätor« gehabt. Bis dann vor etlichen Jahren eine in Paphos, im äußersten Westen der Insel, gefundene Inschrift eine eigenartige Anomalie aufwies: Sergius Paulus wird darin »Prokonsul« genannt, so wie es die viel belächelte Apostelgeschichte behauptet. Das geht sogar noch weit über die ohnehin schon phantastische Hypothese eines historischen Romans hinaus, der am grünen Tisch entstanden sein soll. Wie hätten denn die angeblichen Fälscher wissen können, daß der Titel des römischen Funktionärs auf Zypern (und nur in diesem einzigen Fall) nicht den sonstigen Gepflogenheiten entsprach?
Nicht einmal die Autoren eines Romans hätten die Führer der Stadt Thessalonich als »Stadtpräfekten« bezeichnet. Dies ist nämlich ein in der Antike völlig unbekannter Name, der nur an jener Stelle der Apostelgeschichte (17,6) verwendet wird und nach allgemeiner Auffassung frei erfunden ist. In den letzten Jahren sind nun bei Ausgrabungen gut 19 Inschriften aufgetaucht, wo die Vorsteher von Thessalonich »Stadtpräfekten« genannt werden und sich damit von allen bisher bekannten Rangbezeichnungen des Kaiserreiches unterscheiden.
Diese Apostelgeschichte, der man nach Guignebert »nur wenig Aufmerksamkeit zu schenken braucht, um festzustellen, daß sie arm ist an Information und unzusammenhängend in der Erzählung«, weiß in Wahrheit sehr viel. Wie auch immer Donini darüber denken mag, der noch im Jahre 1975 schreibt, daß der historische Rahmen der Apostelgeschichte »überholt und aus zweiter Hand« sei. In Wirklichkeit weiß sie unter anderem, daß die kaiserlichen Beamten der prokonsularischen Provinz Asien, die den Vorsitz beim Kult und den öffentlichen Spielen führten, in Ephesus »Asiarchen« genannt wurden. Daß in derselben Stadt das Stadtoberhaupt, das auch die Funktionen eines öffentlichen Notars wahrnahm, als »Stadtschreiber« bezeichnet wurde. Daß Claudius Lysias unter dem Prokurator Felix »Oberster der

Kohorte« in Jerusalem war. Daß die Region von Achaia nach komplizierten administrativen Veränderungen seit dem Jahre 44 senatorische und prokonsularische Provinz war und daher von einem »Prokonsul« regiert wurde. Und daß dieser, wie uns Paulus berichtet, Gallio hieß ... Dies und noch viele andere Dinge, die alle Punkt für Punkt, viele erst in jüngster Zeit, von den Historikern und Archäologen bestätigt worden sind, weiß also ein Text, den die Gelehrten, die über die Resultate der Ausgrabungen, die ihren Thesen widersprechen, verärgert sind, »arm an Information und unzusammenhängend« nennen. Für Prof. Bruce von der Universität Manchester erweist sich die Apostelgeschichte dort, wo sie die abenteuerliche Seereise des Paulus nach Rom schildert, als »eines der überraschenderweise exaktesten Dokumente über die antike Kunst der Navigation«. Doch um zu den Evangelien zurückzukommen, noch ein anderes Beispiel: Im Mattäusevangelium (Kapitel 22) geht es darum, ob es erlaubt sei, an die römische Besatzungsmacht Steuern zu bezahlen: »Jesus erkannte ihre böse Absicht und sagte: Ihr Heuchler, warum stellt ihr mir eine Falle? Zeigt mir die Münze, mit der ihr eure Steuern bezahlt! Da hielten sie ihm einen Denar hin. Er fragte sie: Wessen Bild und Aufschrift ist das? Sie antworteten: Des Kaisers...« (Mt 22,18—21). Des öfteren hat man dazu bemerkt, diese Episode sei schon deshalb phantastisch, weil in Israel die Darstellung der menschlichen Gestalt bei Todesstrafe verboten war und daher keine Münzen mit dem Bild des Kaisers im Umlauf sein konnten. Doch auch hier wiederum die Bestätigung durch die Geschichte: Das besetzte Palästina durfte nur Kupfermünzen prägen. Münzen aus Edelmetall, wie der »Denar«, kamen direkt aus den Münzprägeanstalten Roms. Sie trugen das Bild des Kaisers, und die römische Besatzungsmacht zwang die Juden, diese Münzen zu akzeptieren.

Die Gläubigen registrieren also in diesen wie in zahlreichen anderen Fällen die Bestätigung der Geschichte für den »Rahmen« einer Geschichte, die für sie jedenfalls »wahr« ist. Die Mythologen halten dies für naiv. Die erstaunliche Kenntnis von administrativen Maßnahmen, von technischen Einzelheiten, von jüdischen und römischen Sitten und Gebräuchen sei vielmehr der Hysterie fanatischer Weiber im alten Orient zuzuschreiben. Sie seien es nämlich gewesen, die den christlichen Mythos mit genauen historischen Einzelheiten verbrämt hätten...

Eine ständige Herausforderung

Die Evangelien, das Neue Testament im allgemeinen stellen eine ständige Herausforderung dar. Sie provozieren den Leser immer wieder mit plötzlichen Hinweisen auf die Chronik des Geschehens, wie um ihn zur Kontrolle und Überprüfung des Berichteten aufzufordern; als ob sie ahnten, vielleicht der Lüge bezichtigt zu werden. Gerade das Evangelium für die Juden (Mattäus) läßt die Geburt in Betlehem mit einer Reihe von öffentlich bekannten und wichtigen Ereignissen in Israel zusammenfallen, an die sich die Zuhörer selbst noch erinnern können: die Ankunft der »Magier«, die ganz Jerusalem in Aufregung versetzen; das auffällige Erscheinen des bekannten »Sterns«; der Befehl des Herodes, »in Betlehem und der ganzen Umgebung alle Knaben bis zum Alter von zwei Jahren zu töten«. Frage: Wenn die Geburt in Betlehem eine Fälschung ist, um sie mit der alten Weissagung des Micha, wonach der Messias gerade aus diesem Dorf kommen mußte, in Übereinstimmung zu bringen, warum macht man es sich dann so schwer? Warum läßt man Jesus nicht in Betlehem geboren werden, jedoch in aller Stille?

Dieselben Fragen stellen sich auch für das Lukasevangelium, das die Predigt an die Römer widerspiegelt. Gerade dieses Evangelium ist das einzige, das erklärt, warum die Geburt in Betlehem geschehen sei: »In jenen Tagen erließ Kaiser Augustus den Befehl, alle Bewohner des Reiches in Steuerlisten einzutragen. Diese Eintragung war die erste und geschah, als Quirinius Statthalter von Syrien war. Da begab sich jeder in seine Stadt, um sich eintragen zu lassen« (Lk 2,1—3). Wie also die Predigt des Mattäus an die Juden bei der Geburt Jesu Bezug nahm auf jüdische Ereignisse, so bezieht sich Lukas auf kaiserliche Namen und Maßnahmen, über die gerade die Römer besser informiert waren als andere. Man hat lange über jene Volkszählung diskutiert, von der Lukas spricht. Es wäre vielleicht an der Zeit, sich auch einmal nach dem Grund zu fragen, warum gerade vor den gebildeten Zuhörern auf ein öffentliches Ereignis und auf römische Namen und Umstände hingewiesen wird, wenn dies alles wirklich nur ein Mythos ist, der versucht, sich in ein historisches Gewand zu hüllen.

Dieselbe freiwillige Bezugnahme auf die genaue Chronik der Ereignisse findet sich auch in vielen anderen Episoden der

Evangelien. Es werden immer wieder Personen mit ihren genauen Namen und Zunamen zitiert, um sie gleichsam als Zeugen anzurufen. Rawlinson hat betont, daß in diesen Texten »eine Art von Lehre vorliegt, die sich ständig auf Namen und Fakten beruft, die davon in absoluter Weise abhängt und die ohne sie nichtig und leer ist«. Wenn vom Begräbnis des Gekreuzigten die Rede ist, warum spricht man dann nicht einfach von irgendeinem »Grab«, ohne weitere gefährliche Angaben? Aber nein. Lukas führt genau an, daß dieses Grab Josef gehört, einem Mitglied des Hohen Rates, der zu jenen Menschen zählt, die im Blickpunkt Jerusalems stehen. Markus fügt noch hinzu, daß dieser Josef ein *angesehenes* Mitglied des Hohen Rates war, der in der Öffentlichkeit sehr bekannt war. Mattäus berichtet darüber hinaus, daß er auch noch *reich* war. Und als ob das alles noch nicht genügen würde, läßt Johannes neben Josef auch noch *Nikodemus* auftreten, auch er als führender Pharisäer ein überaus bekannter Mann: ein *Ratsherr der Juden,* wie der Evangelist selbst schreibt. Warum setzt man sich so der Möglichkeit einer Kontrolle aus? Doch nur deshalb, weil man auf Ereignisse Bezug nimmt, die eine Prüfung nicht zu fürchten hatten, ja sie sogar verlangten.

Jesus ist mit dem Kreuz beladen; unterwegs zwingen die Soldaten einen Passanten, ihm das Kreuz tragen zu helfen. Dieser Mann, der so plötzlich in die christliche Geschichte eintritt, ist kein Unbekannter. Er heißt bei allen Synoptikern Simon von Zyrene; Lukas und Markus fügen noch hinzu, daß er allen als Grundbesitzer bekannt war. Und damit wir ja keine Zweifel über seine Identität haben, bemerkt Markus auch noch, daß dieser Simon von Zyrene »der Vater des Alexander und des Rufus« ist.

Im 10. Kapitel des Markusevangeliums kommt Jesus nach Jericho und heilt dort einen Blinden. Auch hier wiederum: Nichts bleibt unbekannt, sondern es werden Name und Zuname angegeben. Der Geheilte ist Bartimäus, der Sohn des Timäus. In der Apostelgeschichte tritt Petrus zum erstenmal als Wundertäter auf, indem er einen von Geburt an Gelähmten heilt. Sein Name wird nicht genannt; das scheint auch nicht notwendig zu sein, da es sich um eine in Jerusalem wohlbekannte Person handelt. Der Geheilte, wird gesagt, ist jener Mann, »der vom Mutterleib an lahm war. Man setzte ihn täglich an das Tor des Tempels, das man Schöne Pforte nennt; dort sollte er bei denen, die in den Tempel gingen, um Almosen betteln« (Apg 3,2).

Noch heute sind in Jerusalem, einer Stadt von über 100.000 Einwohnern, die Bettler, vor allem Lahme, die einen fixen Standplatz im Zentrum haben, fast wie Standbilder allen bekannt. Dieser Bettler nun wurde »täglich« seit weiß Gott wieviel Jahren an jenen Ort gebracht, an dem ganz Jerusalem dreimal am Tag (um 9, um 12 und um 15 Uhr) zum öffentlichen Gebet im Tempel vorbeikam. Außerdem war dieses Tor des Tempels sicherlich kein Seiteneingang, sondern hieß bezeichnenderweise »Schöne Pforte«: Es war das gegen Osten gerichtete Tor, das überreich mit Gold, Silber und Bronze geschmückt war, weil es am meisten im Blickpunkt stand und fast alle Leute den Tempel durch dieses Tor betraten. Wenn auch nur sehr wenige seinen Namen gekannt haben dürften, so haben doch sicherlich alle diesen Unglücklichen gesehen und ihn sogar mit einem Almosen bedacht. Ausgerechnet er sollte also für ein Wunder des Petrus ausersehen worden sein, wenn dieses Ereignis eine Kontrolle zu fürchten gehabt hätte? Und so berichtet denn auch die Apostelgeschichte, kaum daß die Heilung geschehen war: »Sie erkannten ihn als den, der gewöhnlich an der Schönen Pforte des Tempels saß und bettelte. Und sie waren voll Verwunderung und Staunen über das, was mit ihm geschehen war« (Apg 3,10). Eine große Menge läuft zusammen, und Petrus nützt die Gelegenheit, um von der Auferstehung Jesu zu predigen. Die Tempelwache geht mit Gewalt gegen die Leute vor, Petrus und Johannes werden verhaftet und ins Gefängnis gebracht. Ein nicht unbedeutender Vorfall, der an diesem Tag die ganze Hauptstadt Judäas in Aufregung versetzt. Sicher mußte das alles auch Gegenstand einer Meldung des Pilatus nach Rom sein, jedenfalls wurde das Geschehene als so schwerwiegend beurteilt, daß man am nächsten Tag eigens zu dem Zweck, um geeignete Maßnahmen zu treffen, das höchste jüdische Gericht, den Hohen Rat, zusammenrief. Welch ein verrückter Märchenonkel wäre doch derjenige, der für seine Geschichte eines legendären Wunders einen so aufsehenerregenden Rahmen erfunden hätte, der so sehr der Kontrolle und eventuellen Widerlegung ausgesetzt ist!

Es scheint uns nutzlos, noch weitere Beispiele über diesen Aspekt der Berichte des Neuen Testamentes anzuführen. Ein Aspekt, der zusammen mit den anderen gewaltige Probleme aufzuwerfen scheint für denjenigen, der sich auf die Hypothese eines anfänglichen Mythos versteift.

Das Ende der symbolischen Deutung

Innerhalb der formlosen Materie, die das Neue Testament nach den Mythologen darstellen soll, sei das Johannesevangelium jenes, in dem die Legende ihre größten Triumphe feiere. Dies ist die unerschütterliche und ständige Überzeugung auch der Gelehrten der kritischen Schule. Obwohl diesbezüglich der Fortschritt der Wissenschaft zu sehr unbequemen Entdeckungen geführt hat. So schreibt Guitton: »Das Johannesevangelium müßte eigentlich am weitesten von dem Verlangen entfernt sein, Jesus in seine Zeit und an seinen Ort zu stellen. Sicher beabsichtigt das Evangelium, das WORT im Fleisch zu zeigen, aber es beherrschend; gegenwärtig in der Zeit, aber auch gleich ewig. Man kann diesen Bericht mit Ende des 1. Jahrhunderts datieren, d. h. daß zwischen dem Ereignis und der Niederschrift drei Generationen liegen. Und endlich, das Evangelium richtet sich vor allem an gebildete Jünger, die sich kaum um Wortklaubereien und um genaue Angaben über vergessene Orte gekümmert haben dürften, zumal Jerusalem zerstört worden war. Alle diese Umstände machen die genannten Angaben dieses Evangeliums über die Zeiten, die Stunden, die Wanderungen Jesu verwunderlich.« Dieses Evangelium zitiert z. B. wenigstens 20 Namen von Orten in Israel, die von den anderen drei nicht genannt werden. Für Engels war das Johannesevangelium der Prototyp einer Legende. Als seiner Ansicht nach erste Schrift des Neuen Testamentes, zusammen mit der Apokalypse, mußte in ihm sich ein halb jüdischer, halb hellenistischer Mythos der Befreiung verdichtet haben, der aus der proletarischen Hoffnung entstanden sei, welche die von Rom unterdrückten Völker gemeinsam nach und nach »historisiert« hätten. Obwohl die Hypothese von Engels, die von einer zeitlichen Priorität des Johannesevangeliums spricht, wissenschaftlich unhaltbar geworden ist und sogar bewiesen werden konnte, daß es das späteste von allen Evangelien ist, ist die Geschichtlichkeit dieses Textes dennoch für viele Gelehrte unglaubwürdig geblieben. Johannes *muß* legendenhaft sein, *muß* eine spätere theologische Verarbeitung der obskuren Anfangsdaten der Geschichte Jesu sein. Wie immer man es nimmt, für die rationalistische Kritik *muß* dieses Evangelium eine Anhäufung von Theologie, Mystik und Mythos bleiben, woraus der Historiker nichts Zuverlässiges entnehmen kann. Es trifft sich jedoch, daß auch hier die Archäologie ihren Beitrag leisten kann und für Überraschungen sorgt. Das letzte der vier Evangelien ist im Grunde auch der letzte Schützengraben der mythologischen Schule. Wir haben schon vom Papyrus »Rylands« gesprochen, der in entscheidender Weise die Zeit der Entstehung dieses Textes eingeschränkt und uns somit die Möglichkeit genommen hat, ihn sehr spät zu datieren. Es waren vor allem die Ergebnisse der Ausgrabungen in Jerusalem, die dem Autor des Johannesevangeliums eine unerwartete Kenntnis der Stadt vor ihrer Zerstörung bescheinigt haben. Der Verfasser zeigt, daß er sehr genau Bescheid weiß, wie die Hauptstadt zur Zeit Jesu aussah. Dieses Evangelium nennt einige Orte, welche die drei Synoptiker nicht kennen, darunter den *Teich Betesda* und den Platz, der *Lithostrotos* heißt.

»In Jerusalem gibt es beim Schaftor einen Teich, zu dem fünf Säulenhallen gehören; dieser Teich heißt hebräisch Betesda« (Joh 5,2). Kaum zu zählen sind die mythologischen Interpretationen, zu denen diese wenigen Worte Anlaß gegeben haben. Es steht für die Entmythologisierer außer Zweifel, daß »der Teich mit den fünf Säulenhallen« keinen historischen Wert, sondern bloß symbolische Bedeutung besitzt: die fünf Stämme Israels; die ersten fünf Bücher der Heiligen Schrift (der Pentateuch); ein Symbol der jüdischen Kabbala, für welche die Zahl 5 die Fähigkeiten der menschlichen Seele repräsentiert; die fünf Finger der Hand Jahwes; die fünf Tore der Himmlischen Stadt... Das sind nur einige der zahllosen Hypothesen von Mythologen, die auch kühne Parallelen zu orientalischen Religionen und Kulten herzustellen versuchten. Jede noch so schrullige Theorie wurde akzeptiert, um den Anlaß für die Erfindung dieses Teiches herauszufinden: Nur derjenige, der schüchtern die Hypothese aufzustellen wagte, daß es sich hier ganz einfach um die Erinnerung an einen wirklichen Ort handeln könnte, fand kein Gehör. Die Überraschung war jedoch groß, als man bei Ausgrabungen neben einem alten Stadttor Jerusalems, das man als das »Schaftor« identifizierte, ein ausgedehntes Wasserbecken mit fünf Säulenhallen entdeckte: Es war ein unregelmäßiges Rechteck von ca. 100 m Länge und 62 bzw. 80 m Breite, an den vier Seiten von Arkaden umgeben. Eine fünfte Säulenhalle verband in der Mitte die beiden längeren Seiten miteinander und trennte so das Wasserbecken in zwei Teile.

»Pilatus ließ Jesus herausführen; er setzte sich auf den Richterstuhl an dem Platz, der Lithostrotos, auf hebräisch Gabbata, heißt« (Joh 19,13). Was konnte wohl dieser Lithostrotos sein, von dem nur Johannes spricht? Im Griechischen bedeutet *lithostrotos* »gepflasterter Ort«. Das aramäische *Gabbata* heißt soviel wie »Anhöhe«. Jahrhundertelang kannte man bloß die Bedeutung der beiden Vokabeln, ohne jedoch diese Orte in der Topographie Jerusalems festlegen zu können. Für diejenigen, die schon beim Teich »hereingefallen« waren, gab es auch hier offenbar kein Problem: Man stand wieder einmal vor einem Symbol. Man brauchte sich also nur darauf beschränken, die Bedeutung dieses mythologischen Details aufzuspüren. Auch diesmal jedoch gab es für sie eine bittere Überraschung. Der französische Archäologe Vincent, der den Text des Johannesevangeliums ernst nahm und deshalb Sarkasmus und Spott von seiten der »Experten« erntete, entdeckte im Jahre 1927 den Platz Lithostrotos oder Gabbata. Es ist ein Hof mit einer Fläche von ca. 2500 m^2, der nach römischer Art gepflastert ist. Er befindet sich, wie es das Evangelium angibt, gerade dort, wo sich der Hof der Burg Antonia auftut, jener Festung der kaiserlichen Garnison, in der während des Winters und zu Ostern auch der römische Prokurator residierte. Wenn das griechische Wort für die Bezeichnung dieses Hofes auf die Pflasterung anspielt, so leitet sich das hebräische Wort »Anhöhe« von der Tatsache her, daß die Burg Antonia sich auf dem höchsten der vier Hügel des alten Jerusalem erhob.

Nazaret und Pilatus

Aber gehen wir vom Johannesevangelium weiter zum gesamten Komplex der Evangelien, und rufen wir uns noch einen anderen schmerzlichen Irrtum in Erinnerung, in den sehr viele Gelehrte verfallen sind und noch immer verfallen; er bezieht sich auf einen Ort in Galiläa namens Nazaret.

Nazaret, wo nach den Evangelisten Jesus seine ersten Jahre verbracht haben soll, ehe er seine Predigttätigkeit begann, ist im Alten Testament nirgendwo zitiert. Dieser Ort wird auch in den alten jüdischen Kommentaren zur Heiligen Schrift nicht erwähnt. Das ist überraschend, weil wir in jenen Büchern Spuren von viel unbedeutenderen Dörfern finden, als es dieses Heimatdorf Jesu gewesen sein muß. Auch über Nazaret und die von den Evangelisten verwendete Bezeichnung »Nazarener« sind die verschiedensten Interpretationen angestellt worden. Ein Mythos jedenfalls: ein symbolischer Name für eine imaginäre Stadt. Im Jahre 1962 entdeckte jedoch eine Gruppe von israelischen Archäologen unter der Führung von Prof. Avi Jonah von der Universität Jerusalem unter den Ruinen von Cäsarea Marittima, dem Sommersitz der römischen Statthalter von Judäa, ein weiteres Ruinenfeld. In diesen Ruinen fanden die Archäologen einen ca. 15 x 12 cm großen Stein aus grauem Marmor mit einer vierzeiligen Inschrift in hebräischer Quadratschrift, der aus dem 3. Jahrhundert v. Chr. stammt. Auf diesem alten Marmorstein entzifferte man den Namen eines Ortes, nämlich Nazaret. Zum erstenmal hatte man die wissenschaftliche Gewißheit, daß diese Stadt zur Zeit Jesu existiert hat.

Und obwohl dieser Marmorstein von Cäsarea seit Jahren im archäologischen Museum in Jerusalem ausgestellt ist, gibt es leider immer noch Interpretationen, die das nicht zur Kenntnis nehmen. Ein Informationsmangel, der den langen Abhandlungen über die »mythologischen Bedeutungen der Termini Nazaret und Nazarener«, die noch immer veröffentlicht werden und sich als »wissenschaftlich« ausgeben, einen fast komischen Beigeschmack gibt. Im »Leben Jesu« von M. Craveri, dessen letzte Auflage im Juni 1974 »korrigiert und auf den neuesten Stand gebracht« wurde, heißt es: »Nach verschiedenen Gelehrten hat Nazaret nie existiert.« Daher sei die Bezeichnung »Nazarener«, die Jesus im Neuen Testament gegeben wird, »in Zusammenhang zu bringen mit dem aramäischen Vokabel *nazirà,* womit damals jene bezeichnet wurden, die ein zeitliches oder ewiges Keuschheits- und Gehorsamsgelübde abgelegt hatten und sich für die gesamte Dauer dieses Gelübdes das Haar nicht scheren ließen«. Oder man müsse die etymologische Herkunft des Wortes »Nazarener« im syrischen Wort *nasaya* suchen, das »von Gott beschützt« bedeutet. Oder die Bezeichnung stamme vom Wort *netser,* was »Zweig, Schößling, junger Trieb« bedeutet. Besonders das Mattäusevangelium hätte also eine Stadt namens Nazaret erfunden, um seine Heldengestalt Nazarener nennen zu können und damit zu beweisen, daß sich die Weissagung des Alten Testamentes erfüllt hätte: »Aus dem Baumstumpf Isais wächst ein Zweig hervor, ein junger Trieb (netser) aus seinen Wurzeln bringt Frucht« (Jes 11,1).

Alle Interpretationen sind legitim, betont Craveri, »weil es keine genauen Angaben über die Existenz eines Ortes namens Nazaret zur Zeit Jesu gibt«. Während aber diese Zeilen geschrieben wurden, war der Stein aus dem 3. Jahrhundert v. Chr. mit der Inschrift »Nazaret« schon seit zwölf Jahren in einer Vitrine eines Museums des Staates Israel ausgestellt.

Im selben Museum von Jerusalem befindet sich auch noch ein anderer aufschlußreicher Stein; auch er stammt aus den Ruinen von Cäsarea Marittima und wurde ein Jahr vorher entdeckt. Ihn hat eine italienische Expedition zutage gefördert. Es handelt sich um einen kalkartigen Stein, 80 cm hoch und 60 cm breit. Auf drei Zeilen finden sich noch äußerst gut erhalten folgende Buchstaben: »... S Tiberieum... tius Pilatus... ectus Juda ...« Auch in diesem Falle stehen wir vor dem ersten unbestreitbaren Beweis nicht nur der historischen Existenz des Pontius Pilatus, sondern auch seiner Präfektur (...*ectus* war ursprünglich auf dem Stein *praefectus*) zur Zeit Jesu unter Tiberius. In der jahrhundertelangen Debatte über die Ursprünge des Christentums haben auch nicht jene gefehlt, die in Zweifel gezogen haben, daß Pilatus wirklich in der Zeit, als Jesus dem Tod überliefert wurde, der Administrator Palästinas gewesen ist. Und die nichtchristlichen Schriftsteller, die von diesem römischen Funktionär sprechen? »Interpolationen christlicher Abschreiber«, antwortet verärgert eine gewisse Kritik.

Wenn der Kritiker den Mythologen spielt

Noch größere Irrtümer können dem Kritiker unterlaufen, wenn er, um sich den neueren Tendenzen anzupassen, den Mythologen spielen will und auf die Suche nach Symbolen geht. An drei Beispielen aus dem Werk »Die Entstehung des Christentums« von Loisy, das viele noch heute als den letzten Schrei auf diesem Gebiet betrachten, mag dies deutlich werden.

Wenn er vom Begräbnis Jesu spricht, wie es von den Evangelien berichtet wird, meint Loisy: »Der große Stein, der gegen die Öffnung des Grabes gewälzt wurde, dient dazu, das Wunder der Auferstehung besonders hervorzustreichen.« Ein weiß Gott wo erfundenes Symbol also sei jene Art des Begräbnisses, die das

Evangelium als typisch für die Juden hinstellt. Der Leser des Werkes von Loisy wird aber überrascht sein, wenn er Abu Gosh im Nordwesten von Jerusalem besucht, wo es eine ganze Reihe von Gräbern aus dem 1. Jahrhundert gibt. Diese Gräber sind mit einem großen Stein verschlossen; fast immer ist es ein Mühlstein, den man vor die Öffnung des Grabes wälzte. Dasselbe kann der Tourist an vielen anderen Orten Israels beobachten, einschließlich Jerusalems: z. B. das sogenannte »Grab der Könige«. Außer von diesem Stein berichten die Evangelisten auch noch, daß das Grab Jesu in den Felsen gehauen war. Loisy: »Ohne Zweifel eine Erfindung, um zu zeigen, daß sich die Weissagungen erfüllt hätten.« Von Abu Gosh kann sich der Besucher nun an den »Shanedrin« genannten Ort begeben, ca. eineinhalb Kilometer vom Damaskustor in Jerusalem entfernt. Dort gibt es unzählige alte in den Felsen gehauene Gräber. Noch besser ist es aber, wenn sich der Tourist zur Basilika des Heiligen Grabes begibt, wo er gerade neben dem Grab, das die Tradition als das Grab Jesu bezeichnet, die Reste eines anderen Grabes aus der Zeit des Herodes sehen wird, das ebenfalls in den Felsen gehauen ist. Grabungen im August 1974 haben gezeigt, daß das Heilige Grab der Christen gerade über einem antiken Steinbruch liegt und daß dieser Ort also sehr geeignet war, die Leichen so wohlhabender Leute, wie es Josef aus Arimatäa war, zu bestatten. Es ist ganz einfach eine Tatsache, daß Loisy nicht wußte, daß es im alten Israel allgemeiner Brauch war, Gräber in aufgelassenen Steinbrüchen anzulegen oder sie in den Felsen zu hauen, wenn man nicht schon einen geeigneten Platz dafür besaß.
So wußte Loisy auch von anderen Begräbnissitten nichts, als er in bezug auf die »Mischung von Myrrhe und Aloe, etwa hundert Pfund«, die von Nikodemus gebracht worden sein soll, um den Leichnam einzubalsamieren, schrieb, dies sei eine weitere Erfindung der Evangelisten, »um dem Begräbnis eine größere Würde zu verleihen und seinen Symbolgehalt zu vervollständigen«. Seit im Jahre 1898 der Rechtsanwalt Secondo Pia zum erstenmal das Turiner Leichentuch fotografierte und dabei entdeckte, daß es sich um ein vollkommenes fotografisches Negativ handelt, hat eine genaue Untersuchung über die jüdischen Bestattungstechniken zur Zeit Jesu eingesetzt. Man weiß heute nahezu alles über diese Techniken. Man hat sogar mit unumstößlicher Sicherheit festgestellt, daß jene Mischung, die von Nikodemus gebracht

worden sein soll, durchaus üblich war: Es handelte sich nämlich um »ein Diapasma, ein aromatisches Antiverwesungsmittel« (Judica-Cordiglia).

Glaube und Archäologie

Man könnte mit Beispielen noch beliebig fortfahren, doch wir machen hier damit Schluß. Auch deshalb, um nicht den gefährlichen Triumphalismus dessen zu nähren, der auf Schritt und Tritt ausrufen möchte: »Die Bibel hat doch recht!« Es sei jedoch klargestellt, daß die Archäologie keineswegs das »beweist«, was der wesentliche Inhalt der Heiligen Schrift ist: die Botschaft des Glaubens. Die Autoren des Neuen Testamentes wollen eine Heilsbotschaft weitergeben: Nichts liegt ihnen ferner, als eine Art »Reiseführer« zu den »Heiligen Stätten« der Gläubigen zusammenzustellen. Die Archäologie ist wichtig, weil sie die Geschichtlichkeit des Rahmens einer Botschaft beweisen kann, die zwar »in Geschichte gehüllt« ist, die sich aber immer einer historischen Kontrolle entziehen wird.
So hat der Archäologe G. Wright in bezug auf das Alte Testament geschrieben: »Die neueren Ausgrabungen beweisen, daß im 13. Jahrhundert v. Chr. eine gewaltige Welle der Zerstörung über Mittelpalästina hereingebrochen ist. Daß diese Zerstörung durch das Eindringen des jüdischen Volkes in jenes Land verursacht worden ist, ist eine vernünftige geschichtliche Schlußfolgerung. Daß aber Gott selbst den Kampf für seine Ziele in der Geschichte angeführt habe (wie die biblischen Autoren behaupten), das ist eine Interpretation des Glaubens, die keiner historischen oder archäologischen Kontrolle unterliegt.« Indem sie das Klima des vorgefaßten Mißtrauens des späten 19. und frühen 20. Jahrhunderts gegen die jüdisch-christliche Heilige Schrift eliminierte oder wenigstens abschwächte, hat die sogenannte »archäologische Revolution« eine wichtige Aufgabe erfüllt. Sie hat der These von der Wahrhaftigkeit der Evangelien (soweit es das historische Bild betrifft), welche oft sogar als Arbeitshypothese verächtlich zurückgewiesen wurde, zumindest wieder die Existenzberechtigung gegeben. »Heute« — bemerkt A. Schökel — »verbindet jeder Gelehrte der Bibelwissenschaften, welcher Richtung er auch angehören mag, das Studium der kritischen Methoden mit jenem der Archäologie.«

Zweifel an der Existenz Jesu

Der Fortschritt der Forschung hat auch zu einem Faktum geführt, das gerade die Grundlage jeder mythologischen These betrifft. Es ist die historische Unbeweisbarkeit der Existenz eines Menschen namens Jesus aus Mangel an sicheren Nachrichten in nichtchristlichen Quellen. Dazu einige Details.
Seit nicht allzulanger Zeit ist ein uraltes Dokument allgemein bekannt geworden, dessen Bedeutung sogar Augstein anerkennt. Es handelt sich um einen Brief, den ein eher unbedeutender nichtchristlicher syrischer Historiker, ein gewisser Mara Bar Serapion, im Jahre 73 an seinen in Edessa studierenden Sohn schrieb. In diesem Brief erinnert Bar Serapion unter anderem daran, daß die Juden ihren »weisen König« hingerichtet hätten, der versucht hatte, ihnen neue Gesetze zu geben. Deshalb sei Israel mit dem Verlust seiner Souveränität, dem Massaker an einem großen Teil des Volkes und der Zerstreuung des übrigen Teiles über die ganze Welt bestraft worden. Dieser Brief ist offensichtlich kein entscheidendes Argument, um die Frage nach der historischen Existenz Jesu zu lösen. Wir führen ihn nur an, weil es sich um eines der jüngsten und noch wenig bekannten Dokumente handelt, das aber doch zu den bedeutsamsten zählt: Von diesem Brief ist nämlich die genaue Datierung möglich (nicht später als 73), und er stammt mit Sicherheit von einem nichtchristlichen Verfasser. Schon wenige Jahrzehnte nach dem Tod Jesu verbreitete sich also im ganzen Orient die Nachricht von einem »König der Juden« und neuen Gesetzgeber, der von denen getötet wurde, die eigentlich seine Untertanen hätten werden müssen. Es ist dies eine neuerliche Bestätigung dafür, daß die christliche »Legende« schon in der zweiten Hälfte des 1. Jahrhunderts genau fixiert war. Und es ist ein »Mythos« oder eine »Legende«, die gerade aus Israel hervorgeht.
Bezüglich der historischen Existenz Jesu ist anzumerken, daß etwa bis gegen Ende des 18. Jahrhunderts es niemandem in den Sinn kam, diese in Zweifel zu ziehen; nicht einmal den wütendsten Feinden des Christentums. Schon gar nicht den älteren antichristlichen Polemikern, denen die kaiserlichen Archive noch vollständig zur Verfügung standen. Seit dem 18. Jahrhundert beginnt man das Schweigen der alten Quellen über ihn hervorzuheben. »Welches sind wohl jene zahlreichen römischen Berichte,

die man so vergeblich auf der Suche nach einem Zeugen über seine Existenz durchblättert?« — hat sich mit Recht ein deutscher Gelehrter gefragt. »In Wirklichkeit existieren solche Berichte gar nicht. Die gesamte geschichtliche Überlieferung über das antike Römische Reich ist verlorengegangen, mit Ausnahme von Tacitus und Sueton. Und alle beide sprechen von ihm.« Neben Tacitus (um das Jahr 115) und Sueton (etwa um 120) spricht auch Plinius der Jüngere von den christlichen Anfängen. Er spricht sogar früher davon als die beiden anderen, etwa um das Jahr 112. Noch früher polemisiert ein gewisser Thallus, ein Samariter und Verfasser eines Berichtes, der um das Jahr 60 in Rom geschrieben worden zu sein scheint, gegen die Gläubigen über die Art der Finsternis, die den Tod Jesu begleitet haben soll. Das Zeugnis des Thallus ist also sogar noch älter als jenes des Bar Serapion. Auch Flavius Josephus, der um das Jahr 93 seine »Jüdischen Altertümer« schrieb, spricht von ihm. Und zwar nicht nur an der berühmten Stelle (dem »Testimonium Flavianum«), mit der wir uns gleich noch beschäftigen werden. Sehr wichtig ist auch jene andere Stelle, wo er die Hinrichtung eines gewissen Jakobus andeutet, den Flavius Josephus als »den Bruder Jesu, des sogenannten Christus« identifiziert. Eine Andeutung, die keinesfalls eine spätere christliche Interpolation sein kann: Denn diese hätte aller Wahrscheinlichkeit nach nicht von einem »Bruder Jesu«, sondern vielleicht von einem »Vetter« gesprochen in Anbetracht der Polemik, unter der die Kirche schon bezüglich der »Brüder und Schwestern Jesu« zu leiden hatte. Auch hätte ein frommer Fälscher seinen Gott sicher nicht als den »sogenannten Christus« bezeichnet.

Daß Flavius Josephus von Jesus gesprochen hat, ist ziemlich sicher. Und zwar wegen des Hinweises auf den »Bruder Jakobus« und einer Stelle über den Messias der Christen in seinen »Altertümern«. In welcher Weise er aber von ihm gesprochen hat, das blieb umstritten. Tatsächlich zeigt jene Stelle, das berühmte »Testimonium Flavianum«, d. h. das Zeugnis des Flavius, eine apologetische Absicht, die eine christliche Hand verrät. Josephus aber war kein Christ. Und doch sprach er von »Jesus, einem weisen Menschen, wenn man ihn überhaupt einen Menschen nennen kann«, und sagte von ihm, daß er »Wunder vollbrachte«, und schrieb von dessen Erscheinungen vor den Jüngern drei Tage nach seinem Tod, wobei er sich als »von

neuem lebendig« erwiesen habe. Und schließlich betont er noch: »Er war der Christus.« Fast alle Gelehrten (einschließlich der katholischen) nehmen heute an, daß ein christlicher Abschreiber, wahrscheinlich ausgehend von einer authentischen Andeutung, diese Stelle des Flavius Josephus verfälscht hat.
Im Jahre 1971 ist von Professor Shlomo Pinès von der Hebräischen Universität in Jerusalem eine vielleicht entscheidende Entdeckung gemacht worden. Sein Artikel, der am 14. Februar 1972 in der Tageszeitung »Internationel Herald Tribune« erschien, trug die Überschrift »Die Juden erbringen den historischen Beweis für die Existenz Jesu«. Prof. Pinès entdeckte zunächst, daß es vom Text über Christus in den »Altertümern« noch eine andere Version gab. Diese Version ist in einem arabischen Werk des 10. Jahrhunderts enthalten, der »Allgemeinen Geschichte« des Agapius, eines Bischofs von Hierapolis in Syrien. Agapius gibt das »Testimonium Flavianum« ohne jene Ausdrücke des Glaubens wieder, die für die Gelehrten der Anlaß waren, es abzulehnen. Nun scheint es aber, meint Pinès, unglaubhaft zu sein, daß ein christlicher Bischof den Text des Flavius Josephus heruntergespielt hätte, indem er aus ihm alle schmeichelhaften Worte über Jesus entfernte. Außerdem scheinen verschiedene Zeugnisse antiker Schriftsteller (Origenes, Hieronymus, Michael der Syrer) zu bestätigen, daß der jüdische Professor tatsächlich die ursprüngliche Version des Zeugnisses von Flavius entdeckt hat. Wenn es so ist, sagt Pinès, dann »haben wir hier das älteste schriftliche Zeugnis nichtchristlichen Ursprungs vor uns, das sich auf Jesus bezieht«. Das ist eine Hypothese, die von vielen Gelehrten, darunter auch von Daniélou, für äußerst wahrscheinlich gehalten wird. Die Stelle des Flavius Josephus, wie sie von Agapius berichtet wird, hat nach der Version der Hebräischen Universität in Jerusalem folgenden Wortlaut: »In jener Zeit lebte ein Weiser namens Jesus. Sein Benehmen war gut, und er wurde geschätzt wegen seiner Tugend. Zahlreich waren jene, die unter den Juden und den anderen Völkern seine Jünger wurden. Pilatus verurteilte ihn zum Kreuzestod. Aber diejenigen, die seine Jünger geworden waren, hörten nicht auf, seiner Lehre zu folgen. Sie erzählten, daß er ihnen drei Tage nach seiner Kreuzigung erschienen sei und daß er lebe. Vielleicht war er der Messias, von dem die Propheten solche Wunderdinge erzählt haben.«

Von entscheidender Bedeutung sind aber, wie es vielen scheint, die Zeugnisse der antiken jüdischen Quellen. Diese polemisieren gegen Jesus und versuchen ihn oft in einem negativen Licht darzustellen. Aber auf diese Weise leugnen sie ihn nicht, sie anerkennen ihn vielmehr in seiner vollen historischen Realität. Klausner, ein jüdischer Gelehrter, der die Dokumente des Judentums über Jesus erforschte, hat geschrieben, daß »diese die Geschichtlichkeit der Evangelien nicht leugnen, nur benützen sie sie als Quelle für Spott und Hohn«. Ebenfalls kann man von den heidnischen Polemikern gegen das entstehende Christentum sagen, daß es unter diesen keinen gibt, der zu den zahllosen Diffamierungen auch noch den Zweifel über die historische Existenz des Begründers des neuen Kultes hinzugefügt hätte.
Der ganze Komplex antiker Zeugnisse genügt jedenfalls, um uns vernünftigerweise dieser Existenz zu versichern. Der Gedanke Pascals von den drei Ordnungen der Größe kann uns helfen, die Gründe für die Gleichgültigkeit der offiziellen heidnischen Geschichtsschreiber zu verstehen. Alle diese Autoren konnten sich nur ganz nebenbei mit ihm beschäftigen. Sie sprechen ja von denen, die »Könige« waren in der Ordnung der Macht und der Weisheit. Die Spuren aber, die Jesus hinterlassen hat, sind nicht jene, auf die sich die offizielle Geschichte gründet: Königspaläste, Tempel, Münzen mit seinem Namen und seinem Bildnis, Zeichen von Kriegen und Eroberungen. Er hat nur ein ungreifbares Element hinterlassen, das in unbedeutender Erscheinung auftritt: sein Wort, das er einer Gruppe von plumpen Provinzlern anvertraut hat. Es ist kein Zufall, daß die antiken Zeugnisse mehr von seinen »politischen« Wirkungen als von ihm selbst sprechen. Die Geschichtsschreiber haben nämlich im Strom der Ereignisse den Christus nicht zu erfassen vermocht. Wohl aber haben sie das Christentum wahrgenommen, das sich als lebendige und Unruhe stiftende »kleine Gruppe« zu organisieren begann, der man nicht Herr werden konnte.

Das Kreuz — eine unerklärliche Erfindung

Kurz noch einige Schlußbetrachtungen über die Absurdität der Unterstellung, daß ein Mythos ausgerechnet mit jenen völlig unpassenden Kleidern versehen worden sei, mit denen der Protagonist der Evangelien umhüllt ist. Wir haben bereits auf die so banale Frage des Namens Jesu hingewiesen; auf die Stadt Nazaret, auf die man nirgends einen schriftlichen Hinweis findet; auf das Schweigen über seine Bildung; auf den Beruf eines nicht einmal sonderlich tüchtigen Zimmermanns; auf das Fehlen jeder Andeutung über sein Äußeres; und noch andere Einzelheiten, die aus ihm nicht nur einen absolut einzigartigen, sondern geradezu »wunderbaren« Mythos machen würden. Die Welt bekehren zu wollen, indem man die Idee eines Erlösers in einem Juden Gestalt werden läßt, war ungefähr so, als ob man versuchen würde, einen Franzosen des 19. Jahrhunderts zu den kongolesischen Stammeskulten zu bekehren. So groß war die Verachtung, mit der in der antiken Welt alles, was jüdisch war, betrachtet wurde. Das sollte derjenige bedenken, der glaubt, daß der Mythos von diesem Christus nicht in Palästina entstanden, sondern von nichtjüdischen Gläubigen dorthin verlegt worden sei.

Aber es gibt noch eine andere Absurdität, auf die wir abschließend die Aufmerksamkeit lenken wollen. Es ist die Absurdität des Kreuzestodes. Warum hat man unter den vielen möglichen Todesarten gerade jene gewählt, für welche die antike Welt am meisten Abscheu und Verachtung empfand und die den niedrigsten Sklaven vorbehalten war?

Es gibt übrigens einen historischen Beweis dafür, daß der Mythos das Kreuz nicht erfinden konnte: In den ersten vier Jahrhunderten schämen sich die Christen so sehr der Art und Weise, in der ihr Gott gestorben sein soll, daß sie es ablehnen, seinen Tod sichtbar darzustellen. So war in den ersten drei Jahrhunderten das Symbol des Christentums nicht das Kreuz. Man versteckt es sogar, denn schon der Anblick dieses Todesinstrumentes (das »servile supplicium« des Cicero) könnte die Verkündigung kompromittieren. Man sucht daher nach Symbolen, die zwar diskret auf das Kreuz hindeuten, aber nicht skandalös wirken: der Mastbaum eines Schiffes, der oben von einer Querstange gekreuzt wird; der Anker; eine Schlange, die sich um einen Baum windet; der Pflug; ein Mensch, der mit offenen Armen betet... »Der Skandal eines gekreuzigten Gottes war nur schwer zu tolerieren, und zwar nicht nur von den Heiden, sondern auch von den Christen selbst, von denen einige dazu übergingen, die Irrlehre der Anhänger des Basilides zu akzeptieren und die Person des gekreuzigten Jesus durch jene des Simon von Zyrene zu ersetzen« (E. Francia).

Man konnte also zum Häretiker werden, indem man sich vorstellte, daß ein Doppelgänger an jenem skandalösen Galgen gelitten hätte, nur um dem Spott zu entgehen, wenn man einen Menschen anbetete, der auf eine so schändliche Weise hingerichtet wurde. Die älteste graphische Darstellung des Gekreuzigten geht auf das 3. Jahrhundert zurück und wurde 1856 auf dem Palatinhügel in Rom entdeckt. Es ist kein Zeichen des christlichen Glaubens, sondern eben der grausame Spott eines Heiden. An das Kreuz ist nämlich ein Esel angenagelt. Das Kreuz von Herculaneum, auf das wir schon hingewiesen haben, wird zwar von allen als authentisch anerkannt, ist jedoch ein Unikum, soweit wir etwas über die ersten christlichen Zeiten wissen. Deshalb behaupten nicht wenige Gelehrte, daß der Vorhang oder der Verschlag, dessen Spuren noch in den Nägeln erhalten geblieben sind, es nicht nur den Blicken entziehen sollte, weil seine öffentliche Aufstellung verboten war, sondern weil es für die Gläubigen selbst eine Schande darstellte. Es scheint also nicht eine Widerlegung, sondern sogar eine Bestätigung des christlichen Unbehagens über diese Erinnerung zu sein. Übrigens sagte schon im Jahre 180 Celsus voll Spott zu den Christen, die er als »Verehrer des Kreuzes« verhöhnte: »Was für ein Sohn Gottes ist doch der, den sein Vater nicht einmal vor der schändlichsten Strafe zu retten vermochte?«

Wenn also die ersten Christen Jahrhunderte brauchten, um die Idee zu akzeptieren, daß ihr Gott ausgerechnet am Kreuz gestorben sei, wie kann man dann noch denken, daß diese Todesart im Mythos von denselben Christen erfunden worden sei? Wenn schon alles Legende ist, warum hat man dann nicht eine elegantere Methode gefunden, um den Mythos eines leidenden Gottes zu inkarnieren? Die Steinigung etwa, wie bei Stephanus; oder die Enthauptung, wie bei Johannes dem Täufer. Es ist darüber hinaus noch zu bemerken, daß das Kreuz bei den Heiden zwar eine »soziale« Diskriminierung signalisierte, bei den Juden aber geradezu eine skandalöse religiöse Bestürzung hervorrufen mußte. Heißt es doch im 21. Kapitel des Buches Deuteronomium, daß »ein Gehenkter« (also der Gekreuzigte) ein »von Gott Verfluchter« sei. Deshalb kann Paulus mit Recht sagen, daß der gekreuzigte Christus eine »Torheit« für die Heiden und für die Juden ein »Anstoß« sei. Wer ist also für die vermeintliche Erfindung des Kreuzes verantwortlich, »eines

Todes von äußerst antimessianischer Art, die unverständlichste Hinrichtungsart für einen Messias«? (Dhanis) — Die Griechen, die Römer oder die Juden?
Überlassen wir die Antwort (auf der Ebene der Geschichte und nicht der Ideologie) ruhig den Verfechtern der These der »Erfindung«. Wie z. B. Ambrosius Donini, der ganz richtig erkennt, daß »eine instinktive Angst die Gläubigen von der Verherrlichung dieses Symbols abzuhalten scheint«: »Ein unüberwindlicher Widerstand hielt die Christen davon ab, den Erlöser der Welt an ein so schändliches Marterinstrument angenagelt darzustellen.« Jeder sieht, wie dieses Eingeständnis, daß die Christen nur mit Mühe und unter »unüberwindlichen Widerständen« die Idee eines gekreuzigten Gottes akzeptieren, sich mit der These desselben Donini von der »Erfindung« dieses Kultes verträgt. Man beachte: Für Donini und die marxistische Schule entsteht das Christentum aus der Hoffnung der unterdrückten Klassen auf Erlösung. Die Sklaven und Machtlosen hätten ihren Sieg in den Himmel projiziert. Und um diesen Sieg zu symbolisieren, wählen sie jenes Symbol, das Donini selbst »das Symbol des aufbegehrenden, aber geknechteten Sklaven« nennt. Ihrer tatsächlichen Unterdrückung überdrüssig, beschließen also die Proletarier des antiken Mittelmeerraumes, einen Kult zu schaffen, wo sie auch noch in der Phantasie geknechtet werden... Was das Ende betrifft, das die Evangelisten von ihrem Messias berichten, so »stehen wir in Wirklichkeit völlig außerhalb der Interessen der Urgemeinde, wir stehen vor einer Tradition, die über jeden Verdacht erhaben ist« (A. Omodeo). Nicht nur die Mythologen, sondern auch die Kritiker scheinen derselben Naivität zu verfallen, wenn sie die Geschichtlichkeit des Kreuzestodes Jesu zur Diskussion stellen und ihn als unsicher (Loisy: »Er wurde verhaftet, durch die römische Obrigkeit kurzerhand verurteilt, unter Umständen, die sich unserer Kenntnis entziehen«) oder als völlig unmöglich hinstellen. Sie wenden die unzulängliche Methode dessen an, der einen einzelnen Text seziert und ihn auf seinem Seziertisch untersucht, ohne ihn jedoch mit dem gesamten Kontext zu konfrontieren. So scheint uns also Guitton nicht ganz unrecht zu haben, wenn er schreibt: »Man mag das Problem drehen und wenden, wie man will, es hieße den Ursprung des christlichen Kultes und der christlichen Predigt unverständlich machen, wenn man die Geschichte Jesu

vom Glauben an Christus ableiten wollte, als ob er dessen Folge und nicht dessen erstes bewegendes Moment und dessen erster Keim gewesen wäre.« Es ist übrigens derselbe Guitton, der nach einem Leben, das ganz der Reflexion über diese Probleme geweiht war, und nachdem er die Schwankungen der Gelehrten von einer Position zur anderen bei der verzweifelten Suche nach einem Gleichgewicht aus der Nähe verfolgt hatte, bemerkte: »Wenn die Kritik sich von der Geschichtlichkeit Jesu entfernt, dann kann die Kritik der Kritik wieder dorthin zurückführen.«

8
Woher bist du?

Als Pilatus dies hörte, geriet er noch mehr in Furcht. Er ging wieder in das Amtsgebäude und fragte Jesus: Woher bist du? Jesus aber gab ihm keine Antwort.

Johannes 19,8—9

Die antikirchliche Polemik, welche das Zeitalter der Moderne kennzeichnet, hat immer vor der Person Jesu innegehalten und respektvoll geschwiegen, im Bewußtsein, daß seine Beleidigung eine Beleidigung der eigenen Ideale gewesen wäre.

Benedetto Croce

Ein lichtes Geheimnis

Die Reflexion über das Neue Testament erfordert nicht nur, daß man das historische Rätsel löst, das die Person Jesu und sein Schicksal uns aufgeben.

Sie verlangt auch, daß man sich dem Problem einer Lehre, einer Ethik stellt, deren Bedeutung nach so vielen Jahrhunderten noch immer weit davon entfernt ist, voll anerkannt zu sein. Man könnte sogar sagen, daß gerade die Sensibilität des modernen Menschen in der christlichen Weltsicht einen überaus soliden Ausgangspunkt erblickt, während alle Ideologien der Reihe nach wieder verschwinden und alte und ehrwürdige Religionen im Meer der Geschichte versinken.

»Nichts von dem, was dieser Jesus damals den Menschen Palästinas sagte, hat für die Menschen von heute an Bedeutung verloren. Während die Geschichte in zweitausend Jahren so viele Wahrheiten zerstört hat und in den nächsten zweitausend Jahren noch zerstören wird, bleibt sein Wort immer sich selbst treu und jeder Zeit gegenwärtig, ja sogar über die Zeit hinaus.« Das behauptet Chabanis, ein zeitgenössischer französischer Schriftsteller. Wir werden in diesem Kapitel versuchen, Gründe für eine so offensichtlich triumphalistische Aussage anzugeben. In den zweitausend Jahren ihrer geschichtlichen Inkarnation hat die Botschaft, die man so gerne primitiven, obskuren Gruppen von Fanatikern zuschreiben möchte, nicht nur eine ungeheure historische Bedeutung erlangt. Sie hat auch eine einzigartige Universalität an den Tag gelegt, und zwar sowohl in der Zeit als auch im Raum.

Zahllos und quälend sind die Probleme, die einen Christen bedrängen, wenn er über den eigenen Glauben nachdenkt, schrieb einmal Newman, der große anglikanische Theologe, der später zur katholischen Kirche übertrat und dort Kardinal wurde. Newman fügte jedoch hinzu, diese »zahllosen und quälenden« Probleme, die der Glaube uns aufgibt, würden schließlich von der Gewißheit verdrängt, daß ein Gott wie dieser und eine Lehre wie diese nicht erfunden sein könnten. Dieses Geheimnis Jesu scheint wirklich ein »mystère éclairant«, ein lichtes, erleuchtendes Geheimnis zu sein. Eines, das dem Menschen unerforschlich erscheint. Aber der Mensch ohne dieses Geheimnis ist noch viel unbegreiflicher.

Die Kontinuität in der Zeit

Die einfachen, scheinbar elementaren Verse der Evangelien waren imstande, die großen mittelalterlichen und barocken theologischen »Summen« des Katholizismus zu nähren; aber auch die strengen Theologien der Reformation und die kühnen Konstruktionen der orientalischen Orthodoxien. Sie haben die Askese der großen Mystiker und die unermüdliche und bewundernswerte Aktivität der Seelsorger und Verkündiger des Evangeliums befruchtet. Viele dieser Verse haben zwar den Hunger der Atheisten und Antiklerikalen nach Gerechtigkeit nicht endgültig zu stillen vermocht, deren Streben nach einer neuen, gerechteren Welt Jesus niemals als feindliche Konkurrenz empfunden hat. Aber oft waren diese Verse doch ein Wegbegleiter, eine Inspiration. Aus dem Evangelium haben die Kirchen ein Instrument zum Aufbau ihrer Theologien und Institutionen machen können. Aber dasselbe Evangelium haben die Gerechten, die Rebellen, die Utopisten aller Zeiten auch als wirksame Waffe benutzen können, um die Trägheit, Heuchelei und den Verrat derer aufzuzeigen und zu bekämpfen, die zwar Jesus tatsächlich nicht dienten, aber doch versucht haben, ihm zu dienen. Nicht zufällig haben die kirchlichen »Apparate« oft Maßnahmen ergriffen, um die Lektüre dieser vier Bücher der Evangelien zu verhindern, indem sie deren Verbreitung beschränkten oder sogar verboten.

Außergewöhnlicher Beweis für die siegreiche Kraft des Christentums: Jesus und seine Lehre haben sogar dort überlebt, wo der Glaube an Gott abhanden gekommen ist. Breite moderne Denkrichtungen fordern ein »atheistisches Christentum«. Sie wollen jenes ethische Modell, das Jesus zugeschrieben wird, als höchste Norm der Weisheit bewahren, wenn auch außerhalb jeder religiösen Bedeutung. Wir haben schon auf das Phänomen hingewiesen, daß jede Epoche Jesus und die Evangelien nach den gerade aktuellen Ideologien, Philosophien und kulturellen Modeströmungen interpretiert. Ein Phänomen, das die außergewöhnliche Fruchtbarkeit einer Lehre beweist, die für jede Generation von neuem aktuell ist. »Das Evangelium ist das einzige Buch der Antike, das niemals ein Klassiker geworden ist. Es ist immer neu, wir können es uns ständig zu eigen machen oder es bekämpfen« (Pomilio).

Die Kontinuität im Raum

Unter allen »religiösen« Botschaften hat nur diese in der Geschichte bewiesen, daß ihre Gültigkeit nicht auf eine bestimmte Zeitepoche beschränkt ist; auch nicht auf eine besondere Gruppe von Menschen, auf eine Gesellschaft, einen bestimmten Kulturkreis. Das Christentum ist nie wie das Judentum eine Religion gewesen, die an ein bestimmtes Volk gebunden ist; es ist auch nicht wie der Islam ein Glaube, dem es nie gelungen ist, außerhalb einer bestimmten geographischen Zone dauerhaft und wirksam Fuß zu fassen; es ist nicht wie der Hinduismus eine Frucht der besonderen Kultur des indischen Subkontinents; es ist nicht wie der Konfuzianismus und Buddhismus Ausdrucksform einer ganz bestimmten orientalischen Kultur; und es ist nicht wie der Schintoismus eine Ansammlung von japanischen nationalen Traditionen.

Die Pflanze des Evangeliums ist die einzige, die im Lauf der Jahrhunderte von den beiden Polen dieser Erde bis zum Äquator Wurzeln schlagen und gedeihen konnte. Selbst die Spaltungen unter den Christen, die einerseits zwar eine Schande für die Christen sind, bezeugen andererseits, daß das Evangelium Jesu Christi die Möglichkeit in sich schließt, im Lauf der Geschichte eine lateinische, germanische, keltische, slawische, äthiopische, arabische, amerikanische, asiatische Inkarnation eingehen zu können.

Diese Lehre, die angeblich nichts anderes ist als ein chaotisches Gemisch von volkstümlichem altjüdischem Prophetismus, mediterranen Mysterienkulten und orientalischen Mythologien, hat tatsächlich eine Wirksamkeit entwickelt, die ein solcher »Cocktail« wohl nie hätte entfalten können.

Mit ihrem Durchhaltevermögen und der kontinuierlichen Ausbreitung über die ganze Erde hat die Botschaft Jesu jene »Prüfung der Geschichte« bestanden, die schon ganz am Anfang Gamaliel, das Mitglied des jüdischen Hohen Rates, gefordert hat: »Laßt ab von diesen Männern und gebt sie frei; denn wenn dieses Vorhaben oder dieses Werk von Menschen stammt, wird es zerstört werden; stammt es aber von Gott, so könnt ihr sie nicht vernichten« (Apg 5,38—39).

Ein raffinierter Betrug?

Die »liberale« Kritik will auf der einen Seite beweisen, daß die Texte jener Lehre nicht ernst zu nehmen sind, da sie das Destillat von Mystifikationen obskurer Gemeinschaften, das Trugbild übersteigerter Phantasien von Orientalen seien. Doch auf der anderen Seite hegt sie für diese Lehre tiefe Bewunderung. Jesus, den man bei der Prüfung seiner Göttlichkeit zwar unwiderruflich durchfallen ließ, besteht vor denselben Examinatoren triumphal die Prüfung seiner Menschlichkeit. Den Christen wird nicht etwa der Vorwurf gemacht, daß sie Anhänger der Lehre Christi seien, sondern vielmehr, daß sie es nicht genug seien. So scheint tatsächlich die Position eines Martinetti ziemlich prekär und widersprüchlich zu sein, der die Evangelien Vers für Vers zu zerzausen beginnt, wobei er in jedem die Spuren zufälliger und mißbräuchlicher Konstruktionen zu entdecken glaubt. Um dann unerwartet zu schließen: »Die in Jesus inkarnierte Religion ist für uns die tiefste und intensivste Quelle des Lebens in Gott. Man muß ihn als die bedeutendste religiöse Persönlichkeit anerkennen, von dem auch heute in immer neuen Formen eine spirituelle Kraft ausgehen kann, die ohne Beispiel ist in der Geschichte.« Und Guignebert konstatiert: »Viele, die seit langem Metaphysik und Dogmatik des Christentums verlassen haben, folgen noch der Ethik des Nazareners und betrachten sie als das kostbarste und unveräußerlichste Erbe.« Noch immer sind die Evangelien für jene »wissenschaftliche« Logik, an die sich die Martinettis aller Zeiten angeblich halten, im Grunde ein unverständliches Monstrum. Aus äußerst unklaren und armseligen Anfängen sei also eine Botschaft hervorgegangen, von der zu allen Zeiten »in immer neuen Formen eine spirituelle Kraft ausgeht, die ohne Beispiel ist in der Geschichte«?

Den Widersprüchen, in die der Deismus eines Martinetti oder Renan sich verstrickt, entgeht auch nicht der offene Atheismus eines Feuerbach. So schrieb dieser geistige Vater des »Materialismus«, dem Marx soviel verdankt: »Das Wesen des Christentums ist das Wesen der Gefühle, die in unserem Herzen wohnen. Die Dogmen des Christentums sind die befriedigten Wünsche des menschlichen Herzens.« Dieselbe Einsicht, aus der sich jedoch gegensätzliche Schlußfolgerungen ableiten lassen, ist auch in der berühmten Anrufung Christi des heiligen Augustinus ausgedrückt: »Noverim me, noverim te« — wenn ich mich erkannt hätte, hätte ich auch dich erkannt. Aber Augustinus glaubt, daß das Geheimnis einer Lehre, die »erklärt«, die den Menschen »zu entschlüsseln weiß«, nur in der Hypothese einer Intervention, die das rein Menschliche übersteigt, eine Lösung finden kann. Feuerbach hingegen ist überzeugt, daß diese Doktrin, welche die tiefsten Sehnsüchte der Menschheit aller Zeiten zusammenfaßt, nichts anderes als die Frucht einer obskuren Fälschung sei.

Das Schicksal dieses Jesus, ob er nun ein Mensch oder ein Mythos ist, erweist sich also immer mehr als unverständlich. Es ist nicht genug, daß ihm allein in der ganzen Menschheitsgeschichte das Abenteuer widerfährt, für Gott gehalten zu werden. Diese Unbekannten (Betrogene, Betrüger, Narren?), denen es gelingt, ihn so hoch zu erheben, verstehen es auch, ihm eine Lehre zuzuschreiben, welche die »Entlarver des Christentums« viele Jahrhunderte später als unübertroffen und unüberbietbar bezeichnen werden. So wie ein Martinetti oder Renan; oder wie Feuerbach, die allesamt dieser Lehre die höchste Anerkennung zollen, die ein Philosoph zugestehen kann, indem sie behaupten, daß es hier gelungen sei, die tiefsten Sehnsüchte der Menschen in einer wunderbaren Synthese zu verdichten. Oder sie sprechen wie Couchoud von der Botschaft Jesu als einer »innerlichen Kraft, welche die Jahrhunderte nicht auszuschöpfen vermochten, dem edlen Wein, der uns immerzu berauschen kann, dem obersten Gesetz, vor dem sich alles gebeugt hat«.

Martinetti, Renan, Feuerbach, Couchoud: verschiedene Weisen, den Evangelien jede Transzendenz abzusprechen. Verschiedene Schulen, und doch vereint in diesen beiden Überzeugungen:

1. Diese Texte sind Fälschungen; die Vernunft des modernen Menschen verlangt, daß man zu ihrer Entlarvung schreitet.
2. In diesen Texten ist jedoch eine Lehre von unvergleichlichem Wert enthalten, die in der Geschichte so einzigartig dasteht wegen ihrer Würde, Fruchtbarkeit und Universalität, daß sie nicht übertroffen werden kann.

Der Leser möge selbst beurteilen, ob es möglich ist, heutzutage diese beiden Positionen einzunehmen, ohne sich in Widersprüche zu verwickeln. Oder ob man dann, wenn man das Problem der Evangelien auf diese Weise anpackt, nicht eine größere Dosis an »Wunderbarem« annehmen muß, als dies von seiten der Gläubigen geschieht.

Für die Praxis des Lebens

Es fehlt uns hier der Raum und die Kompetenz, um genauer zu prüfen, welchen psychologischen Wert moderne Fachleute der Humanwissenschaften in der Lehre Jesu entdecken. »Während ich lese, werde ich gelesen« hat ein Psychoanalytiker von den Evangelien behauptet und dabei auf seiner wissenschaftlichen Ebene den Eindruck von Augustinus und Feuerbach bestätigt. Er hat damit auch an das angeknüpft, was der Verfasser des Johannesevangeliums sagt: »Jesus brauchte von keinem ein Zeugnis über einen Menschen; er selbst kannte das Innere jedes Menschen« (Joh 2,25). Es fehlen auch nicht diejenigen, die betonen, daß die von den Evangelien vorgelegte Ethik eine psychologisch richtige Therapie enthalte, um das eigene Menschsein voll zu verwirklichen. Oder um das verlorene innere Gleichgewicht wiederzugewinnen. Die Evangelien würden den Menschen gleichsam fertige Gebrauchsanweisungen für das Leben liefern. Wenn es so sein sollte, dann wäre dies ein neuerlicher Beweis für die Ansicht der Gläubigen, daß die christliche Offenbarung nicht nur ein Licht auf das Geheimnis Gottes, sondern auch auf das Geheimnis des Menschen wirft. Pascal: »Wenn eine Religion wahr sein soll, muß sie unsere Natur kennen. Sie muß die Größe und die Kleinheit und den Grund von beidem erkannt haben. Wer hat ihn außer der christlichen Religion gekannt?« Eines ist jedenfalls sicher, daß die Hypothesen, die jede Transzendenz am Ursprung des Christentums leugnen, sich nicht nur mit den Fortschritten der Archäologie und Exegese, sondern auch mit jenen der Humanwissenschaften auseinandersetzen müssen.

Eine weltliche Ethik

Sigmund Freud wurde eines Tages aufgefordert, kurz sein »Rezept« zusammenzufassen, wie man den Menschen vor dem geheimnisvollen Bösen, das aus der Tiefe seines Inneren aufsteigt, beschützen könne. »Lieben und arbeiten« soll die Antwort des Begründers der Psychoanalyse gewesen sein. Es ist dies zufällig dieselbe Formel, die den Menschen vom Neuen Testament ans Herz gelegt wird, das Liebe und Arbeit ins Zentrum seiner Botschaft stellt. Der zweite Aspekt ist scheinbar so wenig bekannt, daß der Satz des Paulus im zweiten Brief an die Thessalonicher (»Wer nicht arbeiten will, soll auch nicht essen«) oft Lenin zugeschrieben wird. Das ist zwar falsch, aber doch sehr bezeichnend.

In bezug auf die »Notwendigkeit« der Liebe für den Menschen erinnern wir daran, was Sir George Vickers, der berühmte englische Psychologe, geschrieben hat: »Die bedeutendste Entdeckung der gegenwärtigen psychiatrischen Wissenschaft ist die Fähigkeit der Liebe, den Geist zu schützen und wieder zu festigen.« In der Sichtweise der Evangelien ist einer, der nicht liebt, ein »Sünder«, also einer, der einen Fehler begeht. Nicht so sehr deshalb, weil er eine abstrakte Gottheit »beleidigt«, sondern weil er zutiefst gegen seine Natur handelt und sich selbst Gewalt antut. Er verletzt nämlich das Gebot »Du sollst nicht töten«, wenn er in sich die Möglichkeit des Wachsens, der »Hominisation«, um den Terminus von Teilhard de Chardin zu gebrauchen, »tötet«. »Alles ist mir erlaubt, aber nicht alles nützt mir« — so faßt Paulus im ersten Korintherbrief (6,12) die Moral des Neuen Testamentes zusammen. Es ist also möglich, auch nicht zu lieben, nur für sich selbst zu leben und so das erste und einzige Gebot der Ethik der Evangelien zu übertreten: »Wer den anderen liebt, hat das Gesetz erfüllt«, schreibt Paulus an die Römer (13,8). Und Johannes bemerkt in seinem ersten Brief: »Wer nicht liebt, bleibt im Tod« (3,14), und: »Wer seinen Bruder liebt, bleibt im Licht« (2,10). »Im Tod bleiben« und »im Licht bleiben« sind biblische Ausdrücke, die uns vor die radikale Wahl stellen zwischen der Verwirklichung des eigenen Menschseins oder einem sinnlosen Leben. In diesem Sinne ist die Jesus zugeschriebene und in den Briefen des Neuen Testamentes entwickelte Ethik eine zutiefst *weltliche, laikale Ethik*. Sie ist nicht nur für eine bestimmte Gruppe von Gläubigen gedacht, auf welche sie wie ein Diktat von oben herabkommt. Sie wendet sich vielmehr an alle wie ein praktisches »Handbuch«, damit wir nicht gegen unsere eigene Natur handeln. Es ist dies eine ganz andere Moral als in den übrigen Religionen, deren Ethik voll ist von hygienischen Vorschriften, legalistischen Kleinlichkeiten, unverständlichen Verboten oder Konzessionen, mit denen der Mensch zur vermeintlichen »Ehre Gottes« gefesselt wird. Die christliche Ethik ist auf die Entfaltung des Menschen schlechthin bedacht; sie hat nicht nur den »religiösen« Menschen im Auge.

Jene Gläubigen, die mit Dostojewskij behaupten: »Wenn es keinen Gott gibt und wenn Jesus nicht Gott ist, dann ist alles erlaubt«, scheinen also die Bedeutung der Universalität dieser Botschaft nicht verstanden zu haben. Denn auf diese Weise erniedrigt man die Bedeutung der Botschaft der Evangelien, deren Verhaltensnormen weniger von irgendeiner kapriziösen Gottheit diktiert zu sein scheinen, sondern eher Ausdruck der vitalen Bedürfnisse des Menschen sind, ob er nun an Christus als den »Sohn Gottes« glaubt oder nicht. Übrigens wurde ja nicht zufällig von Anfang an das Wort Jesu ein »Evangelium« genannt, eine »gute Nachricht«: also nicht eine Reihe von *Forderungen* Gottes (wie in allen anderen Religionen), sondern eine Reihe von *Gaben* Gottes.

Die Botschaft der radikalen Liebe

Trotz derartiger Versuche ist es objektiv nicht möglich, den Neuheitswert und die psychologische Tiefe des Kernpunktes der Lehre der Evangelien herabzumindern, indem man darauf hinweist, daß die Empfehlung der Liebe ja gerade aus anderen Religionen stamme. Moderne Gelehrte haben das Christentum klar von allen anderen Religionen unterschieden, indem sie es gerade als die »Lehre von der radikalen Liebe« einstuften. Zu diesem Resultat gelangt z. B. auch K. J. Saunders, wenn er die Religionen nach der Antwort einstuft, die sie auf die Frage geben: »Wie sieht der ideale Mensch aus, dem man nacheifern soll?« Für die griechische Mythologie ist es der schöne und tugendhafte Mensch; für die Römer und japanischen Schintoisten der disziplinierte Krieger; der Gerechte für die Juden; der »königliche« Mensch für die chinesischen Konfuzianer; der Asket für die Hinduisten; der vollkommen der Allmacht Allahs unterworfene Mensch für die Mohammedaner. Nur für die Christen ist der »Heilige« das menschliche Ideal, nämlich der Mensch, der liebt.
Das Besondere des Christentums besteht aber nicht nur in der Liebe, sondern in dem geradezu unerhörten Begriff der Feindesliebe. Dazu ist das Judentum nie vorgestoßen. Auch für die andere große monotheistische Religion, den Islam, ist die Liebe zu den Feinden eine völlig fremde Idee. Im Alten Testament sind

von der Liebe des frommen Mannes, des Gerechten, nicht nur die Feinde, sondern sogar die Fremden oft ausgenommen. Der Begriff des Nächsten reichte bei den Juden nicht über die eigenen Volksgenossen hinaus. Daher klangen die Worte Jesu in ihren Ohren radikal neu: »Ihr habt gehört, daß gesagt worden ist: Du sollst deinen Nächsten lieben und deinen Feind hassen. Ich aber sage euch: Liebt eure Feinde und betet für die, die euch verfolgen, damit ihr Söhne eures Vaters im Himmel werdet; denn er läßt seine Sonne aufgehen über Bösen und Guten, und er läßt regnen über Gerechte und Ungerechte« (Mt 5,43—45). Im »Buch der Gerechtigkeit« der Essener von Qumran, das im vorchristlichen Judentum ob seiner hochstehenden Moral größtes Ansehen genoß und von dem einige Gelehrte behauptet haben, die Evangelien hätten ihre Ethik daraus abgeleitet, heißt es: »Die Brüder sollen alle Kinder des Lichtes lieben, aber alle Kinder der Finsternis hassen.« Unter den »Kindern der Finsternis«, die man hassen soll, wurden praktisch alle diejenigen verstanden, die außerhalb des engen Bereiches dieser strengen jüdischen Sekte standen. »Daß man auch in Qumran von Feindesliebe gesprochen oder dahin tendiert habe, ist eine reine Illusion« (L. Moraldi).

Vom Glauben an die Hölle

Einzigartig in der Geschichte der Religionen ist auch jener Charakterzug der Lehre Jesu, den der moderne Soziologe als »Primat der Praxis vor der Ideologie« bezeichnen würde. Ein schwieriger Ausdruck, der aber ein ebenso einfaches wie unerhörtes Faktum kennzeichnet. Nicht durch die Zustimmung zu einem Glaubensbekenntnis erlangt man also das Heil: In das »Reich Gottes« wird überraschenderweise auch der eingehen, der niemals etwas von Christus gehört hat. Voraussetzung für die Erlangung des Heils ist nicht eine »Ideologie«: »Nicht jeder, der zu mir sagt: Herr! Herr! wird in das Himmelreich kommen.« Es ist vielmehr das Verhalten, die Praxis: In das Himmelreich wird kommen, »wer nach dem Willen meines Vaters im Himmel handelt« (Mt 7,21). Derjenige also, der ganz konkret liebt.
Im Mattäusevangelium kommt auch jenes ganz Neue gegenüber jeder anderen Religion zum Ausdruck, das der Botschaft des

Evangeliums den letzten Rest des »Religiösen« nimmt und sie mehr denn je weltlich und für jedermann gültig macht. In diesem Evangelium sagt Jesus, daß am Tage des Gerichtes viele Menschen erstaunt sein werden, wenn sie die Aufforderung hören: »Nehmt das Reich in Besitz, das am Anfang der Welt für euch geschaffen worden ist!« (Mt 25,34) Den Geretteten, die einwenden, sie hätten nie etwas von ihm gehört, wird Jesus antworten, daß sie deshalb das Recht haben, sein Reich »in Besitz zu nehmen«, weil sie ihren Egoismus überwunden haben, weil sie den anderen konkrete Solidarität erwiesen haben. Sie haben ihm zu essen gegeben, als er hungrig war, zu trinken, als er Durst hatte, ein Haus, als er obdachlos war, ein Gewand, als er nackt war, sie haben ihn getröstet, als er krank war, und ihn besucht, als er im Gefängnis war. Und jenen, die ganz verblüfft fragen werden: »Herr, wann haben wir dich jemals so gesehen?« wird Jesus ohne Umschweife erwidern: »Amen, ich sage euch: Was ihr für einen meiner geringsten Brüder getan habt, das habt ihr für mich getan« (Mt 25,40).
Es ist also nicht notwendig, ein bestimmtes Credo zu bekennen, Jesus als Herrn anzurufen, um mit dieser Moral im Einklang zu stehen. Es genügt, in der Solidarität mit den anderen die eigene Menschlichkeit zu zeigen. Und andererseits genügt es nicht, daran zu glauben, daß Jesus im Namen Gottes, ja wie Gott selbst spricht, um das Anrecht auf einen Platz im verheißenen Reich zu haben. Es wird sogar gesagt, daß die ersten Plätze in diesem Reich jenen vielen Menschen vorbehalten sein werden, welche die »Gläubigen« für rettungslos »verloren« hielten, weil sie das Morgen- und Abendgebet nicht verrichtet haben, weil sie geflucht haben und nicht zur Messe gegangen sind. Aber sie haben geliebt. Während es nicht so sicher ist, ob viele von den »Gläubigen« auch nur einen Stehplatz auf der Galerie erhalten werden.
Die Kritik müßte erklären, warum eine Gemeinde von Gläubigen, wenn eine solche wirklich für diese Lehre letztlich verantwortlich wäre, Jesus derartige Dinge in den Mund gelegt hätte. Denn hier werden in der Tat in einem kulturell ganz unverständlichen Akt die Exklusivität und der Dogmatismus, die typisch sind für jede Religion (vor allem wenn sie sich in einer Phase beginnender Konsolidierung befindet) und für das Judentum ganz besonders, überwunden. Die genannten »Kriterien« für die

Beurteilung der Menschen sind auch noch ausgerechnet im Mattäusevangelium enthalten, das sich an die Juden wendet mit ihrer traditionellen und festen Überzeugung, die »einzig wahre Religion« zu besitzen. Für sie war es, um gerettet zu werden, nicht nur notwendig, an Jahwe als den einzigen Gott zu glauben, sondern man mußte sich auch noch einem komplizierten formalistischen System unterwerfen, das gewisse Tiere zum Unterschied von anderen für »heilig« erklärte; das bestimmte Speisegebote und -verbote kannte; das die Beschneidung der Vorhaut und die Sabbatruhe forderte.

Eine unbequeme Lehre

Doch hier liegt nicht nur ein rätselhafter Widerspruch zur gesamten damaligen Kultur vor. Wenn die ersten Gemeinden wirklich diese Lehre erfunden haben sollten, dann haben sie wieder einmal jenen masochistischen Zug unter Beweis gestellt, von dem wir schon in bezug auf das »Zuviel« und das »Zuwenig« der Evangelien gesprochen haben. Wenn der Mattäustext das »anonyme« Verhalten als besonders vorbildlich hervorhebt und erklärt, daß die Liebe, durch die man das Heil erlangt, kein christliches Etikett nötig hat, dann bedeutete das in der Tat eine freiwillige Gefährdung der missionarischen Tätigkeit. Wenn man jeden Dogmatismus, den »Alleinvertretungsanspruch«, die Notwendigkeit des Glaubens an Jesus als den Herrn, ja sogar die Notwendigkeit des Glaubens an Gott auf diese Weise ablehnt, dann hieße das, das Werk der Mission bis an die Wurzeln zu untergraben. Gerade jenes Werk, das die Gemeinde als ihre besondere Aufgabe ansah. Die Haltung Jesu, wie sie von Mattäus dargestellt wird, ist übrigens der »religiösen« Mentalität aller Zeiten so fremd, daß die christlichen Kirchen zweitausend Jahre lang Mühe gehabt haben, sie zu verstehen und vor allem zu praktizieren. Hat man etwa nicht das Bemühen um Gerechtigkeit derer, die man voll Abscheu als »Gottlose« bezeichnet hat, oft verurteilt? Hat man nicht häufig den Anspruch erhoben, daß die Liebe, um als solche gelten zu können, »christlich« sein müsse? Es ist doch wahrhaftig logisch und historisch gesehen absurd, wenn man der ersten gläubigen Gemeinde das zuschreibt, von dem die Christen in ihrer zweitausendjährigen Geschichte bewiesen haben, daß sie so wenig davon verstehen. Wieder scheint die einfachste und logische Lösung in der Annahme zu bestehen, daß die Verfasser der Evangelien *gezwungen* waren, eine Lehre wiederzugeben, die nicht die ihre war und es auch nicht sein konnte: Denn sie ist viel zu unbequem und selbstmörderisch, um von einer Gemeinde erfunden sein zu können, deren Anliegen die Mission ist. Es scheint uns auch hier das Geltung zu haben, was Mario Pomilio so formuliert hat: »Manchmal verhalten sich die Evangelisten wie einer, der einen Ausdruck nicht versteht, aber es nicht wagt, ihn zu ändern... Es liegt hier ein einzigartiger Fall in der Literaturgeschichte vor: Gewöhnlich überragt der Autor seine literarische Figur; wenn nicht anders, so biegt er sie zumindest gemäß seinen eigenen Intentionen zurecht. Bei den Evangelisten ist jedoch das Gegenteil der Fall. Jesus überragt sie, er versetzt sie in die demütige Haltung des Hörers, sie sind nur darauf bedacht, das zu bewahren, was er wirklich gesagt hat.«

Ein »krimineller« Christus

Das Verhalten jenes Menschen, den die Evangelien uns beschreiben, widerspricht übrigens allen soziologischen Modellen und Schemata. Es ist ein *abweichendes* Verhalten im Hinblick auf die fundamentalen Werte der Gesellschaft, die doch dieses Verhalten nach ihrem Bild und Gleichnis erfunden haben soll. Die Wirklichkeit der Evangelien ist noch viel unbequemer, als es jene Interpreten gerne möchten, die ihre vorgefertigten Lösungen als Schlüssel anbieten, mit denen man mühelos alle Schlösser öffnen könnte. Das Bild Jesu versetzt uns in Wirklichkeit nach wie vor in verwirrendes Staunen und entzieht sich jedem gegenwärtigen Modell. Sein sozial abweichendes Verhalten ist besonders in unserer Zeit unerklärlich, wo man die entscheidende Bedeutung der sozialen Umwelt für die Formung der eigenen Persönlichkeit erkannt hat; wo man mit Recht nicht mehr an das »isolierte« Individuum glaubt, sondern zugibt, daß jeder Mensch und sein ganzes Verhalten sich aus der Kultur der eigenen Gemeinschaft oder Gesellschaft erklären lassen.

Nach dem Bericht der Evangelien wundert sich selbst Pilatus bis zum ängstlichen Erschrecken, als er diesem rätselhaften Außenseiter begegnet. Dieser eher mittelmäßige Repräsentant Roms, der ein bißchen etwas mitbekommen haben dürfte von den Strömungen der gerade in Mode befindlichen Philosophie (»Was ist Wahrheit?« fragt er Jesus spöttisch als Leser der Texte der Skeptiker), dieser Bürokrat aus Süditalien ist äußerst ängstlich und »erstaunt«. So beschreiben die Evangelien den Gemütszustand des Statthalters von Judäa angesichts dieses seltsamen Angeklagten, der so anders ist als alle anderen. Und schließlich geht sein Erstaunen in Furcht über: »...da geriet er noch mehr in Furcht« (Joh 19,8). »Woher bist du?« fragt er und läßt dabei seine Angst durchblicken vor einem, dessen Verhalten allen seinen Erwartungen widerspricht. Dabei hatte er geglaubt, während seiner Dienstjahre als römischer Funktionär in dieser turbulenten Provinz es gelernt zu haben, alle Menschen im bunten Panorama dieses Ortes durchschauen zu können. Doch auch der moderne Soziologe wäre wohl bei einer objektiven Analyse dieses »Falles« noch einmal versucht zu fragen: »Woher bist du?«

Ein Messias, der ißt und trinkt

Der Jesus der Evangelien entzieht sich allen Interpretationsmodellen, wobei er vor allem in auffälliger Weise jenes Gesetz verletzt, das die Soziologen als »Rollenverhalten« bezeichnen. Eine der »Rollen«, die Jesus zu spielen hatte, war die des *Asketen*. Es gibt keinen Propheten in der jüdischen Welt, der seine Glaubwürdigkeit als »Gottesmann« nicht durch die rigorose Strenge eines asketischen Lebens unter Beweis gestellt hätte. Das hat sich übrigens seit damals kaum geändert: Die Askese ist nach wie vor das Kennzeichen, das jede Gesellschaft von ihren religiösen Leitbildern verlangt.

Der Vorwurf, der Jesus häufig gemacht wird, lautet, daß es für ihn so selbstverständlich war, »zu essen und zu trinken«; und das auch noch in sehr zweifelhafter Gesellschaft. Ihm und seinen Jüngern wurde nicht selten das gegensätzliche Beispiel ihres Freundes Johannes des Täufers vorgehalten: Er lebt in der Wüste, nährt sich von Heuschrecken und legt genau jenes Verhalten an den Tag, das seiner Rolle entspricht. Jesus hingegen läßt sich oft und gern zum Essen einladen, es bereitet ihm offensichtlich echtes Vergnügen. Als er sich wieder einmal gegen diese Anschuldigungen zur Wehr setzen muß, erweist er sich nicht nur als Liebhaber des Weines, sondern geradezu als Kenner weinbaukundlicher Techniken: »Niemand füllt neuen Wein in alte Schläuche. Sonst zerreißt der Wein die Schläuche; der Wein ist verloren, und die Schläuche sind unbrauchbar. Neuer Wein gehört in neue Schläuche« (Mk 2,22). Lukas fügt noch eine weitere Präzisierung hinzu, die ihn als echten Weinkenner erweist: »Niemand, der alten Wein getrunken hat, will neuen; denn er sagt: Der alte Wein ist besser« (Lk 5,39).

Im griechischen Text heißt es oft, daß er bei den Mahlzeiten nicht »saß«, sondern »zu Tische lag« und sich so an Speise und Trank gütlich tat. So etwas ist schon für jeden x-beliebigen Propheten in Israel ein Skandal. Aber man fügt noch etwas viel Schlimmeres hinzu. Einmal, als er gerade wieder einmal am reichlich gedeckten Tisch eines Pharisäers »lag«, stürzt eine Frau herein, eine »Sünderin«, eine Prostituierte: »Sie trat von hinten an ihn heran und weinte so sehr, daß ihre Tränen ihm auf die Füße fielen. Dann trocknete sie seine Füße mit ihrem Haar, küßte sie und salbte sie mit dem Öl« (Lk 7,38). Ein Skandal für alle, auch für den Hausherrn, der sich überdies noch einen harten Vorwurf von seinem seltsamen Gast gefallen lassen muß, während die Frau herzlich verabschiedet wird: »Dein Glaube hat dich gerettet. Geh in Frieden!« Hier wird unter anderem auch jenes Tabu der Sexualität gewaltsam durchbrochen, welches das »religiöse« Leben oft so unerträglich und quälend macht. Dieser »Gottesmann« zieht sich nicht etwa entrüstet vom ohnehin schon unziemlichen Festmahl zurück, auch dann nicht, als die »Sünderin« dem Ganzen auch noch einen sehr erotischen Akzent verleiht.

Es war für die jüdische wie übrigens für jede »religiöse« Kultur klarerweise eine soziologische Unmöglichkeit, eine solche Person für Gott zu halten oder als Gott zu erfinden. Ihm fehlten auch alle anderen Kennzeichen, die von einem verlangt wurden, der die Rolle des Messias spielen wollte. Er verschrieb sich nicht der strengen Askese und besaß auch nicht ein Minimum jener klugen Heuchelei, um der öffentlichen Anklage als »Fresser und Säufer« zu entgehen. Es gibt übrigens bei den Evangelisten nicht die geringste Spur eines Versuches, diese so peinlichen Eigenschaften ihres Protagonisten zu vertuschen. Sogar das »vergeistigte« Johannesevangelium nennt als den »Anfang seiner Zeichen«, wodurch Jesus »seine Herrlichkeit offenbarte«, so daß »seine Jünger an ihn glaubten«, das Wunder zu Kana. Ein Wunder aus sehr anrüchigen Motiven für das »religiöse« Ideal: Die göttliche Macht würde hier mißbraucht, um weiteren Wein für eine Gesellschaft bereits betrunkener Festgäste zu besorgen. Vortrefflichen Wein, wie der »Speisemeister« zum Bräutigam bemerkt. Ein skandalöses Wunder an der Grenze der Blasphemie. Sein einziges Motiv ist die Freude, die irdische Freude, der sinnliche Genuß; und daher ist es nach der religiösen Mentalität aller Zeiten anrüchig. Und mit dieser »Heldentat« sollte ein Text, der angeblich Stück für Stück von religiösen Rigoristen zusammengestellt wurde, seine Hauptfigur zum erstenmal in Erscheinung treten lassen?

»Wenn ihr fastet...«

Es sei ein Irrtum, meint Benedetto Croce, wenn man wie Carducci und Goethe Jesus in polemischer Weise als einen »Feind der Freude und Verbreiter von Traurigkeit« darstelle. Man müßte vielmehr anerkennen, daß »Jesus die Freude liebte und wollte«.
Aus den Höhlen von Qumran hat man die Bibliothek der Essener zutage gefördert; jener »religiösen« Menschen schlechthin, deren Doktrin angeblich das Vorbild gewesen sei für die Lehre, die Jesus zugeschrieben wird. Leider scheinen diese Verfechter eines essenischen Christus die Dokumente jener verschwundenen Sekte nicht mit den Evangelien verglichen zu haben. Wir haben schon angedeutet, wie die Liebe unter diesen »Außenseitern« von Qumran verstanden wurde: die Brüder lieben und alle anderen hassen. Wir werden später noch einige andere Aspekte eines radikalen »qualitativen« Unterschiedes zwischen diesen beiden Botschaften sehen, die sogar zu gleicher Zeit und innerhalb desselben Kulturraumes entstanden sind und doch nur einige äußerliche Aspekte gemeinsam haben. Hier weisen wir nur darauf hin, daß man in den Verhaltensregeln der Essener lesen kann: »Niemand soll es wagen, sich am Tage des Sabbats zu salben.« »Sie sind wie verschreckte Kinder, die sich vor dem Stock des Lehrers fürchten« — so beschreibt sie Flavius Josephus, der mit ihrer Lebensart vertraut war, da er einige Jahre in ihrer Schule aufgewachsen war.

In der sogenannten »Bergpredigt« des Mattäusevangeliums, der »Magna Charta« des Christentums, heißt es: »Wenn ihr fastet, macht kein finsteres Gesicht wie die Heuchler. Sie geben sich ein trübseliges Aussehen, damit die Leute merken, daß sie fasten... Du aber salbe dein Haar, wenn du fastest, und wasche dein Gesicht, damit die Leute nicht merken, daß du fastest, sondern nur dein Vater, der im Verborgenen ist« (Mt 6,16—18). Im Gegensatz zu dem, was bei den Essenern gilt, soll also für den Anhänger der »guten Nachricht« die Kasteiung des Körpers nicht mit Angeberei oder Traurigkeit, sondern mit Freude verbunden sein. Eines der rätselhaftesten Kennzeichen der jesuanischen Ethik ist die in der religiösen Geschichte einzigartige Synthese zwischen »Körper und Geist«, »Natur und Gnade«, »Freude und Leid«. Nach dieser Anschauung gibt es eine Zeit zum Feiern und eine Zeit zum Fasten. Aber selbst das Fasten darf nicht zu Lasten der Freude gehen. Vor allem darf keinerlei Konzession an die Heuchelei gemacht werden, denn diese entspricht genau dem »Rollenverhalten« eines religiösen Menschen. Und gerade das hat Jesus abgelehnt.
Jesus nimmt zwar einerseits gerne an unseren fröhlichen Festen teil. Aber gleichzeitig lehrt er: »Wer zu mir gehören will, der verleugne sich selbst, nehme sein Kreuz auf sich und folge mir nach« (Mt 16,24). Und es ist wiederum Gott, der ein Freudenfest veranstaltet, weil der Sohn zurückkehrt, der sein Erbteil mit Huren durchgebracht hat. Während der andere Sohn kräftig schimpft im Namen einer Gerechtigkeit, die ganz vernünftig zu sein scheint. Welcher »Priester« irgendeiner Religion (einschließlich einer bestimmten soziologischen Form des Christentums) wäre nicht entsetzt und würde dem Bruder, der zu Hause geblieben ist, um zu arbeiten, nicht insgeheim recht geben? Welche jüdische religiöse Gemeinschaft hätte als Vorbild ihrer Ethik einen solchen Vater hingestellt, der es als richtig ansieht, sogar auf das Recht der väterlichen Autorität zu verzichten? Die pädagogischen Richtlinien des alten Israel kommen unter anderem im Buch Jesus Sirach des Alten Testamentes recht gut zum Ausdruck: »Wer seinen Sohn liebt, hält den Stock für ihn bereit... Verzärtle deinen Sohn, und er wird dich enttäuschen; scherze mit ihm, und er wird dich betrüben... Laß ihn nicht den Herrn spielen in der Jugend; laß dir seine Bosheiten nicht gefallen!« (Sir 30,1.9.11) Auch da erweist sich Jesus im Neuen

Testament als ein ganz neuer »Moralist«, der die unveränderlichen Schemata der »religiösen« Lehre umwirft. Wie immer man die Frage auch dreht und wendet, es wird immer mehr klar: Es gibt keinen ideologischen Käfig, der genügen würde, um diesen Jesus zu erklären.

Der Tod und die Familie

Der Tod, die Familie, die Frauen, die Kinder: vier Beispiele, vier Wirklichkeiten, an denen wir nachprüfen können, inwiefern sich dieses vermeintliche »Produkt der antiken Religiosität« in Wirklichkeit in radikaler Weise davon unterscheidet.

Jesus wird nachgesagt, daß er alles, was der jüdischen Kultur heilig war, entmythologisiert habe. Vor allem den *Tod* und die *Familie*. In vier aufeinanderfolgenden Versen berichtet Lukas, wie Jesus Freiheit und Liebe den Vorzug gibt vor den unantastbaren Riten und Gewohnheiten der Beerdigung: »Zu einem anderen sagte er: Folge mir nach! Der erwiderte: Laß mich zuerst heimgehen und meinen Vater begraben. Jesus sagte zu ihm: Laß die Toten ihre Toten begraben; du aber geh und verkünde das Reich Gottes« (Lk 9,59—60). Aber auch die Familienbindungen sind zweitrangig: »Wieder ein anderer sagte: Ich will dir nachfolgen, Herr. Zuvor aber laß mich von meiner Familie Abschied nehmen. Jesus antwortete ihm: Keiner, der die Hand an den Pflug legt und nochmals zurückblickt, taugt für das Reich Gottes« (Lk 9,61—62). Im ersten Buch der Könige des Alten Testamentes beruft der Prophet Elija Elischa zu seiner Nachfolge: »Im Vorbeigehen warf Elija seinen Mantel über ihn. Sogleich verließ Elischa die Rinder, eilte Elija nach und bat ihn: Laß mich noch meinem Vater und meiner Mutter den Abschiedskuß geben; dann werde ich dir folgen. Elija antwortete: Geh, aber komm dann zurück!« (1 Kön 19,19—20) Nicht einmal Elija also, einer der größten Propheten, dessen Wiederkunft die Juden unmittelbar vor der messianischen Zeit erwarteten, konnte es sich in Israel erlauben, die kindliche Zärtlichkeit zu verbieten. Genau das hat man aber den Christus der Evangelien tun lassen. Zur Ablehnung der Bitte, wenigstens Zeit zu lassen, um den Vater zu begraben, bemerkt Guignebert, der diese Bücher gerne als eine Schöpfung der jüdischen Frömmigkeit kennzeichnet: »Wir wissen, daß die Pflicht, den eigenen Vater zu begraben, für

den frommen Juden als eine absolute Verpflichtung gegolten hat.« So daß die Kirche, die sich ihren Messias auf diese Weise »konstruiert« haben soll, wenigstens den einen Vers abzuschwächen versuchte, indem sie betonte, daß der griechische Text (»Laß die Toten ihre Toten begraben«) falsch sei und man lesen müßte: »Überlaß die Toten den Totengräbern...« Alles, was Verhalten und Lehre Jesu bezüglich der Familie betrifft, hat übrigens »einen Klang, der das jüdische Gefühl verletzt«, wie der Jude Montefiore bemerkt. »Wenn jemand zu mir kommt, muß er Vater und Mutter, Frau und Kinder, Brüder und Schwestern... gering achten, sonst kann er nicht mein Jünger sein« (Lk 14,26). »Wer Vater oder Mutter mehr liebt als mich, ist meiner nicht würdig, und wer Sohn oder Tochter mehr liebt als mich, ist meiner nicht würdig« (Mt 10,37). »Als er noch mit den Leuten redete, standen seine Mutter und seine Brüder draußen und wollten mit ihm sprechen. Da sagte jemand zu ihm: Deine Mutter und deine Brüder stehen draußen und wollen mit dir sprechen. Da antwortete er dem, der ihm das sagte: Wer ist meine Mutter und wer sind meine Brüder? Und er streckte die Hand über seine Jünger aus und sagte: Das sind meine Mutter und meine Brüder« (Mt 12,46—49). Dieser Jesus, in dessen Namen so viele »Kreuzzüge für die Familie« unternommen worden sind, muß vor seiner eigenen Familie fliehen, die versucht, seiner habhaft zu werden, um ihn wie einen Wahnsinnigen und gefährlichen Besessenen in Ketten zu legen.
Und ausgerechnet Mattäus, der Evangelist für die Juden, legt Jesus noch den für die ganze antike Welt unerhörten und für das Judentum skandalösen Satz in den Mund: »Ich bin gekommen, um den Sohn mit seinem Vater zu entzweien und die Tochter mit ihrer Mutter und die Schwiegertochter mit ihrer Schwiegermutter.« Um dann sofort in seltsamer Vorwegnahme Freuds hinzuzufügen: »Die Hausgenossen eines Menschen werden seine Feinde sein« (Mt 10,35—36). Man ist heute einhellig der Auffassung, daß das Verhalten Jesu gegenüber den Familienbanden und seine Ablehnung ihrer sakrosankten Unantastbarkeit innerhalb der gesamten damaligen Kultur, der jüdischen wie der heidnischen, ein unerklärliches Unikum darstellen. Aber ist das nicht jene Lehre, die Engels als »eine Mischung von orientalischer Theologie, speziell der jüdischen, und griechischer Philosophie, speziell der stoischen«, definiert hat?

Die Frauen

Wenn Jesus also die Sakralität des Todes und der Familie entmythologisiert, so hat er hingegen aufgewertet, was die antike Kultur im allgemeinen und das Judentum im besonderen eher geringschätzten: nämlich die *Frauen* und die *Kinder*.
Das Judentum begründet die radikale Gleichheit aller Menschen, ohne Unterschied des Geschlechts, auf der Basis der einzigartigen göttlichen Schöpfung: »Gott schuf den Menschen als sein Abbild; als Abbild Gottes schuf er ihn«, so heißt es im 1. Kapitel der Genesis; und sofort wird hinzugefügt: »Als Mann und Weib schuf er sie.« Trotzdem steht es außer Zweifel, daß sich das Judentum in der Praxis »als eine Religion der Männer« (Guignebert) erweist. Das ging sogar so weit, bemerkt D. Flusser von der Hebräischen Universität in Jerusalem, daß wir zum großen Teil nicht einmal mehr die weiblichen Namen im alten Israel kennen. Die Texte erwähnen tatsächlich fast immer männliche und nur ganz wenige weibliche Namen. Ein Gebet in Israel lautete: »Gepriesen seist du, Herr, daß du mich nicht als Frau geschaffen hast!« Während der Mann diese Worte aufrecht stehend und voller Stolz aussprach, murmelte die Frau in tiefer Resignation: »Gepriesen sei der Herr, der mich nach seinem Willen geschaffen hat.« An manchen Stellen des Alten Testamentes wird die Frau wie ein Erbgut eingestuft, über das der Mann (der Vater oder Ehemann) nach seinem Willen verfügt. In der Heiligen Schrift heißt es auch noch: »Besser ein unfreundlicher Mann als eine freundliche Frau« (Sir 42,14). Für das Buch der Sprichwörter ist die Frau »dumm«, »streitsüchtig« und »launenhaft«. Wir werden übrigens sehen, wie noch heute innerhalb einer gleichfalls semitischen Zivilisation, dem Islam, diese Hälfte des Menschengeschlechtes behandelt wird.
Dennoch ist die Situation der Frau in der gesamten umliegenden antiken Welt noch viel schlechter, wo man ihr sogar die menschliche Natur absprach, um ihr jene der Tiere zuzuschreiben. Der Mithraskult, der bis ins 4. Jahrhundert dem Christentum im Römischen Reich den Primat streitig machte, schloß die Frauen gänzlich aus, die, wenn sie Verlangen nach einer Religion hatten, sich eventuell an den Isiskult halten oder sich der Tempelprostitution hingeben konnten. Auch bei den heute so gefeierten großen Weisheitslehrern schaut es nicht viel besser aus.

Sokrates ignoriert die Frauen; nach Plato gibt es für sie keinen Platz in einer guten sozialen Organisation (nicht einmal auf sexuellem Gebiet, denn auch da bevorzugte er junge Männer). Epiktet, der Meister der Stoa, der oft unglücklicherweise mit Jesus verglichen wurde, stellt die Frauen auf die gleiche Ebene wie die Tafelfreuden. Für Euripides ist die Frau »das schlimmste der Übel«; für Aulo Gellio »ein notwendiges Übel«; sie ist »von Natur aus fehlerhaft und unvollständig« für Aristoteles; für Pythagoras ist sie »vom bösen Prinzip, das auch das Chaos und die Finsternis gezeugt hat«, geschaffen worden, während der Mann »vom guten Prinzip, welches das Licht und die Ordnung gezeugt hat«, abstammt. Wenn es die Frauen nicht gäbe, schreibt Cicero, »dann würden die Männer sich mit den Göttern unterhalten«. »Domi mansit, lanam fecit« — sie ist im Hause geblieben, um die Wolle zu spinnen: das ist das höchste Lob, das man auf den Grabstein einer römischen Frau schreiben konnte. Das wird auch in der modernen »laikalen und aufgeklärten« Welt nicht viel besser. In Nietzsches Schrift »So sprach Zarathustra«, die sich anmaßt, die »Anti-Bibel« für den Menschen von heute zu sein, mahnt der Prophet: »Du gehst zum Weib? Vergiß die Peitsche nicht!« Und derselbe deutsche Philosoph meint in seinem Buch über den »Antichrist«: »Das Weib war der zweite Irrtum Gottes.« Auch die Positivisten des 19. und beginnenden 20. Jahrhunderts, die das »Licht der Wissenschaft und der Vernunft« den Dunkelheiten des Christentums entgegensetzen wollten, hielten übrigens lange an der »natürlichen« Minderwertigkeit der Frau fest. Ihr Hirn, sagten sie, wiegt im Durchschnitt nur 1200 Gramm, während es beim Mann 1320 Gramm wiegt. Noch heute nehmen die Freimaurerlogen nur männliche Mitglieder auf. Da hat sogar der Großmeister der italienischen Logen unlängst gegen gewisse Frauen polemisiert, die in Frankreich aufgrund dieser Situation sich ihre eigene Freimaurerei geschaffen haben. Nach Ansicht dieses Großmeisters haben sie sich den Titel »Freimaurer« unrechtmäßig angemaßt: Wenn sie schon ihre eigene Sekte wollten, dann sollten sie sich gefälligst auch einen anderen Namen geben.
Doch kehren wir wieder zu Jesus zurück. »Seine Originalität scheint sich in überraschender Weise in seiner Einstellung zu den Frauen zu zeigen... Er nennt sich Verteidiger ihrer Würde und ihrer Rechte.« Diese Feststellung ist wertvoll, weil sie von

Montefiore stammt, dem englischen Juden, dessen Werk sonst eher dahin ausgerichtet ist, die Originalität Jesu herunterzuspielen, indem er zu beweisen versucht, daß Jesus nichts weiter war als einer unter vielen Propheten in Israel. Doch Jesus erweist die Ehre seiner ersten Erscheinung als Auferstandener gerade den Frauen, und dies ist eine offene Herausforderung für die Kultur der Juden und der gesamten antiken Welt. Die Frauen nehmen in seiner Lehre einen ganz besonderen Platz ein; er läßt es sogar zu, daß ehemalige Prostituierte zu seinen Anhängern zählen. Er wird als einer dargestellt, der sich von Frauen »aushalten« läßt, deren Vergangenheit die Empörung der Rückständigen aller Zeiten erregt hätte. Frauen, sagt Lukas, »die er von bösen Geistern geheilt hatte« und aus denen »sieben Dämonen ausgefahren waren« (Lk 8,2). Dazu der ehemalige evangelische Pastor J. Kahl in seinem Buch »Das Elend des Christentums«: »Jesus behandelte die Frauen als Personen zweiter Kategorie, obwohl er von ihnen Geld nahm.« Das ist ein anschauliches Beispiel für eine totale Verdrehung der Botschaft der Evangelien. Dieses »Sichaushalten-Lassen« ist nicht eine Schande, sondern gereicht Jesus vielmehr zur Ehre, weil er die Unterscheidung von »rein« und »unrein« (was war denn »unreiner« für die jüdische Gesellschaft als das Geld, das aus der Prostitution stammte?) damit ablehnt; weil er den Kontakt mit diesem unterdrückten Teil der Menschheit nicht verschmäht; weil er gegen eine Kultur zu Felde zieht, die im Buch Leviticus eine ganze Reihe von Vorschriften ausgearbeitet hatte, um die menstruierende Frau zu isolieren, von der gesagt wird: »Alles, worauf sie sich in diesem Zustand legt, ist unrein; alles, worauf sie sich setzt, ist unrein« (Lev 15,20). Der Skandal in den Augen der »anständigen« Leute aller Zeiten ist in der Tat so groß, daß man in manchen Übersetzungen der Evangelien über das Kapitel, wo von der provokanten Gesellschaft, die Jesus nachfolgte, berichtet wird, die fromme Überschrift gesetzt hat: »Die frommen Frauen unterstützen die junge Kirche.«
Von Jesus wird dann weiterhin berichtet, wie er die Ehebrecherin, welche die frommen Heuchler steinigen wollten, in Frieden entläßt. Auch dies ein so unerträglicher Skandal, daß einige Kirchenväter es vorgezogen haben, diese Episode aus dem 8. Kapitel des Johannesevangeliums als »apokryph«, gefälscht und im nachhinein hinzugefügt zu bezeichnen, weil man daraus

(so schien es ihnen) eine Art von »peccandi immunitas« der Frauen ableiten konnte, gewissermaßen eine Einladung zur Zügellosigkeit... Die Kirche scheint also gezwungen zu sein, ob sie es will oder nicht, diese peinliche Botschaft zu akzeptieren, die sie nicht erfunden haben kann, auf die sie vielmehr ganz gerne verzichtet hätte. Doch nicht genug damit. Das Johannesevangelium beschreibt den auferstandenen Jesus, wie er Maria Magdalena die vielleicht gewaltigste Mission anvertraut: »Halte mich nicht fest; denn ich bin noch nicht zum Vater gegangen. Geh aber zu meinen Brüdern und sag ihnen: Ich gehe zu meinem Vater und zu eurem Vater, zu meinem Gott und zu eurem Gott« (Joh 20,17). Man erinnere sich, daß einer der größten Gesetzeslehrer des antiken Judentums, Rabbi Eliezer, geschrieben hat: »Es wäre besser, alle Worte des Gesetzes zu verbrennen, als sie einer Frau in die Hand zu geben.« Im Mattäusevangelium spendet Jesus sogar einer Ausländerin und Heidin, einer kanaanäischen Frau, das höchste Lob, das es in der Wertskala des Evangeliums gibt: »Frau, dein Glaube ist groß. Was du willst, soll geschehen« (Mt 15,28). Dieses Evangelium berichtet im Kapitel 25, wie er wiederum Frauen, nämlich die »klugen Jungfrauen«, als Beispiel für die Beständigkeit im Glauben und die Wachsamkeit in der Erwartung seiner Wiederkunft heranzieht. Er heilt nicht nur die blutflüssige Frau (wiederum ein schamhafter Ausdruck verlegener Übersetzer, der die Tatsache vertuschen soll, daß es sich hier um eine Frau handelt, die aus den Genitalien blutet), sondern er verlangt von ihr sogar, daß sie öffentlich davon redet, wovon sie geheilt worden ist, gleichsam um damit zum Ausdruck zu bringen, daß die Krankheiten der Frauen keineswegs eine größere »Schande« sind als jene der Männer.

Es ist nur logisch, daß man nach derartigen »Skandalen« auch vor dem radikalsten nicht zurückschreckte, nämlich der Anfechtung der »historischen« Rolle, in welche die Männer von jeher die Frauen gezwängt haben. Im 10. Kapitel bei Lukas findet sich eine ganz außergewöhnliche Stelle, über welche die christliche Tradition noch viel zuwenig nachgedacht hat, ja oft überhaupt nicht verstanden hat, wie umwälzend die Neuheit des dort Gesagten ist. Es ist nur zu hoffen, daß wenigstens einige der vielen modernen Emanzipationsbewegungen darüber nachdenken werden. Und so lautet der Bericht über diese Episode nach dem Lukasevangelium: »Sie zogen zusammen weiter, und er kam in ein Dorf. Eine Frau namens Marta nahm ihn gastlich auf. Sie hatte eine Schwester, die Maria hieß. Maria setzte sich dem Herrn zu Füßen und hörte seinen Worten zu. Marta aber war ganz davon in Anspruch genommen, für ihn zu sorgen. Da kam sie zu ihm und sagte: Herr, kümmert es dich nicht, daß meine Schwester die ganze Arbeit mir überläßt? Sag ihr, sie soll mir helfen! Der Herr antwortete: Marta, Marta, du machst dir viele Sorgen und Mühen. Aber nur eines ist notwendig. Maria hat das Bessere erwählt, das soll ihr nicht genommen werden« (Lk 10,38—42). Es beginnt also mit der schon gewohnten Provokation (das Annehmen der Gastfreundschaft von Frauen), die durch das vertrauliche Verhalten zum Meister noch erschwert wird: Maria »setzte sich dem Herrn zu Füßen«. Jesus jagt sie aber nicht fort, ja er verweist sie nicht einmal auf das, was nach der herrschenden Sitte ihre »Pflicht« gewesen wäre: sich um den Haushalt zu kümmern, um die Vorbereitung des Abendessens für eine so zahlreiche Gesellschaft, die unvorhergesehen eingetroffen war. Sondern als ihre Schwester den Herd verläßt, um Jesus zu bitten, die Dinge wieder ins rechte Lot zu bringen (»Sag ihr, sie soll mir helfen«), wird nicht etwa Maria getadelt, sondern vielmehr Marta, wenn auch mit dem mitleidigen Verständnis dafür, daß der soziale Druck eben stärker ist als eine arme Frau und daß Marta daher ihre »natürliche« Aufgabe durchaus in der Vorbereitung des Abendessens für die Männer sehen konnte. Jesus aber akzeptiert diese Aufteilung von Pflichten zwischen Mann und Frau nicht, sondern er betont, daß auch für eine Frau »das Bessere« darin besteht, das »einzig Notwendige« zu tun: nämlich nach der Wahrheit zu suchen und auf das Wort des Heils zu hören.

Dieser tadelnde Hinweis auf die traditionelle weibliche Rolle ist nicht nur für die jüdische Gesellschaft außergewöhnlich, die im Buch Leviticus bestimmte »Preislisten« für den Loskauf von Personen ausgearbeitet hatte, aus denen hervorgeht, daß eine Frau genau die Hälfte vom Wert des Mannes besitzt. Es ist ein außergewöhnlicher Tadel auch für viele sich christlich nennende Gesellschaften, die so oft von einer wütenden Weiberfeindlichkeit vergiftet sind. Die Evangelien bleiben somit eine kleine Insel der Achtung vor der Frau und ihrer Verteidigung in einem breiten Strom eines »Männlichkeitswahns«. Auch dieser Widerstand der christlichen Tradition, dem »Feminismus« Jesu nach-

zugeben, läßt die Gründe jener wirklich »naiven« Kritiker oder Mythologen in einem bezeichnenden Licht erscheinen, die glauben, daß die Evangelien Erfindungen orientalischer Gemeinden seien.
Im Gegensatz zur gesamten antiken Kultur ist für Jesus die Verschiedenheit des Geschlechts nebensächlich und vorläufig, sie schafft keinen Wesensunterschied zwischen Mann und Frau. Diese »Rollen« sind dazu bestimmt, einmal zu verschwinden: »Denn bei der Auferstehung werden sie nicht mehr heiraten, sondern wie Engel im Himmel sein« (Mt 22,30). So antwortet Jesus gewissen Sadduzäern, die ihm eine verfängliche Frage bezüglich der Ehe gestellt hatten. Mann, Frau, Sohn, Tochter, männlich, weiblich: für ihn sind das nichts weiter als »Formen« einer Welt, die dazu bestimmt ist, sich zu verändern. Sie bezwecken bestimmt nicht eine endgültige Teilung des Menschengeschlechtes: »Gott schuf den Menschen als sein Abbild«, und diesen einzigartigen Menschen schuf er »als Mann und Weib«, aber eben nur für *dieses* Leben.
Die Unterscheidung zwischen Mann und Frau ersetzen die Evangelien lieber durch jene zwischen »Verheirateten« und »Jungfrauen«, ungeachtet ihres Geschlechtes. Wir stellen auch in diesem Punkt die ablehnende Haltung einer Kultur fest, die sich bissig gegen die Ledigen und Unfruchtbaren wendet; gegen alle jene Frauen nämlich, die in jener Beziehung zum Mann »versagt« hätten, die als einzige für die antike Gesellschaft zu zählen schien.
Um ihre Aufgabe als Mensch zu erfüllen, ist die Frau jedoch nicht verpflichtet, Ehefrau und Mutter zu werden. Diejenigen, welche sich über den »sexualfeindlichen Mythos der Jungfräulichkeit Mariens« lustig machen, bedenken vielleicht nicht genügend die Botschaft der Befreiung, die darin enthalten ist. Für die Evangelien ist der Messias nicht nur »geboren von einer Frau«, wie Paulus im Galaterbrief (4,4) schreibt, womit er der Frau, und zwar jeder Frau, gewissermaßen die Würde der »Mutter Gottes« zuerkennt. Sondern diese Frau ist Jungfrau (vor und nach der Geburt, behauptet der katholische Glaube), sie hat noch »keinen Mann erkannt«. Dennoch wird sie deshalb nicht verdammt, wie es die offizielle Kultur gebot. Sogar sie selbst singt im Magnifikat: »Alle Geschlechter preisen mich selig.«

Die Kinder

In der Antike wurde das Kind nicht einmal im vollen Sinne als Person betrachtet. In manchen Fällen war der Kindesmord geradezu eine Gesetzesvorschrift, jedenfalls wurde er nicht als ein vollendeter Mord betrachtet. In Rom und Athen hatte der Sohn bis zur Zeremonie der »Anerkennung der Vaterschaft« kein Lebensrecht: Der Vater konnte auch entscheiden, ihn zu töten. Plato vertritt die Ansicht, daß man die Kinder von sehr armen Familien sterben lassen müsse; Aristoteles fordert, daß das Aufziehen verkrüppelter Kinder durch ein Gesetz verboten werden müsse. Was das Judentum betrifft, so schlossen die Regeln der Essener rigoros die Kinder, wie übrigens auch die alten Leute, von der Gemeinschaft aus.
Von Jesus steht nun geschrieben, daß er die Kinder keineswegs verjagt hat, wie es üblich war, sondern daß er die Jünger, die sie vertreiben wollen, sogar hart tadelt. Und in einer radikalen Umkehrung der Werte (für jede antike Gesellschaft, vor allem aber für die jüdische, für die das Modell der Weisheit der erwachsene Mensch ist) nimmt er sie geradezu als Beispiel und behauptet, daß keiner, der nicht wie ein Kind wird, in das Himmelreich eingehen kann: »Denn Menschen wie ihnen gehört das Reich Gottes« (Mk 10,14). Das Kind ist dumm und hat Stockhiebe nötig, sagte die jüdische Pädagogik im Buch der Sprichwörter, das Salomo zugeschrieben wird: Die Kindheit ist eine Art Krankheit, die mit der Zeit und mit dem Stock geheilt wird. Gewissermaßen um die Kinder endgültig in Sicherheit zu bringen, offenbart Jesus seinen Jüngern, daß gerade die Kinder eine ganz besondere Beziehung zu Gott haben: Wehe also denen, die es wagen, sie schlecht zu behandeln. Einer seiner Zornesausbrüche erfolgt aufgrund der Vorstellung, daß irgend jemand sie zum Bösen verleiten könnte: »Für den wäre es besser, wenn man ihn mit einem Mühlstein um den Hals im tiefen Meer versenken würde« (Mt 18,6). Eleonore, die Lieblingstochter von Karl Marx, hat in ihren Erinnerungen geschrieben: »Ich erinnere mich, wie mein Vater mir die Geschichte vom Zimmermann aus Nazaret erzählte, der von den Reichen getötet wurde, und wie er oft sagte, daß wir dem Christentum vieles verzeihen können, weil es uns gelehrt hat, die Kinder zu lieben.«
Ein Abweichler, ein »Krimineller« im soziologischen Sinne ist

dieser Jesus ohne Zweifel. Er hat sich so schwerer Delikte gegen die Tabus seiner Gesellschaft schuldig gemacht, daß er möglichst schnell und »außerhalb der Stadt« getötet wurde, womit man seine Ausstoßung aus der Gemeinschaft der anständigen Leute dokumentieren wollte. »Komm nicht wieder!« — ruft der Großinquisitor Dostojewskijs, der die Kirche verkörpert, Jesus zu. »Hör doch auf, uns mit deiner Freiheit zu unterdrücken!« Ein Kreuz außerhalb der Stadt steht noch immer für ihn bereit in jeder »religiösen« Gesellschaft; vielleicht auch in jener, die behauptet, von ihm inspiriert zu sein. Was für eine neuartige Gemeinde von Gläubigen müßte also jene gewesen sein, die ihn auf diese Weise erfunden und dargestellt hätte!

Jesus — ein »Essener«?

Schon was das Verständnis von Liebe und Buße sowie das Verhalten zu den Kindern betrifft, konnten wir feststellen, welcher Unterschied zwischen der Lehre Jesu und jener der Essener besteht. Die Entdeckung der Handschriften von Qumran hat allen denen eine Hoffnung genommen, die geglaubt hatten, für das Rätsel der christlichen Botschaft in dieser jüdischen Sekte eine Lösung finden zu können.
Bis zu jenen Entdeckungen nach dem Zweiten Weltkrieg war das Essenertum in völliges Dunkel gehüllt und nur durch wenige Andeutungen bei klassischen Schriftstellern und bei Flavius Josephus bekannt. Schien es denn nicht unmöglich zu verstehen, wie aus der jüdischen Kultur des 1. Jahrhunderts eine in vielen Aspekten so andersartige Lehre hervorgegangen war? War es nicht immer schwieriger, die These aufrechtzuerhalten, daß Jesus von einer religiösen Kultur erfunden worden sei, die so oft völlig gegensätzliche Positionen einnimmt? Man konnte aber immer darauf verweisen, daß die Verfasser der Evangelien bei den Essenern den »Humus« gefunden hätten, um ihre so unerklärlich exotische Pflanze keimen zu lassen. Von diesen Außenseitern am Toten Meer wußte man ja so wenig, es bestand also keine Gefahr, widerlegt zu werden, selbst wenn man die kühnsten Theorien aufstellte! Das ging sogar so weit, daß Renan behauptete, das Christentum sei nichts weiter als »ein Essenismus, der sich erfolgreich durchgesetzt hat«. In Wirklichkeit müßte der Hin-

weis genügen, daß es im Unterschied zum entstehenden Christentum niemals eine Verfolgung der Essener von seiten der jüdischen religiösen Obrigkeit gegeben hat. Der Essener wurde im Gegenteil immer als ein Vorbild der Frömmigkeit betrachtet. Im Unterschied zu Jesus ist der »Lehrer der Gerechtigkeit« von Qumran sicher kein »Krimineller« im Hinblick auf die von der Gesellschaft anerkannten Wertvorstellungen. »In Qumran wäre der Nazarener exkommuniziert und ausgestoßen worden«, schreibt H. Küng. Jene Ansicht, welche die beiden Personen auf eine Stufe stellte, ist schließlich durch die Höhlen, die beduinische Hirten zufällig entdeckten, widerlegt worden. Man sah nun, daß die Liebe der Essener sich auf die eigenen Freunde beschränkte, während man gegen alle, die »außerhalb« ihrer Gemeinschaft standen, den Haß predigte; daß der moralische Rigorismus so weit ging, am Tage des Sabbats die Verwendung von Salböl zu verbieten; daß die Kinder mit Argwohn und Hochmut verjagt wurden, denn (wie das »Buch der Gerechtigkeit« sagt) »nur heilige Engel stehen in der Gemeinschaft«. Und die Kinder waren nun einmal keine »heiligen Engel«. Und weiter heißt es in diesem Buch: »Dumme, Narren, Schwachsinnige, Geisteskranke, Blinde, Krüppel, Lahme, Taube, Körperbehinderte — keiner von diesen kann an der Gemeinschaft teilhaben.« Außerdem wird vorgeschrieben, sich von den Sündern, den Fremden und den Frauen fernzuhalten. Genau das Gegenteil also zu Jesus, der diese unglücklichen Minderheiten bevorzugt; der es vorzieht, gerade mit denen zu Tische zu sitzen, vor denen der Essener mit Schrecken und Verachtung die Flucht ergriff. Ehrlich hat der jüdische Gelehrte C. Montefiore anerkannt: »Den Sünder aufzusuchen statt ihn zu meiden wie einen schlechten Kameraden; ihn als Freund zu akzeptieren, um sein moralisches Heil zu bewirken, das war wirklich eine neue Sache in der religiösen Geschichte.«

In Qumran zog man aus dem jüdischen Begriff der Heiligkeit des Sabbats extreme Konsequenzen. An diesem Tag verrichteten die »Heiligen« nicht einmal ihre Notdurft, aus Angst, auf diese Weise vielleicht das Gesetz der Sabbatruhe zu verletzen. Wieder das genaue Gegenteil zu Jesus, der in einer nicht nur für den Essener, sondern für jeden Juden entsetzlich blasphemischen Weise gesagt haben soll: »Der Sabbat ist für den Menschen da, nicht der Mensch für den Sabbat« (Mk 2,27).

Das »Buch der Gerechtigkeit« zählt genaueste Ernährungs- und Hygienevorschriften auf und unterscheidet streng zwischen »reinen« und »unreinen« Speisen. Es ist bekannt, daß dieser Begriff der »Reinheit« von Nahrungsmitteln das Judentum bis heute begleitet hat. Wiederum das genaue Gegenteil bei Jesus, den die Evangelisten ausrufen lassen: »Hört mir alle zu und begreift, was ich euch sage! Nichts, was von außen in den Menschen hineinkommt, kann ihn unrein machen, sondern nur, was aus dem Menschen herauskommt, das macht ihn unrein« (Mk 7,14—15). Nicht zufällig folgen auf diese Worte Jesu in alten Kodizes Worte, die offensichtlich vom Abschreiber hinzugefügt wurden: »Wenn einer Ohren hat zum Hören, so höre er.« Hier stehen wir tatsächlich vor dem absolut Unerhörten: nicht nur in den Augen des Judentums, das in diesem Punkt es nicht verstanden hat, sich von der klassischen Sichtweise aller antiken Religionen zu trennen. Das Alte Testament kennt kleinliche Vorschriften für die rituelle Reinigung von Personen und Speisen. Vorschriften, die nicht (wie andere) aus einer hygienischen Notwendigkeit oder aus dem Bemühen um eine gute Erziehung entstehen: Es sind vielmehr Regeln, die zeigen, wie der jüdische Prophetismus diesen Begriff aufgefaßt hat, für den nur derjenige, der sich auch materiell »rein« gemacht hat, indem er gewisse Speisen meidet und bestimmte Waschungen vollzieht, zum »Heiligen« hinzutreten kann. Die »Unreinheit« hingegen verbannt Menschen und Dinge in die »profane« Sphäre. In der Behauptung Jesu, daß die Dinge der Welt in keiner Weise unrein sind, sondern es nur durch das Herz des Menschen werden, sehen viele Gelehrte eine der rätselhaftesten und verwirrendsten Neuartigkeiten seiner Lehre. Es ist tatsächlich eine Behauptung, die nicht nur den Juden in Widerspruch zur Autorität des Mose stellt, sondern die »das ganze liturgische Ritual der Antike mit seinen Sühne- und Opferpraktiken in Frage stellt« (E. Käsemann). In diesen wenigen Worten des Markusevangeliums drückt sich noch eine andere äußerst unerklärliche Verschiedenheit der Lehre des Neuen Testamentes von jeder anderen »religiösen« Botschaft einschließlich der jüdischen aus. Der Begriff der Weltlichkeit der Schöpfung, die profan oder sakral sein kann, je nach dem Verhalten des Menschen und nicht aufgrund irgendeiner »Befleckung«, die zu überwinden wäre, ist hier weitergeführt zu jenen letzten Konsequenzen, zu denen das

Judentum, das jedoch dafür die Voraussetzungen geschaffen hatte, niemals gelangt ist. Die Essener, jene intransigente Sekte innerhalb der jüdischen Spiritualität, vervielfachte die Reinigungsvorschriften und machte sie noch komplizierter. Jemand hat einmal gesagt, dieser Punkt allein genüge, um zwischen der Botschaft von Qumran und jener der Evangelien einen unüberbrückbaren Abgrund aufzureißen.

Der »Lehrer« von Qumran mahnte, seine Lehre nicht bei denen zu verbreiten, die nicht zu den »Heiligen« gehören, die Weisheit der Sekte also geheimzuhalten und sich möglichst von den anderen, den »Unreinen und Sündern«, abzusondern. Im Gegensatz dazu Jesus: »Nimmt man etwa eine Lampe und stellt sie unter einen Eimer oder unter das Bett? Stellt man sie nicht auf den Leuchter? Es gibt nichts Verborgenes, das nicht offenbar wird, und nichts Geheimes, das nicht ans Licht kommt« (Mk 4,21—22). G. Bornkamm sagte dazu: »Wenn etwas typisch ist für Jesus, dann ist es die Tatsache, daß seine Predigt und sein Werk nicht den Zweck verfolgten, die Gerechten und die Frommen zu sammeln, noch einen heiligen Rest zu organisieren.« Die Essener vertraten einen Dualismus, wonach die Menschheit in »Söhne des Lichtes« und »Söhne der Finsternis« geteilt war. Für Jesus gibt es keine apriorische Aufspaltung in Gute und Böse: Jeder Mensch *muß* sich bekehren, denn jeder Mensch *kann* sich bekehren.

»Selig, ihr Armen... Aber weh euch, die ihr reich seid«, läßt man Jesus ausrufen. Nicht einmal die hochstehendsten antiken Philosophien hatten jemals die Armut als ein Gut betrachtet. Auch für das Judentum war die Situation des Armen nicht lobenswert: Armut wurde sogar allgemein als ein Zeichen fehlenden göttlichen Wohlwollens betrachtet. Der Reichtum wurde dagegen als Belohnung für die Tugend angesehen. Höchstens, wie im Buch der Sprichwörter, verlangte man von Gott einen gerechten Mittelweg: »Gib mir weder Armut noch Reichtum!« (Spr 30,8) »Ach, Herr, gib doch Gelingen!« heißt es im Psalm 118, der noch heute im jüdischen Kult Verwendung findet. Im ersten Buch Samuel wird Jahwe gepriesen, denn »den Geringen erhebt er aus dem Staub, den Armen holt er aus der Asche heraus« (1 Sam 2,8). Auch im Lob der Armut unterscheidet sich die Botschaft Jesu unerklärlicherweise von der kulturellen Vorlage, von der sie herstammt. Die Armut wird gepriesen als ein Gut (die Armen werden »selig« genannt), denn man erkennt darin die Verbindung zu einem der Werte, die dem Menschen Erlösung bringen: die Freiheit. »Was die größten Geister der Menschen nicht zu erkennen vermochten — diese Religion lehrt dies ihre Kinder«: Dieser Gedanke Pascals kann sich heute auf die Erkenntnisse der vergleichenden Religionswissenschaft stützen.

Der »Marsmensch« Jesus

Wenn jede historische Hypothese, die jene des Glaubens ausschließt, bei der Frage nach Jesus in einer ausweglosen Sackgasse zu enden scheint; wenn Verhaltensweisen und Lehren, die in den Evangelien enthalten sind, sich allen Interpretationsversuchen, die sich auf die damalige Kultur berufen, entziehen — dann kann man auch die jüngste Hypothese verstehen, die ausdrücklich entstanden ist, weil alle anderen versagt haben. Bevor man den unerträglichen Anspruch der Gläubigen in Betracht zieht, versucht man lieber die Ursprünge des Christentums mit Hilfe eines »Ufos«, einer fliegenden Untertasse, zu erklären, mit der ein außerirdisches Wesen zu uns gekommen wäre, um uns die Weisheit von Welten zu offenbaren, die ein viel höheres Stadium der Entwicklung erreicht hätten.

Die Hypothese eines »Marsmenschen« Jesus vertreten keineswegs nur Wahnsinnige oder Visionäre. Sie wird z. B. auch von Prof. Wjatscheslaw Saitsew von der Akademie der Wissenschaften in Minsk (UdSSR) geteilt. Sie wird mit großer Überzeugungskraft in zahlreichen antichristlichen Pamphleten der Volksrepublik China dargelegt. Sie wird mit besonderer Hartnäckigkeit von Gruppen in Südamerika propagiert, wo man behauptet, daß die frühkolumbianische Gottheit Quetzal Coatl (»Die Schlange mit den grünen Federn«) mit demselben Raumschiff gelandet sei, mit dem auch Jesus gekommen wäre.

Das alles sind Hypothesen an der Grenze des Irrsinns, die jedoch aus der ehrlichen Feststellung entstehen, daß die Evangelien und ihr Protagonist Jesus schwierige Probleme aufgeben für jeden Erklärungsversuch, der allein auf der Hilfsquelle der historischen Forschung basiert.

Gegen jede Art von Faschismus

Trotz der leider wiederholten Versuche eines unnatürlichen Bündnisses zwischen Christentum und Faschismus erweist sich die Botschaft der Evangelien als das radikale Gegenteil zu den Faschismen jeder Art; wie übrigens zu jedem, auch getarnten Nationalismus und Autoritarismus. Nicht zufällig erkannte der Christ Bonhoeffer in Mussolini und Hitler, in den Verantwortlichen für jene monströse Ideologie, die ihn zum Tode verurteilt hatte, echte Inkarnationen des »Antichrist«. Das totale »Heidentum« aller Faschismen offenbart sich darin, daß sie den Kopf immer nach rückwärts wenden, in der Sehnsucht nach einem goldenen Zeitalter, das es in der Vergangenheit gegeben hätte. Daher ihre ständigen Hinweise auf die »alten Römer« oder die »Germanen« und ihre »Verteidigung der Tradition«, welche auch immer es sein mag.

Auch hier wieder das genaue Gegenteil zum Christentum, für das die schlechtere Zukunft einer besseren Vergangenheit vorzuziehen ist. Deshalb stehen die Erlösung, der neue Himmel und die neue Erde am Ende der Geschichte. Daher jene Ausrichtung auf die Zukunft, die, wenn auch mit vielen Verspätungen und unter zahlreichen Irrtümern, die jüdisch-christliche Tradition geprägt hat.

In der Lehre, welche die Evangelien Jesus zuschreiben, sind politische Macht und Ruhm (also die Ideale, die von den Faschismen aller Zeiten gepriesen werden) als das radikal Böse gekennzeichnet, als die Quintessenz des Dämonischen. Man läßt ihn ausdrücklich sagen, daß »die Reiche der Welt« dem Satan anvertraut sind, der sie denen übergibt, die ihn anbeten. Jesus seinerseits empfiehlt eher den sozialen Abstieg, er ruft uns in Erinnerung: »Wer sich selbst erhöht, wird erniedrigt werden, und wer sich selbst erniedrigt, wird erhöht werden« (Lk 14,11). Für ihn sind die Sanftmütigen, die Demütigen, die Friedensstifter selig zu preisen. Nicht jene, die sich rücksichtslos einen Platz an der Sonne erkämpfen. Man beachte außerdem, daß damit ein in der antiken Kultur unbekannter Wert eingeführt wird: die Demut. In der klassischen Welt gab es nicht einmal ein Wort, um das zu bezeichnen, was wir nach den Evangelien mit »Demut« meinen. Das lateinische »humilis« hat eine ganz andere und verächtliche Bedeutung: Man gebraucht es für etwas »Niedriges,

Gemeines, Wertloses«. Erst im Christentum hat dieses Wort eine moralisch positive Bedeutung angenommen.
Dem verhaßten Realismus, der Verherrlichung der Machiavellis seitens der Faschismen setzt Jesus das Beispiel der Einfältigen, der Kinder entgegen. Und wenn für die Faschismen Gesundheit, Kraft, die Vollkommenheit des Körpers Werte sind, dann trifft für die Evangelien wieder einmal das Gegenteil zu: Selig sind die Kranken, die Schwachen, die Weinenden. Der diskriminierenden Unterscheidung der Menschen in sogenannte »ehrliche« Leute und sogenannte »Verbrecher«, die jeder reaktionären Sicht so lieb und teuer ist, setzt Jesus sein umwälzendes »Ich war im Gefängnis, und ihr seid zu mir gekommen« (Mt 25,36) entgegen. Zornig wird er nur angesichts der professionellen »Tugendbolde«. Demjenigen, der das Schwert ziehen will, empfiehlt er, es in die Scheide zurückzustecken. Und dem, der sich rächen will, gebietet er, auch noch die andere Wange hinzuhalten.
Der Vergötzung des Staates setzt er sein Wort »Gebt dem Kaiser, was dem Kaiser gehört, und Gott, was Gott gehört« (Mt 22,21) entgegen, das mit einem Schlag jeden Anspruch der Sakralität einer Hierarchie entmythologisiert; das jede Liturgie des »unbekannten Soldaten«, des »Kriegers«, der »Fahne« zurückweist. In dieser klaren Trennung liegt bereits ein Prinzip, das zwar die Aufklärung in ihrer antichristlichen Polemik zu entdecken glaubte, das aber schon hier vorhanden war. Wenn nämlich die Macht jeder Sakralisierung beraubt ist, dann ist die Politik säkularisiert; der Staat ist voll und ganz der Freiheit der Menschen überantwortet.
Dem faschistischen Kult der Männlichkeit hält Jesus entgegen, daß auch die Jungfräulichkeit auf geheimnisvolle Weise fruchtbar sein kann, und er lobt die Eunuchen »um des Himmelreiches willen«. Die erste christliche Taufe an einem Nichtjuden, die in der Apostelgeschichte berichtet wird, wurde einem äthiopischen Eunuchen, der wahrscheinlich homosexuell war, erteilt. In Jesu Modell einer sozialen Ordnung macht man sich über das Anhäufen von Vorräten, über die Kapitalisierung des Vermögens im allgemeinen, über jede »Autarkie« lustig. Man spottet über die Sparer und schreibt ihnen eine typische Eigenschaft zu: Dummheit. »Du Narr! Noch in dieser Nacht wird dein Leben von dir zurückgefordert. Wem wird dann all das gehören, was du aufgehäuft hast?« (Lk 12,20)

Zur Verteidigung des Menschen

Tatsache ist, daß in den Evangelien eine Lehre von der Gleichheit vorliegt, von der Achtung vor dem Menschen, von einem radikalen Universalismus, wie es sie nie zuvor in der Geschichte, weder vorher noch nachher, gegeben hat. Triumphalismus der Gläubigen? Mir scheint es nicht so, und ich werde versuchen, es aufzuzeigen. Die absolute Gleichheit aller Menschen gründet sich hier tatsächlich auf eine ebenso einfache wie unbestreitbare Feststellung: Alle Menschen haben denselben Vater, von dem Jesus lehrt, daß wir ihn »Papa« rufen dürfen, »Abba« auf aramäisch. Daher sind sie untereinander absolut gleich an Würde und Rechten. Sie sind in der Tat eingeladen, sich gegenseitig »Brüder« zu nennen: ein Wort, das leider ebenfalls einen frömmlerischen Beigeschmack bekommen hat. Während z. B. das Wort »Genosse« nur auf die sicherlich wichtige Gemeinsamkeit der Interessen verweist, verweist »Bruder« auf den gemeinsamen Vater und das gemeinsame Schicksal. Und begründet so die radikalste Solidarität. Aber nicht nur das: Wenn (wie die Evangelien behaupten) Jesus und Gott dasselbe sind, dann sind auch Jesus und der Mensch und somit der Mensch und Gott dasselbe. Damit nimmt diese Botschaft den Menschen vor seinen Artgenossen in Schutz, indem sie in der Person Jesu Gott und die Menschen miteinander verschweißt. Die Sache des Menschen wird zur Sache Gottes und umgekehrt. Zu einer so absoluten Verteidigung des Menschen ist bisher noch keine andere Religion oder Philosophie gelangt; ja man entfernt sich sogar nicht ohne Gefahr von diesem Humanismus der Evangelien. Selbst diejenigen, die sich Christen nannten, haben in Wahrheit oft weder diese noch andere neuartige Elemente der Botschaft praktisch gelebt, an die zu glauben sie jedoch vorgaben. Aber das ist ein anderes Kapitel. Hier interessiert uns nur der Inhalt der Evangelien, nicht die historischen Verirrungen. Es ist schließlich auch diesem Aspekt zu verdanken, daß der marxistische Denker Lucio Lombardo Radice behaupten konnte, das Christentum sei *keine* Religion; oder es hebe sich wenigstens klar von jeder anderen Religion ab. Dank des zentralen Begriffes der »Inkarnation Gottes« erlaube nur die Lehre der Evangelien die Konstruktion eines radikalen Humanismus. Solange Gott ein Schöpfergeist war, der unveränderlich und unnahbar in den unendlichen Räumen lebte, war es nur zu leicht, auf den Menschen zu pfeifen. Der Mensch war vor allem ein »Geschöpf« Gottes, er war nicht sein »Sohn«, er identifizierte sich sicher nicht mit Gott. Wenn aber Gott bloß das vollkommenste Sein war, dann konnte ihn nichts daran hindern, den Menschen, das unvollkommenste Sein, zu zertreten. Wenn Gott aber Fleisch geworden ist, wenn er im Staub unserer Straßen gespielt hat, dann kann der Mensch nicht mehr geohrfeigt werden, ohne daß man Gott selbst trifft.

Nicht zu Unrecht vertritt Ernst Bloch, der große marxistische Denker, seine These, wonach »nur ein guter Christ ein echter Atheist sein kann«. Nur in der christlichen Sicht gibt es tatsächlich kein anderes Bild Gottes auf der Welt als jenes des Menschen. Diese Identifikation zwischen dem Menschen und Gott zeigt sich auch daran, daß seit vielen Jahrhunderten die Christen den Glauben an Jesus als den »wahren Gott und wahren Menschen« proklamieren. Aber von diesem Glauben hat man oft nur die eine Hälfte ernst genommen, die Göttlichkeit Jesu. Was den Glauben an seine gleichfalls radikale Menschlichkeit angeht, so hat das Christentum noch nicht alle Konsequenzen gezogen. H. Gollwitzer, der die Beziehungen zwischen dem jüdisch-christlichen Messianismus und »profanen« Messianismen untersucht hat, schrieb: »Die Behauptung, daß der Mensch das höchste Wesen für den Menschen sei, ist noch keine Garantie gegen die Herrschaft des Menschen über den Menschen, wenn diese Behauptung im Umkreis einer Theorie aufgestellt wird, die im konkreten Menschen von heute nur ein vorläufiges Stadium im Hinblick auf den ›wahren Menschen‹ der Zukunft sieht. Der Messianismus der menschlichen Ideologien macht die Schändung des gegenwärtigen realen Menschen legitim. Es muß bewiesen werden, daß der konkrete Mensch nicht zu uns gehört, weder zu unseren höheren Zielen noch zur Gesellschaft oder ihren großen Gestaltern. Seine Menschlichkeit wird nur dann unverletzlich und gesichert sein, wenn er einem Herrn gehört, der für uns unantastbar ist.« Auch in diesem Punkt kann der »Mythos« des Gottes Abrahams und Jesu durchaus bestehen: Er ist nämlich vor der Gefahr gefeit, als Material für die Konstruktion einer Zukunft benutzt zu werden, die von der philosophischen, sozialen, politischen Spekulation anderer Menschen entworfen wird.

Ein »biblischer Obskurantismus«?

Jesus hat uns gelehrt, nicht zu »meinem Vater«, sondern zu »unserem Vater« zu beten; er gab so allen Rassisten und Nationalisten eine ewig gültige Antwort. »Gott hat aus einem einzigen Menschen das ganze Menschengeschlecht erschaffen, damit es die ganze Erde bewohne«, sagt Paulus in Athen zu »einigen von den epikureischen und stoischen Philosophen, die mit ihm diskutierten« (Apg 17). Und Petrus sagt: »Gott sieht nicht auf die Person, sondern in jedem Volk ist ihm willkommen, wer ihn fürchtet und Gerechtigkeit übt« (Apg 10,34—35). Die radikale Ablehnung jedes Rassismus wird also von Christus und den Jüngern in der gemeinsamen Vaterschaft Gottes begründet. Hier muß aber nun die Rede klar und folglich hart sein, auch wenn es dem nicht gefällt, der überzeugt ist, daß der Mensch, um frei zu sein, den »biblischen Obskurantismus« ablehnen muß. Es ist doch gerade die biblische Tradition, die mit ihren »Mythen« vom einzigen Vater und dem einzigen Stammeshaupt, Adam, den Menschen vor dem Wahnsinn des Rassismus schützt. Adam symbolisiert in der Heiligen Schrift die angeborene Gleichheit aller Menschen.

In jedem Denksystem, das sich von der jüdisch-christlichen Tradition entfernt, liegt der Rassismus auf der Lauer. Für die griechische Philosophie ist die Unterscheidung der Menschen in Freie und Sklaven in der Natur selbst begründet. Plato dankt den Göttern, daß er »als Mann und nicht als Frau, als Freier und nicht als Sklave« geboren wurde. Aristoteles entwirft sein soziales System unter der Voraussetzung, daß die »Barbaren« dazu geboren sind, um in Ketten zu dienen. Voltaire, der glaubt, die Bibel »entlarvt« zu haben, wird in völlig konsequenter Logik zum Rassisten. Dreißig von den 180 Artikeln seines »Philosophischen Wörterbuches« stürzen sich auf die Juden, die er »unsere Herren und unsere Feinde« nennt, »die wir verabscheuen und für das verabscheuungswürdigste Volk der Erde halten«. Andere Artikel dieses »Wörterbuches«, das von vielen »aufgeklärten Laien« so geschätzt wird, ziehen gegen die Neger los, die ohne Ausnahme »Sklaven der anderen Menschen von Natur aus« genannt werden. Voltaire bezieht sich dabei auf Texte griechischer Philosophen, nach denen die farbigen Menschen aus der Vereinigung von Frauen mit Affen geboren wären. Die Flammen der Krematorien des Dritten Reiches sowie die Greueltaten der europäischen »Kolonialisten« sind *auch* von diesen Lehrern der »befreiten« Vernunft genährt worden. Solange die Kirchen mit ihrer Wurzel, der Bibel und deren »Mythen« vom einzigen Stammvater Adam, Verbindung gehalten haben, eskaliert die Schande des christlichen Antisemitismus nie bis zum Rassismus. Der Jude muß »bekehrt« werden, wenn es sein muß mit Gewalt, aber wie jedes andere menschliche Wesen; er darf jedoch nicht unterdrückt werden, weil er »minderwertig«, ein Untermensch sei. Ausläufer des Rassismus tauchen schließlich auch in der christlichen Theologie auf, wo sie vom griechisch-lateinischen Denken mit seinem zweideutigen Gott der Philosophen, mit seiner aristotelischen Metaphysik geprägt ist. Er macht sich auch im 16. Jahrhundert, dem Zeitalter der großen geographischen Entdeckungen, bemerkbar, wenn man z. B. darüber diskutiert, ob die Bewohner Amerikas Menschen seien, ob sie also eine Seele hätten. Die erzürnte Stimme des Dominikaners Bartholomäus de Las Casas, des »Heiligen der Indios«, verweist jedoch die »hellenisierten« Theologen rasch wieder an die große jüdisch-christliche Botschaft zurück: »Vater unser!«

9
Und wenn alles ein Mißverständnis ist?

Alle Völker sollen sich versammeln, die Nationen sollen zusammenkommen. Wer von ihnen kann verkünden, was kommt, und wer kann uns sagen, was früher war? Sie sollen ihre Zeugen stellen, damit sie recht bekommen, damit man hört und sagt: Es ist wahr.

Jesaja 43,9

Nur für die Hoffnungslosen ist uns die Hoffnung gegeben worden.

Herbert Marcuse

»Wenn Renan recht hat, ist Gott nicht«

Im letzten Kapitel seines Buches über Jesus findet sich bei Guitton eine Seite, in die man sich nicht genug vertiefen kann. Dort heißt es: »Ich habe erzählen hören, daß Claudel, als ihm seine Schwester Camille das ›Leben Jesu‹ von Renan zu lesen gab, nicht zögerte, daraus sofort den Schluß zu ziehen: ›Wenn Renan recht hat, ist Gott nicht.‹ Und er zog daraus die Konsequenzen. In der Tat, wenn Gott existiert, wenn er als die Vollkommenheit definiert werden muß, und wenn Jesus ein Mythos ist, dann muß man in das absolute Wesen, das als wahrhaftig und voller Achtung für seine Geschöpfe begriffen wird, als souveräner Erzieher des menschlichen Gewissens, als Herr über die wechselnden Geschicke — eine launische und grausame Ironie legen. Dann ist es der Sadismus, der das letzte Geheimnis der göttlichen Moral ausmacht. Dann hat Gott diese sogenannte bevorzugte Art zum besten gehalten, indem er sie durch soviel Anschein und Wahrscheinlichkeit dazu führte, dieses zweideutige, kaum existierende Geschöpf, das den Namen Jesus hat und auf das sich, wie Schakale um ein Aas, alle Krankheiten des Geistes und der Seele legen, für den Offenbarer, ja sogar für eine göttliche Person zu halten. Denn dieses Mißverständnis ist nicht bloß auf die Juden in einem bestimmten Augenblick der Geschichte beschränkt geblieben: es erfaßt die feinsten, scharfsinnigsten und edelsten aller Geister. Ironie endlich zur dritten Potenz: Der allgemeine Irrtum, das ›falsche Zeugnis‹ Gottes haben dann günstigere Wirkungen auf den Menschen gehabt, als die Erkenntnis der wahren Triebkräfte und Ursachen gehabt hätte. Die Zweideutigkeit Jesu ist zum Anlaß der höchsten Fortschritte des Menschen geworden: Sie ist im Abendland das treibende und regenerierende Element der Geschichte gewesen. Diese Art Betrachtungen ist nicht sehr lange erträglich. Es ist besser, gleich die Konsequenzen zu ziehen und zu sagen: *Wenn Jesus nicht ist, dann ist auch Gott nicht.*«
Und Guitton fährt fort: »Gerade diese Nichtexistenz Gottes, die schon durch das Schweigen der Natur und die Wirklichkeit des Bösen irgendwie gestützt wird, findet eine gelehrte Bekräftigung in der Kritik am Ursprung des Christentums. Denn in diesem bevorzugten Punkt können wir durch positive Methoden fast das Nichtexistieren einer göttlichen Liebe bestätigen. Es ist klar, daß

die Last des Leidens, die ununterbrochene, immer wieder neu beginnende Existenz christlicher Illusion, vor allem in der präzisen, kategorischen und herausfordernden Form, die ihr der römische Katholizismus gibt, das wertvollste und handgreiflichste Argument gegen die Existenz eines an Sein und Vollkommenheit unendlichen, letzten Endes durch die Liebe definierten Wesens darstellt. Und der zeitgenössische Atheismus findet darin eine dauernde Bekräftigung, die leicht zu verstehen und sehr wirkungsvoll ist.« Die Logik Guittons scheint uns konsequent. Wenn nur durch eine Reihe von Mißverständnissen und Zweideutigkeiten ein gewisser Jesus, ein Mensch wie so viele andere, für den Gesalbten Gottes gehalten worden ist, ja für Gott selbst, dann fügt man wirklich zum Skandal eines Krebses, der den Körper zernagt, auch noch den Skandal eines Krebses, der den Geist zerfrißt, hinzu.

Ein gewöhnliches Mißverständnis?

Man kann nun darauf nicht einfach erwidern, daß der Vorwurf des »Sadismus« gegenüber einem Gott, der dieses Mißverständnis Jesu über die Maßen begünstigt hätte, ja auch gegen den Gläubigen jeder anderen Religion erhoben werden könnte. Denn nur im Christentum ist es der Fall, daß die Täuschung, wenn es eine solche ist, so weit geht, daß man einen Menschen anbetet. Daß man das göttliche Wesen mit einem obskuren galiläischen Juden kompromittiert. Nur hier erreicht die Provokation eine solche Unverschämtheit. Jede andere Religion (der jüdische und islamische Monotheismus inbegriffen) beschränkt sich darauf, Propheten zu verehren, die einfach als Offenbarer des göttlichen Willens angesehen werden. Diese Propheten sind klar unterschieden von jenem Gott oder jenen Göttern, denen allein man Anbetung zuteil werden läßt.
Nur im Christentum tritt der Fall ein, daß Gott direkt mit einem Wanderprediger identifiziert wird. Und so hat denn auch Couchoud bemerkt: »Wenn die große Religion des Abendlandes im Grunde nichts anderes ist als die armselige Apotheose eines Individuums, dann ist sie trotz ihrer immensen Verbreitung von sehr niederer Art. Religiös steht sie auf einer viel niedrigeren Stufe als das Judentum und der Islam, die sich sehr wohl hüten,

Mose oder Mohammed als Götter anzusehen. In der Rangordnung der Religionen befindet sich das Christentum auf der mittelmäßigen Ebene des römischen Kaiserkultes.« Vielleicht noch schlechter kommt das Christentum weg, wenn Plinius, der aristokratische Repräsentant der antiken Kultur, seinem Kaiser den Glauben der ersten Christen beschreibt und ihn »superstitionem pravam, immodicam«, einen abergläubischen, schändlichen, verrückten Kult nennt.

Jesus — eine Chance für Gott

»Aber wer bemerkt nicht, daß diese Art zu empfinden, zu urteilen und zu schließen auch umgekehrt werden kann? Und daß die Umkehrung des Wider in ein Für durchaus möglich ist?« Diese Frage stellt sich Guitton am Schluß seiner Ausführungen. Er schreibt: »In der Tat, wenn man die Existenz Gottes zuerst im Zweifel beläßt und die Frage von der anderen Seite her in Angriff nimmt, d. h. wenn man von der Gegebenheit Jesu ausgeht; wenn man diese Gegebenheit nicht von vornherein durch das Postulat, daß Gott nicht ist, in Abrede zu stellen sucht; wenn man das Zusammenlaufen verschiedener Erfahrungslinien, die zugunsten des Faktums Jesus sprechen, zugibt — dann kann man sich vernünftigerweise fragen, wie man außerhalb einer dem Menschen wohlgesinnten Vorsehung die Einfügung dieses Unwahrscheinlichen in den Zusammenhang der Geschichte erklären könnte.« Und weiter: »Wenn Gott an Jesus gebunden ist (in dem Sinn, daß ein Leugnen Gottes auch dem Problem Jesu seinen ganzen Sinn nähme), dann kann man umgekehrt sagen, daß man Gott in den Augen mancher Geister wieder *seine Daseinschance* gibt, wenn man aus dem Jesus des Evangeliums ein wirkliches Wesen und nicht einen Mythos macht.«

Der Skandal des Bösen

Nur wenn Gott sich im Menschen Jesus manifestiert hat, bewahrt Gott sich seine Daseinschance. »Der klassische Einwand bringt den Theismus in ein Dilemma: Entweder kann Gott das Böse verhindern, und dann *ist er nicht gut,* weil er es nicht verhindert; oder Gott kann das Böse nicht verhindern, und dann

ist er nicht allmächtig. In beiden Fällen fehlt Gott eine wesentliche Eigenschaft: entweder die Güte oder die Macht. Und dies berechtigt dazu, seine Existenz zu leugnen« (Jacques Natanson). Nur wenn Jesus das »Abbild« Gottes ist, kann sich das Böse aus einem unerträglichen Skandal in ein wenn auch unauslotbares Geheimnis verwandeln: das Geheimnis einer Allmacht, die sich ihren Geschöpfen als gekreuzigter Sklave präsentiert. Nur so braucht man nicht auf die listigen und unnützen akrobatischen Kunststücke gewisser Theologen zurückzugreifen, um einem Gott das Gesicht zu wahren, der (obwohl allmächtig und gut) es zuläßt, daß die Kinder weinen, die Alten leiden, die Unschuldigen verzweifeln. Diese Verfechter einer verlorenen Sache sagen nämlich: »Das Böse ist eigentlich eine belanglose Erscheinung innerhalb der Schöpfung; Gott läßt es nur zu, er ist nicht dafür verantwortlich.« Diese Plädoyers der Pflichtverteidiger Gottes sind für den, der leidet, genauso ein Trost, hat H. Küng gesagt, wie für einen Hungernden ein gelehrter Vortrag über die Nahrungsmittelchemie. »Die Theologen, die sich mit solchen Argumenten zufriedengeben, scheinen kein Gespür für den furchtbaren Skandal zu haben, den die Idee eines Gottes, der von der Höhe seiner Erhabenheit herab das Leiden der Unschuldigen zuläßt, in jedem Gewissen hervorruft« (Natanson).
Der Mensch, der leidet und dieses Leiden, an dem sein Schöpfer keinen Anteil nimmt, akzeptiert, ist moralisch besser als ein solcher Gott. Der Mensch, der vom Bösen gequält wird, ist viel größer und verdient das Leben viel mehr als der Gott der Philosophen und Religionen. Ein Gott nämlich, der das Böse geschaffen haben soll, ohne selbst daran teilzuhaben. Welche Achtung soll man denn vor einem höchsten Wesen haben, das es für nötig gehalten hat, in sein »göttliches System« die Karies, den Krebs, die Geisteskrankheit einzubauen? Was ging denn in jenem Geist vor sich, als er beschloß, den alten Leuten die Kontrolle über ihre Verdauungsvorgänge zu nehmen? Oder als er die Krüppel, die Spastiker, die Schwachsinnigen geboren werden ließ? Die Schöpfung ist wirklich die Todsünde eines solchen Schöpfers. Seine einzige Möglichkeit davonzukommen besteht darin, nicht zu existieren. »Und wenn es ihn gibt« — sang man in der Pariser Kommune —, »muß man ihn töten, diesen Alten mit dem weißen Bart, der beschlossen hat, daß die Kinder weinen sollen.«

Nur den Gott, der sich in Jesus manifestiert hat, den unschuldigen Sklaven am Kreuz, trifft nicht die Gotteslästerung des Menschen, der in einem Meer von Leid zu versinken droht. »Es gibt keine andere Antwort auf das Problem des Bösen als das Kreuz Jesu, auf dem Gott selbst das Böse in höchstem Maße erduldet hat; und er hat triumphiert, weil er es bis ans Ende durchlitten hat. Diese Antwort entgeht dem Skandal eines tyrannischen Gottes, der sich an den Leiden seiner Geschöpfe weidet« (Natanson). Und von Bonhoeffer stammt der Satz: »Der Gott Christi hilft uns nicht mit seiner Allmacht, sondern mit seiner Schwachheit. Hier liegt der entscheidende Unterschied zu allen anderen Religionen.«

»Denn das Wort vom Kreuz ist denen, die verlorengehen, Torheit; uns aber, die gerettet werden, ist es Gottes Kraft«, schreibt Paulus im ersten Korintherbrief. »Die Juden fordern Zeichen, die Griechen suchen Weisheit. Wir dagegen verkündigen Christus als Gekreuzigten: für Juden ein Anstoß, für Heiden eine Torheit, für die Berufenen aber, Juden wie Griechen, Christus, Gottes Kraft und Gottes Weisheit. Denn das Törichte Gottes ist weiser als die Menschen, und das Schwache Gottes ist stärker als die Menschen« (1 Kor 1,18.22—25).

So ist also das Christentum die einzige Religion, die dem skandalösen Problem eines Gottes, der sich nicht mit Evidenz manifestiert, nicht aus dem Weg geht, da es ausdrücklich an einem »verborgenen« Gott festhält. Und statt das Problem des Bösen mit peinlichen verbalen Kunstkniffen zu umgehen, stellt das Christentum es geradezu in den Mittelpunkt seiner Botschaft. Im Schlußappell des II. Vatikanischen Konzils heißt es: »Christus hat das Leiden nicht aufgehoben; er hat nicht einmal dessen Geheimnis ganz entschleiern wollen: er hat es auf sich genommen, und dies genügt, um seinen ganzen Wert zu verstehen.« Angesichts des Bösen, hat Claudel geschrieben, gibt Jesus keine Erklärung, sondern er stellt sich seiner aktuellen Gegenwart. Er zerstört das Kreuz nicht, er streckt sich vielmehr daran aus.

Nur in der Sicht des Neuen Testamentes ist das Böse kein »Mißgeschick«, keine peinliche Frage, auf die man mit großen und kleinen theologischen und philosophischen Tricks antworten müßte. Die Evangelien nennen sogar selig die Armen, die Verfolgten, diejenigen, die weinen und leiden. In anderen

Religionen kann der Leidende das Gefühl haben, daß sein Gott ihn verlassen habe. Nur hier kann der vom Bösen überwältigte Gläubige sicher sein, daß sein gemarterter Gott ihm sehr nahe ist. »Nur der leidende Gott hat genügend Kraft, um uns zu helfen«, hat Bonhoeffer gesagt.

Die Begegnung mit dem Heute

Aber das ist noch nicht alles. Nur wenn Gott sich im Menschen Jesus geoffenbart hat, ist es für uns wahrscheinlich, daß Gott existiert. Denn einzig und allein im Christentum findet das Böse in der Schöpfung nicht eine Erklärung, sondern es wird auf eine geheimnisvolle Realität hingewiesen, wo selbst das Leid noch fruchtbar zu sein scheint. Das Christentum ist auch der einzige »Weg zu Gott«, der imstande ist, der Kritik und dem modernen Lebensgefühl die Stirn zu bieten. Nicht zufällig ist das Christentum die einzige Religion, die jenen Teil der Theologie ausbilden konnte, der sich zum Ziel setzt, die rationalen und historischen Fundamente des Glaubens aufzuzeigen: die *Apologetik*, die, ob sie nun gut oder schlecht angewandt wurde, doch wenigstens die potentielle Fähigkeit dieser historischen Botschaft erweist, auf die Begegnung mit der Geschichte zu reagieren.
Es ist bezeichnend, daß selbst ein so wissenschaftlicher Geist wie Pascal denken konnte, daß seine Verteidigung des Christentums »ein Beweis für die Wahrheit der Evangelien sei, der so geführt ist, daß dem Gottlosen oder Gleichgültigen nur die Wahl bleibt zwischen der Zustimmung zum Evangelium und dem Eingeständnis des eigenen Wahnsinns« (Rabeau). Ist es Pascal nun wirklich gelungen, seinen Gegner so in die Enge zu treiben? Wichtig ist nicht so sehr das Resultat, sondern daß er sich überhaupt ein solches Ziel setzen konnte. Außerdem hat er seinen Plan in die Tat umgesetzt unter einem Arbeitsmotto, in dem noch die Strenge des Konvertiten, aber auch das helle Bewußtsein, für eine gute Sache zu kämpfen, durchklingt: »Eine der Verwirrungen der Verdammten wird es sein zu sehen, daß sie verdammt sein werden durch ihre eigene Vernunft, mit der sie sich angemaßt haben, die christliche Religion zu verdammen.«
»Die Intelligenz« — betont das II. Vatikanum — »ist die Freundin des christlichen Glaubens.«

An welchen Gott glauben wir?

Wir alle haben große Achtung vor den ehrwürdigen Botschaften der nichtchristlichen Religionen. Wir blicken voll Bewunderung auf das intensive Heilsverlangen des Buddhismus und seine Hingabe an das Ewige; auf den Kampf für die Einswerdung mit dem Göttlichen in der Askese und Meditation des Hinduismus; auf das Eintauchen in das Unbegreifliche und auf die uneigennützige Liebe des Taoismus; auf die Hochschätzung des Glaubens im Islam.

Und doch mag man bestürzt sein über einen Ökumenismus, der nicht nur die unbedingte Notwendigkeit des gegenseitigen Respekts und der Liebe betont, sondern dabei auch die radikale Neuheit der christlichen Botschaft in den Hintergrund treten lassen will. Jenes Glaubens, der in seinem tiefsten Wesen recht wenig mit »Religion« zu tun hat. Auch im Hinblick auf die Religionen, die einen einzigen Gott verehren, sind wir der Überzeugung, daß »der Monotheismus *nicht* das gemeinsame Fundament ist, auf dem sich dann die einzelnen Religionen aufgrund bestimmter Riten und gewisser Praktiken voneinander abheben, wobei sie aber im Grunde substantiell identisch bleiben« (Natanson).

Wir sind vielmehr überzeugt, daß das Christentum »anders« ist, daß der Gott, den es verkündet, wirklich der »ganz Andere« ist. Wir glauben, daß »die Taten und Worte Jesu immer völlig anders sind, als man es von einem von Menschenhand geschaffenen Gott erwartet« (Natanson). Dieser Gott, so hat Luther gemeint, besitzt gerade alle jene charakteristischen Eigenschaften, welche die Menschen immer sogar als das Gegenteil der Göttlichkeit betrachten: humanitas, infirmitas, stultitia, ignominia, inopia, mors, humilitas... (Menschlichkeit, Schwachheit, Torheit, Unwissenheit, Unvollkommenheit, Sterblichkeit, Niedrigkeit). Der Gott Jesu ist radikal verschieden von allen menschlichen Konstruktionen: Nicht umsonst bekennt der christliche Glaube, daß der Mensch zu seiner Erkenntnis eine »Offenbarung« nötig gehabt hat.

Die Achtung und die Brüderlichkeit unter den Religionen haben nichts zu tun mit jenem leichtfertigen und unehrlichen Ökumenismus nach dem Motto: »Im Grunde glauben wir ja alle an Gott.« — Schon, aber an welchen Gott?

Der Tag der Bewährung

Wir fragen uns ernstlich, was geschehen wird, wenn die wissenschaftliche Kritik eines Tages mit dem Argumentationsniveau und der Aggressivität des »Abendlandes« über die nichtchristlichen Religionen herfallen wird. Wenn Islam, Buddhismus, Hinduismus und alle anderen -ismen, zu deren Anhängern wenigstens statistisch zwei Drittel der Menschheit zählen, einmal derselben *historischen Prüfung ihrer Ursprünge* unterzogen und jenem *Urteil über die Gültigkeit ihrer Botschaft* ausgesetzt sein werden, wie es beim Christentum der Fall war. Dieses hat, wie wir gesehen haben, dem Sturm objektiv standgehalten. Seine historischen Grundlagen sind nicht eingestürzt, ja die wissenschaftliche Kritik scheint sie oft sogar noch gefestigt zu haben. Die Botschaft hat ihre Gültigkeit nicht verloren, ja das moderne Lebensgefühl scheint ihr sogar neue Kraft zu verleihen. Wir stellen das ohne jeden Triumphalismus fest. Sogar »mit Furcht und Zittern«, wie es in der Bibel heißt. Und wir versuchen niemals die geheimnisvolle und beunruhigende Frage Jesu zu vergessen: »Wird der Menschensohn, wenn er kommt, Glauben finden auf Erden?« (Lk 18,8)

Was wird eigentlich mit den alten, ehrwürdigen Religionen Asiens und Afrikas geschehen, wenn sie, und zwar auf der Ebene der breiten Masse und nicht nur der gebildeten Eliten, dieselbe Feuerprobe zu bestehen haben werden? In Japan, in China, zum Teil auch in Indien und einigen islamischen Ländern ist dieser Zusammenstoß bereits erfolgt. Und aus diesen Ländern erreicht uns nicht erst seit heute das traurige Echo eines dramatischen Verfalls. Man zertrümmert, oft ohne den geringsten Versuch eines Widerstandes, die religiösen Botschaften, die seit Jahrtausenden Völker geeint, Weisheiten gelehrt, Kunst und Literatur geprägt hatten. Die sengende Luft der neuen Zeit, die kulturelle Nivellierung, der kritische Geist, die politische Ideologie trocknen die großen religiösen Waldbestände Afrikas und Asiens immer mehr aus.

Selbstkritik in Japan

Um wenigstens noch etwas zu retten (die Tradition, die Verehrung der Ahnen...), ist man nunmehr zur tragischen Selbstkritik geschritten. In Japan ist 1945 der Schintoismus, die nationale Religion, gezwungen worden, offiziell zu erklären, daß das herrschende Kaiserhaus nicht göttlichen Ursprungs sei; daß der Kaiser also nicht von Amaterasu, der strahlenden Sonnengöttin, abstamme; daß die acht japanischen Inseln nicht aus der Vereinigung von männlichen und weiblichen Gottheiten hervorgegangen seien. Durch ein Dekret wurde der Kaiserkult abgeschafft. Unter amerikanischem Druck fand der Schintoismus die Kraft zu einer notwendig gewordenen Operation: die Amputation der nunmehr unhaltbar gewordenen religiösen Dimension. Die breite Bildung im Volk (zehn von hundert Japanern haben einen akademischen Grad — der höchste Prozentsatz auf der ganzen Welt) zwingt den Schintoismus dazu, seinen »heiligen« Charakter aufzugeben und sich offiziell als »reiner Schintoismus« zu verstehen, d. h. als eine rein bürgerliche Institution, die nur mehr dem einen Zweck dient, die alten Riten, die Tradition des Landes und die Liebe zum Herrscherhaus zu bewahren.

Der leere Himmel Chinas

In China teilen die drei großen philosophisch-religiösen Systeme (Konfuzianismus, Taoismus, Buddhismus), die seit Jahrtausenden um die Vorherrschaft gekämpft hatten, nun das gemeinsame erbarmungswürdige Schicksal. Nachdem sie schon beim ersten massiven Kontakt mit dem Westen um die Mitte des vorigen Jahrhunderts in die Krise geraten waren, haben sie nach dem Fall des Kaiserreiches endgültig zu zerbröckeln begonnen. Übrigens haben die beiden typischen Formen des chinesischen Geistes und seines »Universismus« (der Konfuzianismus und der Taoismus) niemals eine nennenswerte Expansionskraft über ihr Land hinaus entwickelt. Heute sind in der Volksrepublik China Laotse, Buddha, Konfuzius und ihre philosophisch-religiösen Systeme nur mehr in die Geschichtsbücher verbannt. Sie scheinen keinen Einfluß mehr auf das Volk zu haben, obwohl eine seltsame Regung von Nationalstolz das Regime manchmal dazu verleitet, so manchen Aspekt wieder in das Bewußtsein zu heben. Doch das ist auch schon das Äußerste an Anerkennung. Weder der Konfuzianismus noch der Buddhismus, noch der Taoismus haben auf die Kritik reagiert, die von der »Pekinger Rundschau«

so zusammengefaßt wurde: »Sklavenmentalität, Diskriminierung der manuellen gegenüber der intellektuellen Arbeit, Verbannung der Frau in eine minderwertige Position.« Aus der Volksrepublik China dringen leider keine solchen Nachrichten zu uns, wie sie uns aus der UdSSR erreichen: 15 Prozent der russischen Bürger und 30 Prozent der Bauern sind nach so vielen Jahrzehnten des staatlich verordneten Atheismus noch immer mit der christlichen orthodoxen Kirche verbunden. Obwohl auch hier, wie anderswo, das Christentum, wie es von der vorrevolutionären Hierarchie repräsentiert wurde, sicher kein geeignetes Modell war, das ein Anreiz zu einem Leben nach dem Evangelium gewesen wäre. In China scheint hingegen der Marxismus für 650 Millionen Menschen die alten Götter vollständig aus ihrem Himmel vertrieben zu haben.

Die schwankende Pyramide in Indien

Es gibt einen Plan der indischen Regierung zur Rettung der großen Tempel des Hinduismus, der nach der Statistik die Religion von 85 Prozent der Bewohner der riesigen Halbinsel ist. Diese Tempel werden mit öffentlichen Mitteln als Kunstwerke erhalten, sie sind aber nicht mehr religiöse Zentren. Es gibt fast keine Gläubigen mehr, in vielen Gebieten ist »der Hinduismus auf ein klägliche Stufe herabgesunken. Die Gefahr ist nicht gering, daß in einer unvorhergesehenen Revolution der Hinduismus völlig zusammenbricht « (A. C. Bouquet). Und wenn auch einige Gurus im Rolls Royce kreuz und quer durch Europa ziehen und dabei Shiva, Kali und Vischnu predigen, so bemerkt Bouquet, der zu den bekanntesten und objektivsten vergleichenden Religionshistorikern zählt, dazu: »Trotz aller Anstrengungen, ihn als eine wesentlich universale Religion darzustellen, ist das Feld des Hinduismus nicht weniger abgegrenzt als jenes des Judentums. Ohne Zweifel enthält er einige fundamentale Ideen, die man leicht in irgendein anderes Land der Welt verpflanzen könnte. Aber vom institutionellen Gesichtspunkt her ist der Hinduismus, wie der Nazismus, streng an die Rasse und das Blut gebunden und den Angehörigen einer bestimmten Kaste vorbehalten. Ist man einmal in diese strenge Hierarchie aufgenommen, dann kann man alles, was man will, glauben oder nicht glauben:

Es finden sich Seite an Seite Götzendienst und gröbster Aberglaube, die nichttheistische Philosophie und der devoteste Theismus.« Die Pyramide des hinduistischen Pantheons wackelt gefährlich. Die Mischung von legendenhaften Glaubenslehren, die Wucherung von unzähligen Göttern, das Durcheinander von Philosophien sind so, daß es scheinbar nicht einmal mehr möglich ist, die exakten Inhalte dieser Religion anzugeben.
Gerade in der Begegnung mit dem Geist des »homo faber«, des Menschen, der die Welt verändern will, stößt der Hinduismus auf unüberwindlich scheinende Schwierigkeiten. Für den gläubigen Hindu ist die Welt ein trügerischer Schein: »Religiöses Ideal ist hier die Ablehnung der Welt und des Lebens« (Schweitzer). Daraus folgt als direkte Konsequenz das fatalistische Verhalten: Wenn die Welt ein bloßer Schein ist, dann fehlt das treibende Motiv, um an ihrer Verbesserung zu arbeiten. Die Lehre von der Seelenwanderung hält eine strenge Einteilung in verschiedene Kasten aufrecht, die zwar durch ein Gesetz abgeschafft worden sind, die aber doch in den unzähligen indischen Dörfern zäh überleben. Die verschiedenen Formen des Hinduismus scheinen unfähig zu sein, dem Vertrauen des Menschen an die Möglichkeit, eine Welt zu errichten, wo das Leben besser und die Gerechtigkeit größer ist, zu entsprechen. Und so »versucht man bezeichnenderweise zu reagieren, indem man möglichst das ganze Christentum in den Hinduismus integriert. Menschen wie Gandhi haben sich ganz dem Dienst an ihrem Nächsten gewidmet, aber das geschah eigentlich auf Kosten der Theorie, die Veränderungen erfahren müßte, um ein solches Verhalten zu rechtfertigen« (Bouquet).

Lehren der Resignation

Tatsache ist, daß der jüdisch-christliche Glaube die Welt als wesentlich gut ansieht, als Schöpfung eines Gottes, der sich von ihr nicht lossagt und der sie nach seinem Willen geschaffen hat. »Gott sah alles, was er gemacht hatte, und siehe, es war sehr gut« (Gen 1,31). So schließt die Genesis die Erzählung von der Schöpfung, die rhythmisch gegliedert ist durch die fast bei jedem Vers wiederkehrende Phrase: »Und Gott sah, daß es gut war.« Der christliche Kampf gegen die »Welt« ist also ein Kampf gegen gewisse Lebensformen der Menschen, die in der Welt leben, aber sicher nicht gegen die Welt in ihrem Wesen. Für die asiatischen Religionen hingegen, angefangen vom Buddhismus, ist die Wirklichkeit der Welt nichts als Illusion, die abgelehnt und überwunden werden muß. Das Ideal ist nicht das Sein, sondern vielmehr das Nichtsein. Für das Christentum besteht das grundlegende Verhalten darin, die Welt und die Wirklichkeit zu verwandeln, das »Reich Gottes« also im Verlauf der Geschichte zu verwirklichen. In diesem Sinne ist die evangelische Botschaft zutiefst revolutionär, denn sie verlangt, »die Realität zu erkennen, um sie zu verändern«, wie der Slogan von Marx lautet, den er aus der jüdisch-christlichen Tradition entlehnt hat. »Den konservativen Tendenzen der offiziellen Kirchen ist es nie gelungen, diese Tendenz des Christentums nach Umwälzung der Geschichte zu unterdrücken. Alle revolutionären Bewegungen des Abendlandes hängen davon ab, ob sie es wissen oder nicht« (P. Tillich). Für die asiatischen Religionen hingegen besteht das grundlegende Verhalten nicht in der Umwandlung der Realität, sondern in der Bewahrung vor der Wirklichkeit; nicht in der Begegnung mit der Welt, sondern in der Flucht aus der Welt. »Kein Glaube an etwas Neues innerhalb der Geschichte, kein Impuls zu einer Umwandlung der Gesellschaft kann vom Nirwana ausgehen, dem Ideal des Buddhisten. Dieser ist gleichgültig gegenüber der Geschichte, während der Christ sie ernst nimmt.« So sagt Paul Tillich, der von einem »polaren Gegensatz« zwischen der biblischen Botschaft und allen religiösen Botschaften Asiens spricht, die er als »Lehren der Resignation« kennzeichnet.

Der Vergleich mit Mohammed

In christlicher Sicht ist der Islam ein schmerzliches Geheimnis der Geschichte. Er ist vielen Apologeten ein Dorn im Auge. Die von Mohammed gepredigte Religion ist tatsächlich der einzige große Monotheismus, der nach der Verkündigung des Evangeliums entstanden ist. Auch wenn der Islam historisch nichts weiter ist als eine Mischung aus Judentum und Christentum, so wie diese beiden Lehren eben damals, am Beginn des 7. Jahrhunderts, in Arabien verstanden wurden. Im Verlaufe einiger Generationen zeigten die Mohammedaner jedoch eine ähnliche Expansionskraft wie das Christentum und fegten die ruhmreichsten Kirchen hinweg: so jene von Ägypten, von Nordafrika, die berühmte Heilige, Päpste, Kirchenväter hervorgebracht haben; auch die vom heiligen Paulus gegründeten Kirchen im Mittleren Osten. Sogar das Land Jesu selbst wurde besetzt und islamisiert. Das Vordringen des Islams wird jedoch dann gestoppt, und er setzt sich schließlich in der tropischen Zone fest, mit einzelnen Enklaven im Norden, auf dem Balkan. Er dringt aber weiter in den Süden Afrikas vor, überschwemmt den Orient und zeigt sich fast immer immun gegenüber allen Bemühungen christlicher Missionare. Wo sie miteinander in Berührung kommen, stehen sich die beiden Glaubensüberzeugungen unduldsam gegenüber, ohne daß ein Nachgeben von der einen oder anderen Seite zu bemerken wäre.

Auch für Pascal ist Mohammed ein Problem. Er versucht eine Gegenüberstellung zu Jesus: Dieser ist »vorhergesagt«, wenn auch nur dunkel; jener nicht, er taucht unerwartet und isoliert in der Geschichte auf. »Wer zeugt für Mohammed? Er allein.« Dann bemerkt Pascal, daß der Prophet des Islams sein Credo den Menschen aufzwingt, indem er »tötet und töten läßt«, indem er das »Jihad«, den Heiligen Krieg, predigt, »während Jesus Christus die Seinen töten läßt«. Und er schließt: »Das ist der entscheidende Gegensatz: Während Mohammed den Weg wählte, um menschlich erfolgreich zu sein, wählte Jesus Christus den, um menschlich umzukommen.«

Die Geschichte urteilt heute tatsächlich verschieden über das Christentum und den Islam. Dieser letztere, so bemerkt Bouquet, »erweist sich als äußerst verwundbar durch den modernen Zeitgeist«. »Seit Schwarzafrika in die neue Zeit eingetreten ist, ist der Islam in eine wahre und eigentliche Krise geraten: Man kann statistisch nachweisen, wie der Grad der Islamisierung eines afrikanischen Landes in umgekehrtem Verhältnis zur Entwicklung seines Schulwesens steht« (W. Bühlmann). Sogar in seiner traditionellen Heimat, nämlich dem Landgürtel von Algerien bis Pakistan, scheint der Islam in eine Verteidigungsstellung gedrängt zu sein, da er seine Pforten vor dem Wind der modernen Zeit schließt und sich ganz dem weltlichen Arm anvertraut. So sind in vielen mohammedanischen Ländern die Gesetze des Korans Gesetze des Staates. Die Polizei verhaftet den Bürger, der zu den verbotenen Stunden des Ramadanfastens beim Essen oder Rauchen ertappt wird. Jeder riskiert das Gefängnis, wenn er

ein Glas Bier oder Wein oder gar Schnaps trinkt: Das religiöse Verbot alkoholischer Getränke ist von den Regierungen dieser Länder zum Gesetz erhoben worden. Der Verkauf gewisser »unreiner« Nahrungsmittel ist durch Gesetz verboten; oft werden sogar Fernsehübertragungen verhindert, da der Koran es verbietet, die menschliche Gestalt abzubilden.
Viele islamische Länder sind heute etwa in der gleichen Situation, wie es Genf zur Zeit Calvins, Florenz zur Zeit Savonarolas oder London zur Zeit von Elisabeth I. waren, wo das Fehlen beim sonntäglichen Gottesdienst mit einer Geldstrafe von einem Shilling geahndet wurde. Als das Christentum jedoch von der verhaßten Verquickung mit den bürgerlichen Gesetzen befreit wurde, als schließlich die Sünden nicht mehr Verbrechen waren, gewann es, statt einzustürzen, neue Vitalität. Die Geschichte hat immer gezeigt, daß die Sache des Evangeliums umso besser steht, je weniger Kompromisse man mit der Macht eingeht. Es gibt jedoch keinen islamischen Staat, der »laikal« im modernen Sinn des Wortes wäre, der also Gläubige und Ungläubige als gleichwertig betrachtet. Wie selbst der mohammedanische Theologe Seyyed Hossein Nasr bemerkt, »existiert nicht einmal ein entsprechendes Wort im Arabischen, Persischen oder in anderen Sprachen der islamischen Kultur, um den Begriff ›zeitlich, weltlich, laikal‹ auszudrücken. Das ist der beste Beweis, daß die entsprechende Abstraktion im islamischen Denken nicht existiert. Diesen Begriff der ›Weltlichkeit‹ gibt es im Islam nicht, denn das Reich ist dort niemals dem Kaiser anvertraut worden.« In seiner »totalitären Konzeption« des Lebens und der Geschichte liegt für viele Historiker das Geheimnis der außergewöhnlichen Expansion und Festigkeit der aus dem Koran hervorgegangenen Kultur. Aber genau hier könnte auch der Keim für eine dunkle Zukunft liegen. Was wird denn mit dem Islam geschehen, wenn ihm einmal die von der Polizei oder Justiz entliehenen Krücken aus der Hand genommen werden?

Der Koran und Luther

»Ich wage es nicht, mir die Auswirkungen vorzustellen, die eine Modernisierung auf die Lehre Mohammeds haben würde« (Bouquet). Was bleibt vom Koran übrig, wenn man auf jenen

Komplex von erhabener Poesie und tiefer Religiosität, aber auch von hygienischen Vorschriften für Wüstennomaden und von unüberwindlichen Widersprüchen das scharfe Messer der Kritik ansetzen wird? Wenn, wie es seit Jahrhunderten und mit solcher Beharrlichkeit für die Heilige Schrift der Christen geschieht, auch für die Schrift der Mohammedaner der Zeitpunkt der wissenschaftlichen Prüfung kommen wird? Und zwar von der ersten Sure an, dem ersten Kapitel, von dem die Frommen schwören, daß es Mohammed mit feurigen Buchstaben auf einem Tuch erschienen sei, wobei er voller Angst war vor der Stimme und dem Anblick des biblischen Erzengels Gabriel. Was wird geschehen, wenn auch der einfache Moslem und nicht nur der Theologe wissen wird, aus wie vielen Abschriften, Schichten, Einflüssen jüdischer Texte und apokrypher Evangelien jener Koran besteht, von dem der Glaube behauptet, er sei von Gott selbst »Wort für Wort« diktiert worden? »Der Islam steht heute vor denselben Problemen wie das Christentum nach dem 7. Jahrhundert« (Seyyed Hossein Nasr). Er wird nämlich gerade jetzt von der rationalistischen Sturzflut überschwemmt.

Martin Luther veranlaßte nicht nur 1541 zum Skandal vieler Christen eine lateinische Übersetzung des Korans, sondern ließ es sich auch nicht nehmen, sogar selbst eine Einleitung voranzustellen. »Diese Übersetzung« — sagte Luther in seinem leidenschaftlichen und heftigen Stil — »wird Jesus zur Ehre gereichen, den Christen zum Wohl, den Türken zum Schaden und dem Teufel zum Ärgernis.« So sehr war der Reformator von dem wesentlichen, qualitativen Unterschied zwischen den beiden Schriften, dem Koran und der Bibel, überzeugt.

Allah, der Unnahbare

Was wird geschehen, wenn die Bildung der Massen, der moderne kritische Geist, die neue Sensibilität und der Islam sich begegnen werden, wo »der Mensch Gefangener einer Lehre ist, die Gott nicht als Vater anerkennt«, wie es im »Holländischen Katechismus« heißt, der sicherlich nicht eines übermäßigen apologetischen Geistes verdächtigt werden kann? Wir haben schon gesehen, daß *Islam* soviel wie »Unterwerfung« bedeutet; *muslim* oder Moslem (Muselmann) heißt dann »der Unterworfene«. Der

ideale Gläubige ist also der Sklave, die Personifikation der Unterwerfung unter einen Gott, der abgrundtief von ihm getrennt ist. Die Liebe zwischen Gott und seinen Geschöpfen hat die Form des Gehorsams, nicht der Gemeinschaft. »Allah ist unnahbar«, sagt das mohammedanische Glaubensbekenntnis. Der göttliche Wille ist hier reine Willkür.
Was wird aber das moderne Verlangen nach Gerechtigkeit sagen angesichts z. B. der Sklaverei, die der Koran zwar mildert, aber nicht gänzlich abschafft? Und angesichts der demütigenden Rolle der Frau, die mehr oder weniger bloß Konkubine sein kann, da sie gezwungen ist, weitere drei Frauen neben sich in der Ehe zu akzeptieren? In Sure 4, Vers 38 heißt es: »Die Männer stehen über den Frauen.« Und in Vers 34: »Die Männer sind den Frauen vorangestellt, denn Gott hat einige Wesen vor den anderen auserwählt.« Was wird das starke Bedürfnis des heutigen Menschen nach Veränderung der Welt sagen angesichts der Verneinung der Autonomie jedes existierenden Lebewesens auf Erden? Alles hängt von Allah ab, der alles in absoluter Unmittelbarkeit und Willkür lenkt: »Will Allah es morgen anders, dann sind die Dinge eben morgen anders.« Diese Einstellung des Gläubigen führt zum Fatalismus: Man kann das eigene Schicksal nicht ändern, wenn Allah weder den Menschen noch den Dingen Autonomie zugestanden hat.

»Es ist den Menschen kein anderer Name gegeben«

Die Apostelgeschichte erzählt im 4. Kapitel von der Verhaftung des Petrus und Johannes durch die jüdischen Obrigkeiten, die »aufgebracht waren, weil sie das Volk lehrten und in Jesus die Auferstehung von den Toten verkündeten«. Vor dem Hohen Rat verkündet Petrus »erfüllt von heiligem Geist« noch einmal Jesus und behauptet, daß »durch keinen anderen die Rettung kommt. Denn es ist den Menschen kein anderer Name unter dem Himmel gegeben, durch den wir gerettet werden sollen«.
»Gott« — wird Karl Barth zu dieser Stelle sagen — »hat die Welt nur in Christus berührt.« Wer an den glaubt, der gesagt hat: »Wer sich erhöht, wird erniedrigt werden, und wer sich erniedrigt, wird erhöht werden«, für den ist es hier sicher keine Frage, daß es nicht darum gehen kann, sich des eigenen Glaubens zu

»rühmen« und ihn besonders hervorzuheben, indem man die anderen Religionen schlechtmacht. Das ganze Neue Testament spricht von einem Erlöser, den nicht wir erwählt haben, sondern der uns erwählt hat: Man rühmt sich, wenn überhaupt, dessen, was man selbst geleistet hat, aber nicht dessen, was einem geschenkt wurde. Das Evangelium legt seine Kraft in die Schwachheit, seinen Sieg in den Bankrott des Kreuzes, seine Hoffnung in die Trägheit der Menschen.

Das Christentum wird niemals mit einem »Synkretismus« liebäugeln, nämlich mit den Versuchen, alle Religionen der Welt in einer gemeinsamen Synthese zu vereinigen oder zu versöhnen. Kein Vorschlag einer »natürlichen« oder »universalen« Religion, so verführerisch er auch sein mag, wird je den Christen überzeugen, der nicht an die von der Vernunft oder der Phantasie der Menschen errichteten »religiösen« Konstruktionen glaubt, sondern der eine Offenbarung akzeptiert, die für ihn einzigartig, unwiederholbar und ein Gnadengeschenk Gottes ist. Das fundamentale Dogma Asiens, daß jede Religion ein Weg zur Gottheit sei, daß also alle Religionen gleichen Wert besäßen und es deshalb keine wirklichen Gegensätze gäbe, stößt auf taube Ohren bei dem, der die Herausforderung jenes Jesus akzeptiert, der gesagt hat, er sei »nicht gekommen, um Frieden zu bringen, sondern das Schwert«, er sei ein »Zeichen des Widerspruchs«. Wie die Kirche sich immer mit jenen auseinandergesetzt hat, die behaupten, daß alle Religionen gleich falsch seien, so wird sie sich auch um jene annehmen müssen, die behaupten, daß alle gleich wahr seien. So lehnte es 1972 Pietro Rossano, der Sekretär des vatikanischen Sekretariates für die nichtchristlichen Religionen, mit Recht ab, in New Delhi ein Dokument zu unterzeichnen, in dem sich auch die katholische Kirche hätte verpflichten müssen, die Unterschiede zwischen den Religionen einzuebnen. Der Gott der Bibel sagt aber von sich selbst: »Ich bin ein eifersüchtiger Gott.« Und beim Propheten Jesaja sagt Jahwe: »Vor mir wurde kein Gott erschaffen, und auch nach mir wird es keinen anderen geben. Ich bin Jahwe, ich, und außer mir gibt es keinen Retter« (Jes 43,10—11). Dieser Anspruch der Einzigartigkeit des Gottes Abrahams und Jesu kann erklären, weshalb viele Versuche, eine universale Religion zu schaffen, wie z. B. die »Theosophische Gesellschaft«, zwar alle anderen Glaubenslehren in sich aufnehmen, nicht aber die jüdische und christliche.

Tatsache ist, daß das Christentum nicht eine unter vielen Religionen ist. So mag es vielleicht dem äußeren Beobachter scheinen. Von innen her versteht sich das Christentum selbst jedoch nicht als eine von vielen Religionen, sondern als die endgültige Offenbarung Gottes in der Geschichte. Im Zentrum des Glaubens steht nicht so sehr eine »Religion« als vielmehr die *Nachricht* von jenem Jesus, der nicht gekommen ist, um dem religiösen Erbe der Menschheit noch etwas hinzuzufügen, sondern um die Welt mit sich und so auch mit Gott wieder zu versöhnen. Wir glauben also mit Paul Tillich, daß das Problem des gegenwärtigen und vor allem des zukünftigen Christentums nicht so sehr die Konfrontation mit den traditionellen Religionen sein wird, die, wie wir sahen, selbst mit solchen Schwierigkeiten zu kämpfen haben, daß ihr Überleben sehr zweifelhaft erscheint. Vielmehr die Konfrontation mit den »weltlichen« Religionen, die ebenfalls durch Dogmen und Kulte gekennzeichnet sind: dem Nationalismus in seiner faschistischen Radikalisierung, dem Liberalismus in seiner laizistischen Ausprägung, dem Sozialismus in seiner stalinistischen Radikalität. Und mit noch vielen anderen »Religionen«, die das Herz des Menschen, jene unerschöpfliche Fabrik von Mythen und Göttern, geboren hat.

Ein Gott in der Entfremdung

Vielleicht sind es jene im nichtchristlichen Sinn »religiösen« Weisen, Gott und den Menschen zu entwerfen, auf die Marx anspielte, als er die berühmte und gerechtfertigte Definition von der »Religion als Opium des Volkes« prägte; als er von der »Religion als Entfremdung« sprach. Wenn er dabei wirklich an das Christentum gedacht haben sollte, dann liegt die Schuld dafür nicht bei Marx, sondern bei den Christen, die er im Auge hatte. Das waren vielleicht »religiöse«, aber sicher nicht »gläubige« Menschen, wenigstens nicht im Sinne eines Glaubens an den Gott, den Jesus offenbart, wenn sie ihm den Eindruck vermittelten, bis in den Himmel »entfremdet« zu sein. Marx konnte auf diese Weise gar nicht sehen, daß das Christentum, wenn es seiner ursprünglichen Botschaft treu bleibt, vielmehr etwas radikal Neues ist, das die Welt von der »religiösen« Folklore, Unterdrückung und Kastration befreit: von allen Versuchen, bis zu

Gott emporzuklettern, ihn nach dem Modell des Menschen zu konstruieren und ihm durch die eigene Unterwerfung zu gefallen. Ich meine, daß der Glaube der Christen nicht gegen einen Atheismus kämpfen muß, der die Herzen und den Geist des Menschen von diesen eigenhändig verfertigten Göttern reinigt und befreit. Wenn jemand in den Evangelien sich »entfremdet«, dann ist es Gott. Ein Gott, der nach dem Johannesevangelium »die Welt so geliebt hat, daß er seinen einzigen Sohn hingab« (Joh 3,16). Und der ihn in die Hände der Menschen überliefert hat, nicht nur damit sie ihn töteten, sondern damit sie ihn in der Geschichte bezeugten, womit er seine Erniedrigung fortsetzt. Der Gott Jesu offenbart sich also nicht wie in den anderen Religionen als einer, der sich selbst vollauf genügt, auf den der Mensch seine ganze vitale Energie bis zur Erschöpfung, bis zur »Entfremdung« verschwenden muß. Sondern als derjenige, der sich gerade nicht in sich selbst verschließt, sondern ein anderer wird, sich also selbst »entfremdet«. Ein Schöpfer, der sich in seinen Geschöpfen in der Gestalt des Knechtes manifestiert, im Gegensatz zu allen anderen religiösen oder philosophischen Konzeptionen. Er ist tatsächlich der einzige Gott, den man nicht zu suchen braucht, weil er sich selbst auf die Suche nach dem Menschen gemacht hat.

»Er wurde wie ein Sklave«

Die Kirche der allerersten Jahre sang zu Gott, der sich in Jesus geoffenbart hat, einen Hymnus, den Paulus im 2. Kapitel seines Briefes an die Philipper wiedergibt. Dieser Hymnus, diese »kerygmatische« Stelle, ist vielleicht der Schlüssel zum gesamten Neuen Testament. Ein außergewöhnlicher Text, in dem gerade das genaue Gegenteil vieler religiöser Entfremdungen zum Ausdruck kommt. Hier proklamiert nämlich die Kirche der Apostel die Entfremdung Gottes:

»Seid so gesinnt, wie es das Leben in Christus Jesus fordert:
Er war wie Gott,
hielt aber nicht daran fest, Gott gleich zu sein,
sondern entäußerte sich,
wurde wie ein Sklave
und den Menschen gleich.

Sein Leben war das eines Menschen;
er erniedrigte sich
und war gehorsam bis zum Tod,
bis zum Tod am Kreuz.
Darum hat ihn Gott über alle erhöht
und ihm den Namen verliehen, der jeden Namen übertrifft,
damit vor dem Namen Jesu
alle Mächte im Himmel, auf der Erde und unter der Erde
ihre Knie beugen,
und jede Zunge bekennt:
HERR IST JESUS CHRISTUS
zur Ehre Gottes, des Vaters.«

Wenn auch dieser Jesus-Gott zweideutig ist; wenn wir gegen alle Wahrscheinlichkeit auch hier eine mißbräuchliche Projektion religiöser menschlicher Bedürfnisse in den Himmel vor uns haben — nun gut, dann gewinnt eben die alte Anrufung des Richard von St. Viktor wieder neue Wahrheit: »Herr, wenn unser Glaube ein Irrtum sein sollte, dann bist Du es, der uns irregeführt hat!«